国家出版基金项目
NATIONAL PUBLICATION FOUNDATION

幼儿园领域课程指导丛书

幼儿园社会领域教育精要
——关键经验与活动指导

刘晶波 等 著

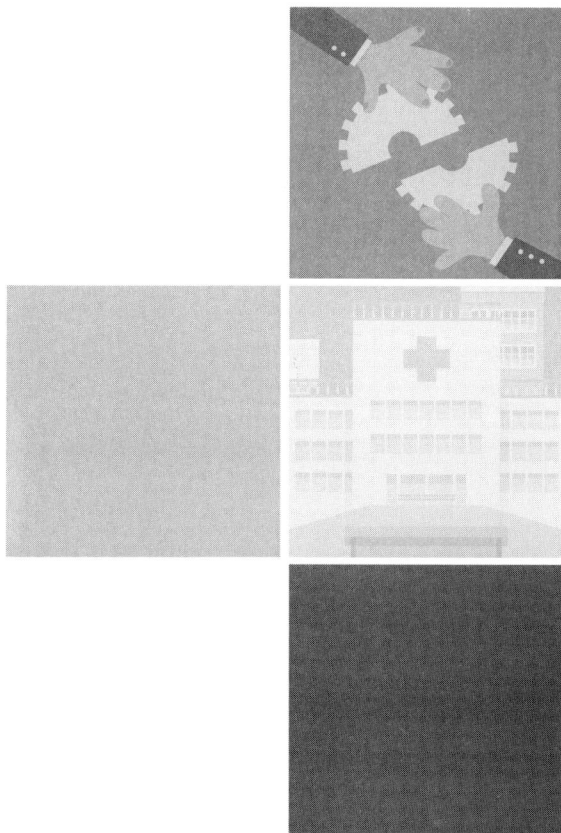

教育科学出版社
·北京·

前 言

坦率地说，在知晓这本书的目标——归纳幼儿园社会领域的关键经验并围绕它们做出适宜的教学活动设计之时，我真正感到了为难。

其一，在我的教育理念与实践择取中，我并不赞同将舒尔曼（Lee S. Shulman）的学科领域知识（Pedagogical Content Knowledge，简称 PCK）全然应用于幼儿教育实践中的做法。诚然，从教育心理学的角度来说，PCK 是一套非常有效的教学策略：将学科知识明确区分为尽可能独立的领域知识，找出每个领域知识中尽可能独立而又"承重"的知识点（即关键经验），而后以帮助学习者掌握这些知识点为教育活动的首要目标，结合学习者的年龄特点与生活事实进行活动设计与评估……综观有关知识传递的各种主张，恐怕都比不上 PCK 来得更为精当、严谨。但是，教育，尤其是幼儿教育，绝非只是让学习者掌握关键知识的活动，更是帮助生命成长，用生命去点亮生命的一个过程！在这个过程中，"关注筋骨"当然是必要的，可是又怎么能避免因为"关注筋骨"而导致的忽视整个生命发展的误区呢？又怎么能保证我们所找到的关键经验不是"汨乱儿童生命之泉"①的棍棒呢？

其二，退一步说，即便我完全赞同舒尔曼的主张，铆足了干劲一定要挖掘出幼儿园社会领域教育的关键经验，也实在不是件容易的事情——任何一位深谙幼儿教育理论与实践的人都知道，相比于其他领域，幼儿园的社会教育恐怕是最为繁难的一类教育实践了，牵涉的范围宽广不算，还和其他领域都有着剪不断、理不清的交集！为此，甚至有老师曾开玩笑说，"社会教育好比幼儿园五大领域教育中的万金油"。

犹豫着、拖延着，终于走到了不得不横心直面难题的地步，"僵硬的思路"也不得不"迈开两条腿"走路：一条，将自己假想成一个初掀人生幕帘的新生儿，瞪大眼睛仔细探看在自己身边的人与物、事和情，启动个头大但内容不多的脑袋瓜大胆猜测、着力描绘面前的和前方正在来着的一个个陌生而又新奇、凌乱而又庞大的大人所谓的"世界"；另一条，则是用足了理智，回溯先前研究者们在社会教育领域所给出的种种定论，同时，特别聚焦于我自己围绕儿童社会性发展与教育方向所做的思考、理论探寻与实践，汇总、筛选、分类、再分类、编织、拆了再织，反反复复中，最终生长出了一个核心思路。

第一，立足于幼儿的生活事实，梳理归纳其关键的社会心理需要。

第二，从指向自我、指向他人、指向社会文化三个维度来阐释幼儿在其作为社会人的成长中所必然触及的关键经验。

第三，着眼于对幼儿园当下社会教育实践的革新，给出尽可能适宜的社会教育目标与原则，对社会教育活动的类别与方法进行重新定位，以求"找准抓手、走稳实操"。

第四，给出依据关键经验框架而分列的、反复打磨过的原创教学活动案例，借以提供"接地气"的示范与指导。

---

① 宋代教育家周敦颐在《通书》中将儿童比作清泉，将成人们自以为是的教育方法比作对清泉的干扰、搅乱："山下出泉，静而清也，汨则乱，乱不决也。"转引自郭齐家．文明薪火赖传承——儒家文化与中国古代教育［M］．济南：山东教育出版社，2011：37.

在这一思路的指导下，我们把全书分为了十一章。第一章对什么是社会性发展与社会教育、二者对于幼儿发展的价值进行简要的阐述。第二章分别就幼儿自身、家庭与社区、机构教育的课程模式、媒体及其传播对幼儿社会性发展的影响做了说明。第三章立足于幼儿社会行为的真实表达，逐一剖析他们行为背后的心理需要。全书自第四章起，开始深入探讨幼儿社会性发展的关键经验，包括自我与情绪情感发展方面的关键经验、在与成人关系中的关键经验、在与同伴关系中的关键经验和在社会文化中的关键经验。从第八章起，我们着力讨论如何依据幼儿社会性发展的关键经验实施社会教育，其中第十章是社会教育活动案例与评析。之后，我们又针对当前实践中有特殊需要儿童比例不断增多、儿童的特殊需要与行为总是会在社会性发展领域集中表达出来、一线教师在对有特殊需要的儿童实施社会教育时困难重重的现状，特别探讨了特殊需要儿童的社会性发展与教育。

前前后后直接或间接参与本书撰写的研究者和实践者可以分为三批。第一批是我之前指导的、现在已经工作的硕士研究生：闽南师范大学的魏蕾、华中师范大学的王任梅、淮北师范大学的杨翠美、山东财经大学的高丽、马鞍山师范高等专科学校的孙永霞、江苏第二师范学院的徐琳、石家庄学院的刘淑颖，她们在各自硕士学位论文中所探究的内容分别被整合进了本书之中。第二批是江苏省南京市幼儿园社会领域教育课题组的老师（排名依据小、中、大班案例呈现顺序）：楼瑞芳（南京市晓庄学院附属幼儿园）、殷敏（南京市锁金新村第二小学附属幼儿园）、张蓉（南京市建邺区实验幼儿园）、赵慧芬（江苏省省级机关幼儿园）、赵婷婷（南京市锁金新村第二小学附属幼儿园）、李薇玉（南京市君望墅幼儿园）、朱静晶（南京市实验幼儿园）和刘青（南京市于家巷幼儿园）。她们都是南京市幼儿园社会教育实践的佼佼者，基于多年的教学经验，为本书贡献了经典的教育活动案例。第三批是我目前正在指导的硕士和博士研究生：席海燕、张平、张文桂、欧阳新梅和宋昆，还有一名访问学者李静（淄博师范高等专科学校）。工作开始之初，我们曾经有过相对明确的内容划分，以先各自独立负责某个章节再整合为基本原则。但是，随着工作的推进，特别是几次推倒重来之后，各章分工界限日渐模糊，有些章节（如第七章）甚至演变成了整个团队同进同出的集体作业。因为版面有限，本书只能以"刘晶波等"署名，但本书是我们社会性发展与教育研究团队每一位成员共同努力的结果，而撰写本书则成为我们共同走过的一段研究里程，成为我们每个人各自社会性发展中的一个片段。我坚信，我们在其中所获得的感受与成长，远比这本书本身更为厚实、丰满。

在书稿即将付印之际，恰逢我国幼儿教育研究者与实践者们对幼儿社会性发展和教育的关注度不断提升之时，我们越发强烈地体验到了推进幼儿社会性发展与教育革新这一任务之迫切与艰难。作为专业工作者，我们责无旁贷且乐此不疲。但我们深知，提升我国幼儿社会性发展水平这一重任绝非专业工作者一方可以支撑起来，它需要"整个村庄的力量"。为此，我们在敬候读者的批评、指正之时，也期盼更多的研究者与实践者能真正关注并投身于我国幼儿社会性发展与教育革新。

特别说明的是，在本书的撰写过程中，教育科学出版社的白爱宝主任、徐杰编辑给予了我非常多的理解与宽容、支持与鼓励，谨致谢忱。此外，在接手本书之时，恰逢本人申请国家社会科学基金项目获批（我国幼儿园社会领域教育现状及其革新研究，项目编号1101026），南京师范大学学前教育专业申请"教育部卓越幼儿园教师培养项目"和"江苏省高校品牌专业建设项目"获批，本书作为相关研究项目的系列成果之一先后得到了资助，在此一并致谢。

刘晶波
2015 年 12 月

目 录

第一章

幼儿社会性发展与教育的内涵和价值

第一节　幼儿社会性发展的内涵与特点

一、幼儿社会性发展的内涵

人类社会成员在其一生中都同时具有两重属性，即生物性和社会性。在人的生命旅程中，这两重属性犹如硬币的两面，缺一不可，直至生命结束。

人的生物性发展是指人的生命有机体在成长过程中所表现出的各种变化。0—6岁是人类个体生命中生物性发展速度最快、变化最大的阶段，如：在生命早期，人类婴儿只有一些基本的生理条件反射，如吸吮反射、膝跳反射等；到1岁左右，他们就能够独立地和外界进行直接的对话和交流；到6岁左右，儿童神经的髓鞘化已经完成。人的社会性发展是指个体在与他人交互作用中产生的情绪情感、自我概念、动机、品质、人际互动能力、行为习惯、社会认知和社会态度等各个方面的成长与变化。

作为一个专门概念，社会性发展是国外学者在20世纪70年代提出来的。

研究者从不同的视角出发，先后对社会性发展的内涵做过多种界定，但菲对此进行了如下梳理。儿童的社会性是由其稳定的内部结构和通过遗传与环境因素相互作用而形成的那些特性（Bergan，1976）。社会性包括人的社会知觉和社会行为方式。通过社会知觉，人们觉察他人的想法，向他人表达行为的动机和目的；通过社会行为的学习，人们掌握约定俗成的举止行为、道德观念，从而能够适应自己所生存的社会（齐格勒，1988）。社会性发展是指儿童在与他人关系中表现出来的行为模式、情感、态度和观念以及这些方面随着年龄而发生的变化（张文新）。社会性是人在社会交往中处理人际关系时表现出的心理特征（陈帼眉）。社会性是人们进行社会交往，建立人际关系，理解、掌握和遵守社会行为规则，以及控制自身行为的心理特征（卢乐山）。① 为进一步明确社会性发展的内涵，也有研究者从广义和狭义两方面对社会性发展进行了说明：广义的社会性指人在社会上生存过程中所形成的全部社会特性的总和，包括人的社会心理特性、政治特性、道德特性、经济特性、审美特性和哲学特性等，它是和人作为生物个体的生物性相对而言的；狭义的社会性指由于个体参与社会生活、与人交往，在他固有的生物特性基础上形成的那些独特的心理特性，它们使个体能够适应周围的社会环境，正常地与别人交往，接受别人影响，也反过来影响别人，在努力实现自我完善过程中积极地影响和改造周围环境。②

在吸收、借鉴前人研究的基础上，本书将幼儿社会性界定为：在幼儿的发展过程中，与他们的生物性特征相对应的，在他们的社会心理需要的驱动下，在与自我、与他人和与环境的互动过程中所表现出来的相对稳定的行为特征和心理特征。

二、幼儿社会性发展的内容

社会性发展，简单地说，是指个体在社会生活中所获得的在社会性方面的成长与变化。通常，人们会从社会性的表达方式入手，将社会性发展划分

---

① 　但菲. 幼儿社会性发展与教育活动设计［M］. 北京：高等教育出版社，2008：4.
② 　陈会昌. 儿童社会性发展的特点、影响因素及其测量［J］. 心理发展与教育，1994（4）：1-17.

为社会认知、社会情感和社会行为三个部分。社会认知是指人对社会性客体及其之间的关系，如人（他人和自我）、人际关系、社会群体、社会角色、社会规范和社会生活实践的认知，以及对这种认识与人的社会行为之间的关系的理解和推断。[①] 社会认知主要涉及三个层面的认知：第一是关于个体的认知，包括对自己和别人的各种心理活动（如感知、注意、思维、情感、动机和意向等）及思想观点、个性品质等的认识；第二是关于人与人之间的各种双边关系的认知，如对权威的服从、友谊、冲突和合作等关系的认知；第三是对群体内部或群体之间各种社会关系的认知等，如对社会规则、职业、集体中不同角色等的认知。[②]

社会情感是人们在社会生活中因自己的需要满足与否而产生的内心感受与心理体验。社会情感分为积极情感（快乐、高兴、自豪、同情、责任感、自尊、依恋、集体荣誉感和爱国情感等）和消极情感（如悲伤、沮丧、愤怒、害怕和嫉妒等）。无论是积极情感还是消极情感，都是人类社会性的真实表达，对每个人的发展都有重要的影响。学会识别自己和他人的情绪情感是幼儿社会性发展中的关键任务。

社会行为是指个体在人际交往中所表现出来的对人、对事、对物的一系列态度和行为反应。社会行为按动机和目的可划分为亲社会行为和反社会行为。亲社会行为指人们在社会交往中所表现出来的谦让、合作、友善、助人和共享等有利于他人和社会的行为。反社会行为指违反社会法律、法规或为社会所不能接受的行为，是一种消极的社会行为，幼儿的消极行为上升不到反社会程度，比较有代表性的是同伴间攻击性行为等。

在本书中，我们采取了依据个体社会性发展的指向性对之进行划分的方式，从指向自我、指向他人、指向社会文化三方面来界定社会性发展的内容。

（一）指向自我

指向自我方面的社会性发展包括对自我的基本认识与定位、有关自我的情绪和情感、围绕自我而发出的行为等。幼儿对自己的认识，既包括对自己

① 唐元毅，钟永强，朱玲莉，等.幼儿园的社会与科学教育活动［M］.成都：四川大学出版社，2011：16.
② 钱文.3~6岁儿童社会认知及其发展［J］.幼儿教育，2015（7，8）：4-6.

的身体特征、性别、兴趣爱好、年龄、身心需要等的认识，也包括对喜欢自己、肯定自己、接纳自己等与自尊、自信、自控、自主有关的心理品质的认识；对自我情绪的认识既包括认识自己的积极情绪（如高兴、荣耀、希望）和消极情绪（如恐惧、愤怒、悲伤、羞怯、孤独、厌恶），也包括掌控、调节与适度表达自己的情绪，做自己情绪的主人。围绕自我而发出的行为包括照顾自己的身体、管理自己的物品和对自己日常生活的规范，如：会自己穿衣服；脱下的鞋子要摆放好；吃东西之前、便后要洗手；打喷嚏或咳嗽时会用手掩住口鼻等。

（二）指向他人

指向他人的社会性发展内容包括对他人的基本认识、自我和他人之间人际情感联结和人际互动行为与规范。对他人的认识包括对他人外表、感受、情绪、想法、群体地位和角色等的认识。人际情感联结是指幼儿在和他人进行互动时建立起的情感关系，可分为幼儿与成人的情感联结、幼儿与同伴的情感联结，既包括幼儿对成人的依恋、关怀、感恩等情感，也包括对同伴的喜爱、关心、尊重、同情和嫉妒等情感。幼儿与他人的人际互动行为分为与成人的互动和与同伴的互动，无论在哪一种类别的人际互动行为中，幼儿都会习得相应的行为规范与规范的社会行为。

（三）指向社会文化

指向社会文化的社会性发展主要包括个体对生活环境文化的认识，涉及各种社会机构与职业角色、所处地域文化的核心经验与知识，以及民俗、节日、习惯等方面的认知与承继。

三、幼儿社会性发展的特征

幼儿作为人类社会的新成员，其社会性发展有自身的特征。综合而言，幼儿社会性发展的特点可以归纳为以下几个方面。

（一）奠基性

古话说，"三岁看大，七岁看老"，这表明幼儿阶段在人的一生中具有极为重要的奠基性作用，同时幼儿阶段个体的社会性具有极强的可塑性。在生命的早期形成的日常生活习惯、待人接物的态度、做事情的品质等，直接影响人一生的发展。对此，当代西方文化也有过经典的论证。

1978 年，75 位诺贝尔奖获得者在法国巴黎聚会。面对着许多获奖者，人们最想知道的是，他们是怎样走上获奖的道路的。有人向一位获奖者问道："您在哪一所大学、哪一个实验室里学到了您认为最重要的东西？"这位白发苍苍的学者回答说是在幼儿园里。他在幼儿园能学到什么呢？他的回答是："把自己的东西分一半给小伙伴们，不是自己的东西不要拿，东西要放整齐，饭前要洗手，午饭后要休息，做错了事情要表示歉意，学习要多思考，要仔细观察大自然。从根本上说，我学会的就是这些东西……"

由上我们不难发现，幼儿阶段的社会性发展对个体一生具有重要的奠基性作用。所以，及早对幼儿的社会性发展提供支持，实施社会教育，关乎个体乃至整个人类的发展。

（二）依随性

个体的社会性发展虽然和生物性一样是与生俱来的，但它却不像生物性发展那样有其相对独立、直观清晰的表现方式，可以独立被量化、评估，比如身高、体重和头围等。个体每一种表现方式都与其心理需求密切相关，但是因为心理需求处于内隐状态，人们只能借助行为表现去判断个体社会性发展的状态。个体的社会性总是伴随着语言、情绪和行为等表现出来，比如：幼儿会通过说"我的，我的"这种方式来表现自己的独占性，通过对家人的依恋来表达自己的归属感，通过与同伴的合作来表达自己的乐群性，通过解决问题、克服困难、取得成就来展现自己的责任感。总之，幼儿的社会性不是独立表现出来的，而是伴随行为而存在的。同一种社会属性会通过不同的行为来表现，同一个行为也能表现多种社会属性。这种情况给我们理解与判断个体社会性发展带来了一定的难度。

（三）拟态性

拟态是一个生物学概念，一种生物在形态或行为等特征上模拟另一种生物或环境中的其他物体从而使自身获得好处的现象叫拟态。① 拟态现象广泛存在于生物界，不仅局限于动物，在人类身上的表现也尤为突出。最新的研究表明，人的拟态行为有镜像神经元作为生理基础。大脑内镜像神经元的存在，使个体无论在自己做某种动作还是看到甚至听到其他对象做同样动作时，都会有脉冲发放②，从而让个体习得他所看到的行为。

因为拟态性的存在，儿童便会本能地模仿生活环境中他人的社会性行为，由此也便有了"近朱者赤、近墨者黑"的现象，也由此而提醒教育者们要时刻关注儿童所处的社会环境对其社会性发展产生的重要影响。对此，在古代经典的故事《孟母三迁》中，曾有过生动的描述。孟子住在墓地附近就和邻居的小孩一起学跪拜、哭号的样子，住在屠宰场附近又学屠夫的样子。又如在日常生活中，孩子会模仿家长说话的方式和走路的步态，模仿教师待人接物的姿态。

除了对自己近距离接触的养育者和人际环境中的多发行为进行模仿之外，社会性发展的拟态性还充分表现在个体的文化与阶层归属上面。俗话"一方水土养一方人"说的正是这个道理。每一方水土都会按本土的风俗养育本地人，生活在同一区域、文化环境中的个体会无意识地习得当地的言语方式、情感表达方式和行为模式。

对此，美国人类学家露丝·本尼迪克特（Ruth Benedict）也提出了相应的人类学研究成果，即文化模式相对于个体而言具有多种选择性和可能性，但是在一种文化中生活的人们只会选择其中的某一种。这种文化模式一旦被个体接受，就会变成他们社会属性中非常稳定的、重要的组成部分，仿佛嵌入个体的生命中一样，使个体的语言表达方式、行为习惯、饮食口味、待人接物、价值观都会带有文化模式的特征，古诗所云"少小离家，乡音不改"便是一例。

---

① 张霄，方诗纬，任东，等. 昆虫拟态的历史发展 [J]. 环境昆虫学报，2009（4）：365-373.
② 顾凡及. 塑造文明的镜像神经元 [J]. 科学，2014（6）：21-24.

（四）阶段性

与个体的生物性发展相一致，幼儿的社会性发展也具有阶段性。对此，美国学者埃里克森（Erik Erikson）曾有过如下划分。

表1-1 埃里克森的心理发展理论①

年龄	阶段	重要事件和社会影响
0—1岁	信任对怀疑	婴儿必须对满足他们基本需要的人产生信任感，如果养育者在照料时拒绝或易变，婴儿就会把周围世界看成充斥着不可信任和不可靠的人的危险之地
1—3岁	自主对羞愧	儿童必须学会自主，学会自己吃饭、穿衣、保持清洁等。不能形成这种独立性将使儿童怀疑自己的能力，觉得羞愧
3—6岁	主动对内疚	儿童努力地成长并想承担他们力所不能及的责任，他们的目标和活动有时和家人对他们的要求发生冲突，这些冲突可能使他们感到内疚。要圆满解决这一危机需要一种平衡：儿童一方面要保持主动性，一方面不与别人的权利或目标发生冲突

个体在生命发展第一个阶段的主要任务是获得基本的信任感。通过学习信任父母和养育者，婴儿学会信赖周围环境和自身。如果他们发现他人不可信赖，就会对自身和周围世界产生怀疑感。在第二个阶段，儿童必须学会自我控制，发展自主性，如果父母对他们的保护或惩罚不当，他们就会担心自己的依赖和无能，进而产生害羞和自我怀疑。第三个阶段，即在3—6岁，儿童发展主动性，学着控制自己周围的环境，但同时又可能会为自身太强的攻击性和负面心理感到内疚。

在道德方面，儿童也表现出鲜明的阶段性特征。科尔伯格（Lawrence Kohlberg）认为，个体道德发展的第一阶段是服从和惩罚定向，此阶段儿童的道德感主要是对权威的服从和避免惩罚；第二阶段是利己主义定向，此阶段儿童为了获得利益而遵守规则，儿童之间的互惠和分享是自我服务性质的，并非建立在真正的公正、慷慨、怜悯或同情的基础之上，其实质是一种交易，

---

① 戴维·谢弗. 社会性与人格发展（第5版）[M].陈会昌，等译. 北京：人民邮电出版社，2012：44.

"如果你给我小推车，我就和你玩"；第三阶段是好孩子定向阶段，儿童的良好行为是为了获得赞许并维持与他人的良好关系，道德行为就是让人高兴、给"我"帮助或得到别人认可的行为，此阶段的儿童希望被别人看作好孩子。

　　总而言之，幼儿的社会性发展在各方面（如心理体验、道德判断方面）都有明显的阶段性特点。这一阶段的儿童是自我中心的，有自己的发展任务——发展独立性、自主性、主动性、信任感、安全感、责任感和秩序感等，还容易服从成人的权威，喜欢被成人称赞为好孩子。

第二节　幼儿社会教育的内涵与价值

一、幼儿社会教育的内涵

　　在个体生物性成长的过程中，人们需要从外界获取有营养的食物和养料，需要进行体能锻炼和技能训练以变得更强壮，需要规律生活来保证机体的健康成长。与此类似，个体的社会性发展亦需要借助外界力量才能得到适宜的发展。我们将旨在促进幼儿社会性朝向积极的、健康的、和谐的方向发展的，一切外在的、有组织的、有目的的教育活动统称为幼儿社会教育。

二、幼儿社会教育的内容

　　因为所处时代不同，所依据的理论基础不同，我国幼儿社会教育的内容也有多种不同的阐述方式，归纳起来有两个大的类别：一是针对个体作为生物性和社会性的存在而确立的社会教育内容，二是针对学科归属的不同领域而确立的社会教育内容。

（一）注重礼仪伦常的童蒙教育

在我国古典文化传承中，教育者们对儿童社会性发展最为关注的内容聚焦在修身方面。在几千年前的《易经》中就提出了"蒙以养正""君子以果行育德"的观点，就是说，在生命的初期，必须给孩子以"正心育德"的教育，用最好的思想培养孩子的德行。针对"正心育德"的具体内容，《弟子规》开篇即言"首孝弟，次谨信，泛爱众，而亲仁，有余力，则学文"①，意思是说儿童首先要学的是对待他人的伦常礼仪，规范自己的言语和行为，在发展了基本行为规范的基础上再学习文化知识。宋代著名教育家朱熹在《童蒙须知》中有过非常细致的阐述。"夫童蒙之学，始于衣服冠履。次及语言步趋，次及洒扫涓洁，次及读书写文及有杂细事宜，皆所当知。"② 就是说，教育幼童首先要从他们衣着端正、语言表达得当、保持环境整洁有序入手，由此形成好的习惯，再切入读书、学习等各种生活细节中的秩序养成之中。

在专门的幼儿教育机构"幼稚园"诞生以后，教育者们对促进幼儿社会性发展方面也提出了明确的教育目标。1932 年《幼稚园课程标准》将"社会和常识"的目标设定为："引导对于自然环境和人民活动的观察和欣赏；增进利用自然、满足生活、组织团体等的最初步的经验；引导对于人和社会自然的关系的认识；养成爱护自然物和卫生、乐群、互助、合作等的好习惯。"基于这一目标的设定，具体的社会教育内容涉及以下方面。

（甲）关于食、衣、住、行等生活需要、卫生方法，以及家庭邻里、商铺、邮局、救火组织、公园、交通机关等社会组织的观察研究，与本地名胜古迹的游览。

（乙）日常礼仪的演习。

（丙）纪念日和节日的研究举行。

（丁）集会的演习（以培养公正、仁爱、和平的态度精神为主）。

---

① 三字经　百家姓　千字文　弟子规 [M].李逸安，译注. 北京：中华书局，2009：178.
② 童蒙须知　名贤集 [M].孟琢，彭著东，译注. 北京：中华书局，2013：1.

（戊）党旗、国旗……的认识。

（己）习见的鸟、兽、虫、鱼、花草、树木和日、月、雨、雪、晴、风、云等自然现象的认识和研究。

（庚）月日、星期和阴、晴、雨、雪等逐日气候的填记。

（辛）附近或本园内动植物的观察采集，并饲养或培植。

（壬）身体各部的认识和简易卫生规律（如不吃担上的糖果，不吃杂食，食前必洗手，食后必洗脸，不随地便溺，不随地吐痰，不吃手，不用手挖耳揉眼，早睡早起，爱清洁等）的实践。

（癸）健康和清洁的检查。[①]

（二）针对学科领域的社会教育内容

2001 年颁布的《幼儿园教育指导纲要（试行）》（以下简称《纲要》），对社会教育的内容有了新的界定。针对幼儿的社会教育，要确保他们：①能主动地参与各项活动，有自信心；②乐意与人交往，学习互助、合作和分享，有同情心；③理解并遵守日常生活中基本的社会行为规则；④能努力做好力所能及的事，不怕困难，有初步的责任感；⑤爱父母长辈、老师和同伴，爱集体、爱家乡、爱祖国。

2012 年颁布的《3—6 岁儿童学习与发展指南》（以下简称《指南》），在《纲要》的基础上特别关注了人际交往和社会适应两个方面的社会教育，指出幼儿社会领域的学习与发展是其社会性不断完善并奠定健全人格基础的过程，人际交往和社会适应是幼儿社会学习的主要内容，也是其社会性发展的基本途径，良好的社会性发展对幼儿身心健康和其他各方面的发展都具有重要影响。

综合古今关于幼儿社会教育的思想与实践，不难发现，幼儿社会教育的内容可以参照幼儿社会性发展的维度进行分类，即指向自我的社会教育内容、指向他人的社会教育内容和指向社会文化的社会教育内容。

1. 指向自我的社会教育内容

指向自我的社会教育内容主要以自我为轴心，具体体现在身体、情绪、

---

① 陈文华. 中外学前教育史［M］. 2 版. 北京：科学出版社，2011：51–52.

物品管理和学习品质四个方面：身体管理包括照顾和控制自己的身体，即具有初步的身体管理能力、保护能力和协调能力；情绪管理主要包括幼儿对自己和他人情绪的辨识与觉察、对情绪的理解和调节、情绪的适宜性表达和控制等；物品管理包括对自己生活、学习、游戏物品的分类、归放和整理等；学习品质主要包括幼儿在学习过程中表现出来的独立性、主动性、专注性、计划性和灵活性等。

2. 指向他人的社会教育内容

指向他人的社会教育内容包括三个方面，即幼儿的人际认知、人际情感和人际交往。人际认知主要包括对生活环境中他人的了解，对自己与他人关系的了解，区分自己与他人的不同等。人际情感包括对他人情绪情感的辨识、觉察与表达，以及了解生活环境中他人情绪产生的原因。人际交往包括对人际交往规则的掌握，能根据他人的需要和行为调整自己的行为。

3. 指向社会文化的社会教育内容

指向社会文化的社会教育内容主要包括社会认知、社会情感和社会归属感。社会认知主要集中在对幼儿园常规、公共规则、社会机构与职业角色的基本认识与了解。社会情感主要包括幼儿在与他人交往、参与社会活动中表现出的社会兴趣，如喜欢和同伴一起玩，乐于参与游戏与活动，喜欢民族节日等。社会归属感主要包括幼儿对家庭、幼儿园、民族和国家的归属感与认同感，如认识到自己是家庭的一分子。

三、幼儿社会教育的价值

幼儿社会教育，并非在幼儿教育机构产生后才有的。如前所述，在古代还没有形成专门的幼儿教育机构之前，人们就在对幼儿实施社会教育。在幼儿教育机构成立之后，社会教育更为教育者所关注，究其原因，在于幼儿的社会教育具有以下几方面的价值。

（一）对于幼儿个人的发展

个体的社会性发展离不开外界的引导与帮助，社会教育的价值体现在支持与引导幼儿在自我、与他人互动和习得社会文化等方面的发展。

首先，社会教育有助于幼儿发展良好的自我意识，发展正确的自我概念，掌握适宜的社会性行为。开展有关自我的社会教育活动，能让幼儿清楚地认识自己的特征、长处和短处、情绪情感，以及自己的行为是否适宜等，还有助于幼儿发展自我管理的能力，如照顾好自己的身体、物品，管理好自己的起居生活。

其次，高质量的社会教育有助于发展幼儿与他人交往的能力。与成人的交往与和同伴的交往对幼儿发展的价值不一样。在和成人的关系方面，社会教育有助于幼儿认识自己在家庭中的地位和角色，认识自己在教师眼中和班级中的地位和角色。在和同伴的关系方面，社会教育有助于幼儿获得同伴的概念，了解与自己年龄相似的同伴的优点与不足，发展与同伴交往的社会能力，促进幼儿在同伴群体中的社会化等。

总之，社会教育能帮助幼儿发展适宜的自我意识，掌握基本的人际交往规范，发展与他人交往的社会技能，让幼儿愿意并有能力与他人交往，还能帮助幼儿习得必要的社会品质，掌握相应的社会规范。

（二）对于成人的发展

儿童的社会性发展离不开教师、家长等成人的引导与支持，反过来说，成人的社会性发展也离不开儿童的指引。离开学校教育的成人，他们的社会性仍在成长，他们的社会性发展仍需要外界的引导和帮助。美国学者玛格丽特·米德（Magret Mead）认为存在三种文化形态：后喻文化、并喻文化和前喻文化。后喻文化是年长者向年幼者传授、年轻者向年长者学习的文化；同喻文化是指同代人相互学习的文化；前喻文化是年轻者向年长者传授、年长者向年轻者学习的文化。成人除了通过长辈和同辈的支持来发展自身外，还可以通过儿童来促进自己的成长。

成人要帮助儿童的社会性发展，就必须了解儿童的社会发展"坐标"，跟随儿童的步伐，为他们提供发展所必需的一切帮助。这不仅是帮助儿童发展的过程，也是帮助成人自身发展的过程。在了解儿童、跟随儿童、为儿童的社会性发展进行引导和提供支持的过程中，成人看到了幼年阶段的人的成长过程，并不断地去除自我的中心性。

此外，对儿童进行社会教育，还要求成人能够做儿童效仿的榜样。事实上，无论处于哪种文化环境和社会阶层中，无论选择何种职业，无论自身所取得的成就大小，父母或教师都希望自身能成为儿童心中的榜样，希望儿童能学习他们身上的优秀品质。总之，对儿童的社会教育对成人在社会性发展方面提出了要求，促使成人自我完善、继续发展。

（三）对于社会与文化的发展

就人类来说，社会所保存下的风俗、礼仪、文明，所创造的优秀文化都要通过社会群体的更新延续下去。任何社会的新生成员都要掌握、保存并延续前人创造的社会文化。社会教育能帮助儿童掌握基本的社会规范，习得作为人所必需的社会品质，如爱、诚实、礼貌等为社会所赞许的品质。因此，社会教育有助于社会文化、社会传统、社会风俗等的保存。

儿童是社会的未来，社会教育要为未来社会培养文明的、理想的公民，能促进儿童的群性意识，培养儿童的社会责任感，让儿童知道自己不仅是单独的个体存在，还是社会的一分子。良好的社会教育还能让儿童有意识地、主动地参与群体生活，为社会的共同利益贡献自己的力量。因而，社会教育能直接或间接地促进社会的发展，使社会朝着更民主、更文明、更和谐的方向前进。

第二章

幼儿社会性发展的影响因素

幼儿社会性发展受多种因素影响，这些因素不仅包括内部因素，也包括外部因素。内部因素主要指幼儿自身的个性特点，如年龄、性别、外貌和气质类型等，外部因素则包括家庭、社区、教育机构以及社会传媒等。

第一节　幼儿自身特征对幼儿社会性发展的影响

幼儿自身的特征作为内部因素，是幼儿社会性发展与教育的一个基础。任何外部因素要对幼儿社会性发展与教育起作用，必须受到幼儿自身特征的影响。一般来说，两岁前儿童的自身特征还未完全发展起来，个性还没形成，两岁以后儿童的个性逐渐发展，3—6岁是儿童个性形成的开始时期。

一、年龄与性别对幼儿社会性发展的影响

（一）年龄

不同年龄的儿童其成熟程度不一样，会表现出不同的生理和心理特征，这些特征可能会影响儿童与周围成人的互动进而对儿童的个性发展产生影响。1岁前，儿童的自理能力比较差，对成人的依赖和顺从比较多，自我评价往往取决于成人对自己的反应。1—3岁的儿童独立性和对周围环境的控制感明显提高，表现出更多的同伴交往需求，自我认识和评价能力也逐渐提高。3—6岁儿童自我意识和与同伴交往的需求进一步发展，并开始追求在与他人交往中的社会地位。成人在和幼儿的互动以及幼儿之间的互动过程中，能够根据幼儿的心理需求给予恰当的反应和积极的支持，有助于幼儿形成正确的自我认知，提高人际交往能力。

（二）性别

性别是特定社会对男性和女性社会成员所期待的适当行为的总和。性别化则是指在特定的文化中，儿童获得适合某一性别的价值观、动机和行为的过程。儿童在两岁左右开始形成一些初步的性别角色知识。在所有社会中，男孩和女孩在社会性发展中都会表现出一定程度的差异。

和男孩相比，女孩在与人交往中更喜欢与他人的眼神接触，因此在玩具上倾向于洋娃娃和其他毛绒玩具。女孩语言的创造性好，参与的社会性交谈也比男孩多，在和同伴的交往中更愿意表达自我情感。女孩在和父母及他人的交往中，通常表现出更多的顺从性，更可能寻求他人的帮助，并乐意帮助他人和与他人合作。女孩也喜欢与母亲进行情感交流并擅长控制自身的情绪情感。

和女孩相比，男孩更喜欢看物体，因此在玩具上倾向于更可操控的玩具，如汽车等。他们相对喜欢以大群体的形式在比较宽阔的空间中玩耍，更活跃，更喜欢剧烈的体力游戏。在和同伴游戏中，男孩的攻击性行为要比女孩多，并更喜欢竞争性活动。

二、外貌与气质类型对幼儿社会性发展的影响

人从出生起就带着各自独特的外貌特点和气质类型。幼儿自身的外貌和个性特点带有独特的个人色彩，同时也影响着幼儿的社会性发展。

（一）外貌

外貌是一个人的面部特征、身高、体重及身体的比例等因素，幼儿的外貌对他人所产生的吸引力和好感对幼儿的个性会产生间接影响。人的外貌会影响他人对他的注视时间，3 岁幼儿同样也表现出这一倾向。许多研究发现，人们通常会将许多与外表无关的正性特质和漂亮的人联系在一起，形成"美即是好"的刻板印象。漂亮的个体被认为更喜欢社交、更外向、更有人缘。这种刻板印象也体现在他人对幼儿外貌的评价中。如一个乖巧、漂亮的幼儿往往可能会吸引他人更多的关注和好感，因此可能会变得更加自信。幼儿同样具有这种倾向。幼儿预期好看的同伴会拥有友爱、乐于助人等积极特征，外貌没有吸引力的幼儿则被预期为攻击性强、孤僻和小气等。从这个意义上来说，外貌具有社会价值和意义，是影响幼儿个性发展的因素之一，幼儿生活中的权威者（如老师、父母等）对幼儿外貌特征的评价对幼儿个性发展的影响会更大。实际上，外貌特征对个体的个性所产生的影响是非常微弱的，即使产生一定的影响也要通过其他社会因素。因此，社会因素才是决定个性发展的主要因素。

（二）气质类型

气质是一个人所特有的心理活动的特征，它使人的整个心理活动带上了独特的个人色彩。生命一开始，新生儿就表现出对环境的典型反应，有的安静，有的则会经常哭闹。我们也可以看到，幼儿的行为呈现出不同的模式，如有的幼儿和同伴互动比较敏感，有的幼儿则喜欢挑战且注意力集中。这些行为模式都是幼儿不同气质的表现。大量证据表明，气质有其生理基础，并且和遗传关系密切。

传统的分类法将人的气质类型分为四种：多血质、胆汁质、黏液质和抑

郁质。巴甫洛夫根据高级神经活动类型的三种基本特征即神经过程的强度、平衡性和灵活性的不同组合，又提出了四种高级神经类型活动，这四种高级神经类型与传统的四种气质类型相对应。具体关系见表2-1。

表2-1　气质类型及高级神经活动类型的关系①

高级神经活动类型	气质类型	心理表现
强、不平衡	胆汁质	反应快、易冲动、难约束
强、平衡、灵活性低	黏液质	安静、迟缓、有耐心
强、平衡、灵活性高	多血质	活泼、灵活、好交际
弱	抑郁质	敏感、畏缩、孤僻

20世纪50年代，美国的两位医生亚历山大·托马斯（Alexander Thomas）和斯特拉·切斯（Stella Chess）通过对141名儿童的气质进行追踪研究，将儿童划分为三种类型，分别为容易护理型、困难型和慢热型儿童。研究发现，容易护理型儿童大约占75%，这类儿童睡眠和进食有稳定的规律，对环境的探究性和适应性都比较强，友好和快乐的积极情绪较多。困难型儿童比较少，大约占10%，这类儿童睡眠和进食都没有稳定的规律，适应性差，在新的环境中容易紧张、烦躁不安，极其爱哭闹且很难安抚。慢热型儿童约占15%，这类儿童相对比较安静，对新刺激的适应性比较慢，但是耐性比较强。这类儿童处于容易护理型和困难型之间，刚接触陌生的事物时，他们的表现就像困难型儿童一样，但是随着对环境的逐渐熟悉，就会对环境产生兴趣而表现得像容易护理型儿童那样。

气质会随着儿童的发展表现为不同的方式。例如，在婴儿期，注意力集中表现为对某个物体的持续注意时间长，但是在幼儿期则可能就表现为他们在解决问题时能坚持。除了这些特定行为的改变，一般气质品质会从婴儿期延续到成人期。

气质作为儿童社会性发展的最初基础，主要是通过以下四个方面对儿童社会性发展产生影响。

---

① 杨丽珠，吴文菊. 幼儿社会性发展与教育［M］. 大连：辽宁师范大学出版社，2000：224.

1. 对儿童社会认知的影响

研究发现，多血质和胆汁质的儿童在解题速度和灵活性方面都明显超过黏液质和抑郁质的儿童。同时，气质特征对儿童的记忆效果也会产生影响。高级神经活动类型为强型的儿童在记忆数量多、难度大的材料时，识记效果要比活动类型较弱的儿童好，高级神经活动类型为弱型的儿童在记忆大量有意义的材料时，记忆效果较好。在运动记忆上，对于不太复杂的任务，神经活动类型为弱型的儿童记忆效果较好，但是对于复杂的任务，神经活动类型为强型的儿童记忆效果较好。不同气质类型儿童的认知差异会影响教师、家长和同伴对儿童的评价，同时也会影响儿童对自我和他人的认识与评价，进而间接影响儿童的社会性发展。

2. 对儿童利他行为的影响

利他行为一般是指预先并没有明确奖赏、不是为了某种利益而执行的行动，利他行为是最终产生合理的积极行动的社会行为之一。林崇德等人研究表明：在实验室中幼儿气质与利他行为有密切相关。喜欢社交的儿童表现出更多的利他行为；不爱社交的儿童没有表现出更多的利他行为，其原因可能是由于有更重要的事情让他们感兴趣，也可能是由于他们平时与人接触少，缺乏经验，或者是没有注意到陌生人的需要。

3. 对儿童道德品质的影响

早期精神分析理论和认知学派分别强调早期经历和认知经验对儿童良心的影响，但是近年来的研究发现气质是良心发展的生物基础，特别是唤醒水平对良心具有重要作用。不同气质类型的儿童唤醒水平和敏感性不同。霍夫曼（Hoffman）的研究发现唤醒水平低的人对惩罚信号不敏感，良心减少，唤醒水平太高又会产生恐惧和低耐挫折力的问题。对攻击性行为的研究发现，困难型的婴儿更容易发展出攻击性行为模式，6 个月、13 个月、24 个月时被评定为"难带婴儿"的儿童，到 3 岁时被评定为具有更高的焦虑、敌意和活动过度。[①]

4. 对亲子关系的影响

气质与亲子关系有非常密切的联系。亲子关系是指儿童和照看者之间亲

---

① 周宗奎. 儿童社会化 [M]. 武汉：湖北少年儿童出版社，1995：187-188.

密、持久的情绪关系，这种关系被具体描述为乳儿和照看者之间相互影响并渴望彼此接近，主要体现在母子、父子之间。[①] 新生儿从出生就带着一定的气质特征，这种气质特征会影响婴儿与父母和其他照看者互动的数量和质量。容易护理型的婴儿生活规律，容易与陌生人接近，经常表现出快乐的情绪。父母对这类儿童通常给予积极的反应，容易建立亲密的亲子关系。困难型的婴儿生活没有规律，容易哭闹和烦躁，对新环境适应比较困难。父母与这类儿童相处要更有耐心、韧性和敏感性，否则，亲子间很容易形成一种不亲密的关系。

气质对儿童所产生的影响在一定程度上与父母或身边的他人和儿童互动时的"拟合度"有关。当父母与孩子互动时，如果能够针对孩子的特点进行调整并达到比较好的拟合度，孩子的发展就会比较顺利。由此可见，父母与孩子的交往不能仅仅考虑数量，更应该关注互动的质量。父母的气质和孩子的气质以及孩子的生活环境之间的协调，对孩子个性的影响可能比单独的气质影响重要得多。

第二节　家庭与社区对幼儿社会性发展的影响

幼儿的成长离不开环境的影响，家庭和社区是幼儿生活的重要场所，在幼儿的社会化发展过程中有重要的意义。

一、家庭对幼儿社会性发展的影响

家庭是幼儿最初的生活场所，它给幼儿提供了最持久的人际关系纽带，正是因为家庭对幼儿影响的持续性，使得家庭关系成为判断其他关

[①] 杨丽珠，吴文菊. 幼儿社会性发展与教育 ［M］. 大连：辽宁师范大学出版社，2000：233.

系质量的标准。家庭对幼儿的影响取决于家庭中的各种因素，其中家庭的结构、家庭的经济地位以及父母的养育模式等对幼儿的社会性发展有重要影响。

（一）家庭的结构与社会经济地位

1. 家庭结构

家庭结构是指家庭成员相互间的亲属关系以及家庭成员人数的多少，即家庭成员的亲属构成和人数。随着社会的发展，家庭作为社会的一个组成部分也受到多方面因素的影响，呈现出多样化类型。但是无论哪种类型的家庭，都始终是影响儿童社会化发展的一种不断变化的动力。几乎所有社会都将家庭看作这样一种组织，即儿童生长过程中各种保护、养育、支持和调节力量的最首要来源。[①] 当前，家庭的结构类型包括核心家庭、主干家庭、单亲家庭（或离异家庭）以及留守儿童家庭等。

（1）核心家庭

"核心家庭"一词产生于20世纪40年代，该词出现是为了将这种家庭与主干家庭区分开来。核心家庭是指父母与子女一起居住的家庭。核心家庭通常以关系稳定、家庭经济来源稳定以及家庭关系融洽等为特征，这是我国目前最常见的家庭类型。

在核心家庭中，父母对孩子的社会化发展影响较大。一方面，由于这类家庭中只有父母和孩子两代人，家庭结构和关系比较简单，父母与孩子间的互动和交流较多，容易形成亲密的家庭关系和积极的亲子依恋。同时，由于现在的家庭中孩子大多为独生子女，孩子在家庭中的交往对象比较单一，无法通过与兄弟姐妹的互动而学习同伴交往技能。因此，需要父母有意识地给孩子创造和其他同伴互动的机会，以促进孩子人际交往能力的发展。

（2）主干家庭

主干家庭是由祖辈、父辈和孙辈三代人一起构成的家庭类型。这种家庭

---

① 钱德勒·巴伯，尼塔·H. 巴伯，帕丽特夏·史高利. 家庭、学校与社会：建立儿童教育的合作关系（第4版）[M]. 丁安睿，王磊，译. 南京：江苏教育出版社，2013：79.

是农业社会最典型的家庭模式。由于这类家庭是三代人一起生活，相对核心家庭来说存在一定的优势，年轻父母可以获得祖辈对孙辈更多额外的看护和照顾。

在主干家庭中，由于祖辈和父辈以及孙辈三代人生活在一起，人口相对比较多，家庭结构和家庭关系相对核心家庭来说更为复杂。在这样的家庭中，祖孙关系也是重要的家庭关系，儿童可以通过与父辈以及祖辈的交往，学习尊敬长者、积极交往并继承优秀的传统文化。祖孙关系随着祖父母寿命的延长，持续的时间也延长了，使得祖父母对孙子女的影响更加深入、长久，隔代教养也成为现代社会的普遍现象。由于祖父母与年轻父母两代人在思想观念上的差异，容易出现家庭成员教育观念和教育方式的不一致，易引发儿童教育的冲突，这种冲突对儿童的社会性发展会产生消极的影响。

（3）其他类型家庭

当前，单亲家庭或离异家庭、留守儿童家庭也越来越成为社会中常见的家庭类型。

单亲家庭或离异家庭又被称为缺损家庭，是指父母一方或双方死亡或者父母离异等种种原因导致的家庭缺损。这类家庭的完整性和稳定性遭到破坏，家庭的固有功能遭到削减甚至消失。这种家庭模式始终是社会的一个部分，且随着社会的发展，目前这类家庭也越来越常见。父母离异对儿童的伤害要比自然死亡带来的伤害更大，但影响程度和儿童的性别、年龄、失去父亲或母亲的原因以及父母的态度等多种因素有关。孩子虽然不是父母离异中的当事人，但是父母的离异会对孩子的心理、生活适应等带来巨大的冲击，进而影响孩子与同伴的关系、孩子的自控能力、亲子关系等方面。如果父母离异后仍旧能够就孩子的教育问题和成长中遇到的问题进行积极的沟通和交流，那么离婚对孩子的影响会大大降低。

留守家庭是指家庭中夫妻双方或一方为了改善生活外出打工而出现的家庭模式。近些年，随着农村地区外出务工人员的不断增加，祖辈和孙辈组成的留守家庭数量在不断增加。这类家庭中儿童的抚养任务主要由祖辈父母承担，祖辈几乎完全代替年轻父母直接承担了教育者的角色。祖辈在照看孙辈时出于一种补偿心理或者其他原因，容易出现对孩子的溺爱和放任不管等现象。同时，由于父母双方或者一方长期与儿童分离，留守儿童的情感、人格发展和同伴关系等社会性发展都会受到影响。研究发现，留守儿童的孤独感比较高，常常表现出沉默寡言、胆小、自私、任性和不合群等特征，这使得他们与同伴之间的情感联系相对处于不利的社交地位。[①]

2. 家庭社会经济地位

家庭的社会经济地位决定了家庭的生活质量、健康水平、营养和生活条件以及家庭成员自我价值感等，这些因素又会对儿童成长的物质环境、心理环境以及人际环境产生影响。在早期的儿童发展研究中，家庭社会经济地位对儿童社会性发展所产生的影响并没有得到充分的关注。从 20 世纪 70 年代起，国外开始对家庭社会经济地位较低的儿童进行研究，尤其是对贫困家庭的儿童发展进行研究。当前关于家庭社会经济地位对儿童社会性发展影响的研究表明，家庭社会经济地位往往影响父母的养育方式进而影响孩子的社会性发展。

家庭社会经济地位比较高的母亲往往和孩子默契度比较高，和孩子沟通时会给孩子提供选择并潜移默化地影响孩子的决定。通常，父母和儿童的语言沟通模式又会迁移到儿童与他人的交往中，从而对儿童的人际交往行为产生影响。在世界范围内的多种文化中，都观察到了家庭社会经济地位对父母响应性和惩罚措施使用的影响。[②]

家庭社会经济地位比较低的母亲通常和孩子说话比较少，与孩子的默契度比较低，同时她们也表现得更加专制，在解决孩子问题时经常采用处罚的手段，更可能使用粗暴的命令而不是详细的解释和沟通。父母与儿童的这种互动教育模式会对儿童的情感等发展产生消极影响。许多研究表明，社会经济地位较低的家庭会使儿童的情感发展产生风险，儿童容易产生消极的社会情感，出现孤僻、自卑、冷漠等多种精神障碍，缺乏必要的社会交往技能，与同伴相处容易出现攻击性行为等，这对他们一生的发展较为不利。但是，

① 凌辉，张建人，钟妮，等. 留守儿童的孤独感与友谊质量及社交地位的关系 [J]. 中国临床心理学杂志，2012（6）：826-830；张志英. "留守幼儿"的孤僻心理 [J]. 健康心理学杂志，1998（1）：106-107；林宏. 福建省"留守孩"教育现状的调查 [J]. 福建师范大学学报（哲学社会科学版），2003（3）：132-135.

② 罗斯·D. 帕克，阿莉森·克拉克-斯图尔特. 社会性发展 [M]. 俞国良，郑璞，译. 北京：中国人民大学出版社，2014：175.

家庭社会经济地位较低并不必然会使儿童出现社会情感和行为发展方面的风险，教师对儿童的态度和期望以及社区环境等多种因素与父母的养育方式会共同对儿童的社会性发展起作用。

（二）父母养育模式

父母的养育模式是父母在抚养子女的日常活动中表现出来的行为倾向，它是对父母各种教育行为的概括。一般来说，父母的养育模式具有相对的稳定性，不随情境的改变而变化，它反映了亲子交往的实质。父母通过教养方式和教养态度，向孩子传递一定的价值观、社会规则以及道德规范等。父母不同的养育方式会与孩子产生不同的互动风格，进而会对其在幼儿园和社区中的行为产生影响。

最早研究父母养育方式的是美国著名心理学家戴安娜·鲍姆林德（Diana Baumrind），她将父母抚养孩子的模式分为四种，分别是权威型、溺爱型、专制型和忽视型。不同的养育模式下，父母的养育行为和儿童的行为特征有所差异。表2-2对这四种养育模式和儿童典型行为特征进行了总结。

父母的养育模式对孩子的成长有重要影响。但实际上，很多父母由于工作压力、生活压力等多种原因，与孩子进行的实质性交流比较少，和孩子的沟通不够积极，很多父母并不了解自己的孩子。在理想的养育模式里，父母和孩子之间应该是经常围绕孩子生活中的所见、所闻、所为进行交流，父母是了解孩子并尊重孩子想法的。每个孩子都是独一无二的，每个父母对孩子具体的教养方式也应该各不相同。但是，无论什么样的家庭，宽容和独裁这两种养育方式的任何极端都不是理想的教养方式，只有将关爱和管制相结合才是最有益的方法。

表 2-2　养育模式和儿童特征的关系①

养育类型	儿童特质
权威型家长	活跃—友好型儿童
温情、投入、响应及时 对孩子的建设性行为表示欣赏和支持 考虑孩子的期望和恳求，提供替代选择 建立标准，清楚地向孩子传达，并坚决执行 对孩子的要挟不让步 对不良行为表现出不快，和不听话的孩子面对面讨论 期望成熟、独立、与年龄相符的行为 计划相关文化活动并积极参与	快乐 自控自立 对新环境充满兴趣和好奇 非常活跃 和同伴保持友好关系 和成人合作 从容应对压力
专制型家长	矛盾—易怒型儿童
很少给予温暖、积极参与 不顾孩子的需要和选择 严厉执行规则，但缺乏清晰的解释 表现出愤怒和不快，当面质问孩子的不良行为，并使用严厉的惩罚措施 认为孩子受到反社会冲动的控制	喜怒无常、不快乐、缺乏目标 恐惧、不安、容易苦恼 消极、敌对、谎话连篇 在攻击行为和消极退缩行为之间摇摆 面对压力时非常脆弱
溺爱型家长	冲动—攻击型儿童
温情程度适中 崇尚冲动和欲望的自由表达 没有明确传达或执行规则 向孩子的要挟和抱怨妥协，隐藏自身的不耐烦和愤怒 对孩子没有成熟、独立方面的要求	攻击性强、专横、顽固、不合作 易怒，但能很快恢复到快乐的心境 缺乏自我控制和自立行为 冲动性强 缺乏目标
忽视型家长	冲动—攻击—不合作—情绪波动性
以自我为中心、消极、无响应 追求自身满足，不惜以孩子的利益为代价 尽可能减少在孩子身上的投入（时间、精力） 不能对孩子的行为、活动地点和同伴进行监控 可能会抑郁、焦虑或情感空虚	情绪化、不安全依恋、冲动、攻击性强、不合作、缺乏责任心 自尊较低、不成熟 缺乏社会追求 放纵、和问题儿童交往、可能会违法犯罪、性早熟

① 罗斯·D. 帕克，阿莉森·克拉克-斯图尔特. 社会性发展［M］. 俞国良，郑璞，译. 北京：中国人民大学出版社，2014：166.

二、社区对幼儿社会性发展的影响

（一）社区的概念

社区是一定地域范围内的人们基于共同的利益和需求、密切交往而形成的具有较强认同感的社会生活共同体，其中，"一定的地域""共同的纽带""社会交往"以及"认同意识"是作为社区或共同体的最基本的要素和特征。[①] 社区成员由于长期处在一个共同的地域空间，经常性的密切的社会关系逐渐使社区成员之间形成了具有共同文化特征的结合体，社区中的人们一般都有共同的信仰、价值观念、归属感、生活方式和风俗习惯。

（二）社区文化资源的影响

社区资源包括社区内的物质资源、人力资源和文化资源等。相比其他资源，社区中的文化资源对儿童的社会性发展有着更为明显的影响。社区文化资源包括有形的文化资源和无形的文化资源两部分。有形的文化资源包括社区内的展览馆、科技馆、少年宫和图书馆等文化设施，无形的文化资源是指社区内的文化氛围和传统等。

社区中有形的文化资源为儿童的社会性发展提供了有力的物质支持。社区中的文化机构如图书馆、博物馆、少年宫等是儿童非常喜欢去的地方，容易成为儿童聚集的场所，从而为儿童与他人尤其是同伴互动提供了契机。社区文化机构中多样的图书资源、活动资源和历史资源等为拓展儿童的文化视野提供了可能。

社区中无形的文化资源为儿童的社会性发展提供了丰富的精神土壤。社区中蕴含的传统文化、民风习俗、道德价值观和乡土文化，社区中人们的生活方式、互动方式、艺术情趣以及网络文化等，都为儿童社会性发展营造了浓厚的文化氛围，成为影响儿童社会性发展的潜在资源。如社区重阳节组织的为老人献爱心活动会培养儿童尊重老人，元宵节组织的猜灯谜活动会引导

---

① 项继权. 论我国农村社区的范围与边界 [J]. 中共福建省委党校学报，2009 (7)：4-10.

儿童了解传统文化的意识，国庆节组织的升旗仪式会促进儿童的集体意识和
爱国情感。

第三节　教育机构对幼儿社会性发展的影响

近年来，我国儿童的入园率不断提高，截至 2013 年年底，学前三年毛入
园率达 67.5%。① 离开家庭的单纯养育，进入专门的教育机构接受专门的看
护与教育，是当下许多儿童社会生活的重要组成部分，机构中发生的与他人
的互动、所接受的教育内容都直接影响着儿童的社会性发展。

一、教师对幼儿社会性发展的影响

教师作为权威者，通过多种角色的扮演在与幼儿的互动中对幼儿社会性
发展产生不同的影响。师幼互动是指发生在幼儿园内部的，贯穿于幼儿一日
生活中的幼儿园教师与幼儿之间相互作用、相互影响的行为和过程，它构成
了幼儿社会性发展中的重要关系网络。

师幼关系对幼儿的社会性发展有重要影响。豪斯等认为，师幼关系在幼
儿人际关系网络中的重要性最高，师幼关系对幼儿亲子关系、同伴关系有很
重要的作用，对不良的亲子关系有一定弥补作用，并影响到其同伴交往的主
动性、交往能力及社交地位等。② 良好的师幼关系不仅会满足幼儿爱和安全
等多种心理需要，使他们更容易适应集体生活，而且还可以为幼儿提供与同
伴互动充足的时间和空间。

幼儿与教师消极的关系会使幼儿因为得不到教师的认可和支持而产生消

---

① 数据引自教育部举行新闻发布会介绍的学前教育三年行动计划有关情况.
② 张明红. 学前儿童社会教育 [M]. 上海：华东师范大学出版社，2008：31.

极情绪，影响幼儿对自我的认识和评价，也会进一步使幼儿丧失参与集体活动的积极性，并且容易在与同伴互动中出现退缩或者较强的攻击性行为。

教师期望与幼儿的社会性发展也密切相关。皮革马利翁效应表明，教师的期望可以影响儿童的行为，教师对儿童抱有高期望会促使儿童因为教师的认可和接纳而更加自信，为儿童带来行为动力。相反，教师对儿童的低期望会使儿童产生不安全感并丧失自信，形成对自我较低的评价，影响儿童与同伴互动的积极性和参与集体活动的兴趣。现实的教育中，"虽然我们可以开列出包括气质类型、相貌特征、家庭类型、居住环境甚至孩子还在母亲体内时母亲的情绪状态等一系列有可能导致这些孩子被同伴忽视的原因，但最为关键的一点是——这些孩子在成为被同伴忽视的人之前就已经被教师忽视了！"[①] 教师对儿童的忽视暗含的是教师对儿童的低期望，而这种低期望又会对儿童的自我认识、同伴互动等社会性发展带来消极影响。要真正发挥教师在幼儿社会性发展中的作用，必须建构一种平等的、积极的师幼关系。

二、同伴对幼儿社会性发展的影响

幼儿与同伴的关系不同于幼儿与成人之间的关系。幼儿与同伴之间由于相同的时代背景、相同的爱好或者相近的年龄，相互关系比较简单、自由和平等，更可能包含彼此间积极的情绪互动和行为冲突。儿童在 3 岁前主要生活在家庭中，由于同伴的不固定性而表现出同伴关系的随机性特征。当儿童进入幼儿园，开始生活在一个相对稳定的同伴互动环境中，这个同伴互动环境为儿童的社会性发展提供了良好的条件，给儿童提供了探索各种新的人际关系类型的机会。同伴关系的产生使得儿童建立起自己的文化群体，在这个群体中，儿童拥有共同的行为模式与习惯。[②] 通常，同伴交往的发展模式随年龄增长而发生变化。儿童同伴交往和友谊发展的主要模式如表 2-3 所示。

---

① 刘晶波 . 社会学视野下的师幼互动行为研究：我在幼儿园里看到了什么 [M]. 南京：南京师范大学出版社，2006：2.

② 罗斯·D. 帕克，阿莉森·克拉克-斯图尔特 . 社会性发展 [M]. 俞国良，郑璞，译 . 北京：中国人民大学出版社，2014：190.

表 2-3 儿童同伴交往和友谊的发展①

年龄	特　点
0—6 月	触摸并看着另一婴儿，以哭泣来回应其他婴儿的哭声
6—12 月	尝试通过观察、触摸、喊叫或挥手来影响另一婴儿 通常以友好的方式与另一婴儿互动，但有时会拍打或推搡
1—2 岁	开始采用互补的行为，比如轮流玩、互换角色等 这一阶段出现了更多社交活动，开始进行想象游戏
2—3 岁	在游戏以及其他社交互动中，开始交流意图，如邀请另一儿童一起玩或表示到时间该互换角色了 开始更喜爱和同伴一起玩，而不是成人的陪伴 开始进行复杂的合作活动或戏剧的表演，开始喜欢同性别的玩伴
4—5 岁	与同伴分享更多，期望将游戏中获得的兴奋和享受最大化 游戏时间更持久，更乐于接受除主角外的其他角色
6—7 岁	达到想象游戏的顶峰，更喜欢和同性玩伴一起玩的倾向非常稳定 友谊的主要目标是进行合作和一起游戏

（一）同伴关系是构成儿童社会性发展的重要背景

同伴是儿童社会化的重要代理人，同伴关系是发展社会能力的重要背景。② 英国心理学家哈利·哈洛（Harry F. Harlow）对"只有母亲"和"只有同伴"的猴子以及儿童的研究表明，同伴互动对能力和良好社会行为的发展有重要作用。未能与同伴建立和维持良好关系的儿童，会在以后的生活中经历很多严重的适应问题。儿童心理学家让·皮亚杰（Jean Piaget）的研究发现，儿童发展早期以自我中心为主，他们一般不愿意也不能够意识到同伴的观点、意图和感情，但是随着同伴之间游戏的开始，儿童逐渐与同伴建立平等合作关系，也开始对同伴之间的冲突、合作、协商有了一定的体验。儿童在与同伴交往中，学习如何控制自己的情感和行为，并逐渐对同伴的行为和情感产生同理心。和同伴产生矛盾时，能够考虑同伴的需求，逐渐从以自我

① 罗斯·D. 帕克，阿莉森·克拉克-斯图尔特. 社会性发展 [M]. 俞国良，郑璞，译. 北京：中国人民大学出版社，2014：191.
② 邹泓. 同伴关系的发展功能及影响因素 [J]. 心理发展与教育，1998（2）：39-44.

为中心转向与同伴的观点进行协调来解决冲突。

（二）　稳定的同伴关系能够满足儿童社交需要、获得社会支持和安全感的需要

爱和归属以及获得他人的尊重是人类的基本需要。朋友是安全的给予者，是一个人可用于衡量自己的标准，是活动中不可或缺的合作伙伴。[①] 韦斯提出的社会需求理论认为儿童在与他人的关系中寻求特殊的社会支持，与他人形成的不同社会关系会提供不同的社会支持功能，满足儿童不同的社会需求。弗曼在此基础上进一步研究指出，亲密的友谊关系和一般的同伴群体对儿童社会需求的满足是不同的，爱和与他人亲密关系的需求的满足往往依靠亲密的同伴关系，指导性帮助、陪伴、归属感等从一般的同伴关系中获得。幼儿在幼儿园处于稳定的同伴群体中，这有利于幼儿间形成稳定和亲密的同伴关系，满足幼儿与同伴交往和在同伴群体中获得同伴支持与归属感的需求。

（三）　同伴交往经验可以促进儿童的自我概念和人格的发展

威廉·科萨罗（William A. Corsaro）的研究认为，同伴交往有利于发展儿童的自主权和对自身的掌控感，促进个人的社会化。[②] 儿童从出生开始就始终处在一个关系网中。幼儿园中的同伴作为儿童社会化过程中重要的关系人，为儿童自我认识、自我评价和自我行为调控提供了机会。同伴关系是一种可逆性的交往关系，儿童在与同伴互动中通过合作体验、冲突体验等方式不仅在认识着同伴，更通过同伴这面镜子不断认识自己，控制和调整自己的行为和情绪情感。同伴为儿童理解合作与竞争的社会规则、服从与支配的角色关系建构了基本框架，这为儿童形成健康的自我概念提供了基础，从而也促进了儿童人格的健康发展。

[①] 齐克·罗宾. 童年友谊 [M]. 李月琴，译. 沈阳：辽海出版社，2000：49.

[②] 威廉·A. 科萨罗. 童年社会学 [M]. 程福财，等译. 上海：上海社会科学院出版社，2014：135.

三、课程模式对幼儿社会性发展的影响

自幼儿教育专门机构创立以来，研究者与实践者们建构了许多经典的课程模式。尽管每一种课程模式都非常注重幼儿的社会性发展，但是由于其所依据的理论基础不同，所采取的教育途径与方法不同，对于幼儿的社会性发展也就必然带来不同方面和不同深度的影响。

（一） 以学科知识分类、结合儿童发展维度而确立的课程模式

陈鹤琴认为儿童的生活是整体的，且儿童的教育离不开儿童的生活，为此他提出了幼儿园"五指活动"计划，即开展健康、社会、科学、艺术和文学五个领域的活动。《纲要》将幼儿园的教育内容划分为五大领域——健康、语言、社会、科学、艺术，自此，社会领域课程正式独立地成为幼儿园课程的重要组成部分。《纲要》中社会领域的目标可以分为两个维度：一是社会关系维度，涉及幼儿与自身的关系、幼儿与他人的关系、幼儿与群体或集体关系以及幼儿与社会的关系；二是心理结构维度，包括认识、情感、行为技能。[①]《纲要》中的社会领域课程作为幼儿园教育活动的重要组成部分，打破了分科课程中的单一取向而具有明显的学科意向，且倾向于集体活动。

《纲要》中领域的划分具有相对性，它同时强调社会与健康、语言、科学、艺术领域之间的相互渗透，注重社会领域课程潜移默化的特点，特别强调幼儿社会态度和社会情感的培养应该渗透在一日生活的各个环节之中，教师要创设一个能使幼儿感受到被接纳、关爱和支持的良好环境，同时把幼儿与成人和同伴的共同生活和交往作为其社会性发展的重要资源。[②] 社会领域课程体现出渗透性、生活性等特点。

（二） 以关系为基础的生成式的课程模式

以关系为基础的生成式课程模式的两个核心特征分别是生成和关系。该

---

① 嵇珺. 我国幼儿园社会领域教育研究 [D]. 南京：南京师范大学，2012：33.
② 教育部基础教育司.《幼儿园教育指导纲要（试行）》解读 [M]. 南京：江苏凤凰教育出版社，2002：33.

课程模式不主张教育中的预设，而是强调在课程中根据儿童的需要和环境的变化来灵活生成课程内容。这种生成不是教师单维度的生成，而是将儿童、家长和社会放置于一个关系网络中，合作生成课程，促进儿童的发展。意大利的瑞吉欧教育即为这类课程模式的典型。

意大利瑞吉欧教育中的儿童被认为有着丰富的潜能、强大的力量，可以胜任一切，可以连接同伴以及成人。① 在他们看来，儿童的学习过程是儿童主动性展现的过程，儿童的学习是借助于关系的学习。瑞吉欧教育强调儿童与教师、家长和社区相互关系的重要性，认为环境是儿童发展的第三位教师。

在教师和儿童关系中，教师是儿童的伙伴与指导者。在教育过程中，教师主要是倾听儿童的兴趣，注重为儿童的活动提供所需要的环境和支架，与儿童一起活动并在游戏和活动中提供适当的指导，同时也关注同伴间的合作和支持。

瑞吉欧教育也非常注重与家庭建立合作伙伴关系，鼓励家长参与儿童的教育并为儿童积极融入社会环境提供充足的机会。瑞吉欧教育尤其注重培养教师对家庭中多元文化的敏感性和对多元文化的欣赏和尊重，使教师能够对儿童的多元文化予以理解和接纳，并形成幼儿园多元文化氛围，这样的环境可以帮助儿童发展对同伴文化和社会多元文化的认可和尊重。

可以看出，瑞吉欧教育中的儿童被放置在一个广泛而积极的社会关系网络中，儿童是属于整个社会的儿童，儿童的教育得到了整个社会的支持。因此，瑞吉欧教育模式真正实践着让儿童在社会建构中实现社会化的教育理念。

（三）从感官训练入手促进儿童生命秩序发展的课程模式

这种以培养儿童生命发展为目的的课程模式，通过对儿童视觉、听觉、触觉、嗅觉、味觉和平衡觉等多种感觉的训练和刺激，借助多种感觉有效配合来完成有序的行为，以满足儿童生命发展中内在秩序感的需求。蒙台梭利教育模式即为该类课程模式的代表。

在蒙台梭利教育模式中，儿童被看作具有潜在生命力和吸收性心理的个

① 卡洛琳·爱德华兹，莱拉·甘第尼，乔治·福尔曼. 儿童的一百种语言：转型时期的瑞吉欧·艾米利亚经验（第3版）[M]. 尹坚勤，王坚红，沈尹婧，译. 南京：南京师范大学出版社，2014：150.

体。它强调儿童社会性发展中心理的作用，认为其他发展完全是从儿童的心理生活中形成并表现出相应的行为方式。蒙台梭利教育注重教师、儿童和环境三个要素。儿童心理的发展尽管受其内在生命力的引导，但是外部环境是儿童心理发展的媒介，因此儿童的发展是个体和环境相互作用的结果。蒙台梭利强调教师为儿童发展提供"有准备的环境"。蒙台梭利认为的有准备的环境可以分为物质环境和人文环境两种，前者包括教育、教师和大自然等要素对儿童发展的作用，后者主要指家长、教师、同伴和社会文化对儿童发展的影响。[①] 在蒙台梭利看来，教育对儿童的影响是通过环境这一中介实现的，环境对实现儿童的专心、秩序、纪律、自由和道德品格等社会性品质具有重要作用。

蒙台梭利教学法包括日常生活练习、感知觉练习和初步知识的学习三个领域，她关于儿童社会性教育的内容渗透在这三大领域中。

日常生活练习是蒙台梭利教育中最直接体现社会性教育内容的，主要目的是培养儿童适应集体生活的能力。日常生活练习主要是让儿童在参与生活实践的过程中，通过日常生活的体验来获得一些集体生活技能和社会交往技能，它主要包括照顾人、照顾环境、照顾社会关系以及动作控制等四个方面。[②]

感知觉练习是通过感官练习让儿童学会自我教育，学习通过自己的努力来完善自我。

初步的知识练习指儿童学习阅读、书写和算术，借助这些初步的知识学习社会文化，增加对社会的认识和理解。

为了实现这些内容，蒙台梭利非常注重工作的意义。她认为儿童通过使用双手进行工作，不仅可以显示其心智，同时更能使儿童将生命融入新的环境关系中，获得更健全的品格。

蒙台梭利教育模式也非常强调同伴的力量。她主张班级组织形式采用混龄制，这种混龄编班形式本身就是一种社会性教育，它扩大了儿童的社会交往范围，为儿童的社会适应能力和社会品质发展提供了肥沃的土壤。[③] 可以

① 徐琳. 蒙台梭利儿童社会性发展与教育理论的研究 [D]. 南京：南京师范大学，2006：16.
② 徐琳. 蒙台梭利儿童社会性发展与教育理论的研究 [D]. 南京：南京师范大学，2006：20.
③ 徐琳. 蒙台梭利儿童社会性发展与教育理论的研究 [D]. 南京：南京师范大学，2006：23.

看出，蒙台梭利教育模式注重儿童的自我教育和纪律，强调教师在促进儿童社会性发展中的支架作用和同伴在儿童社会性发展中的建构意义，关注儿童独立生活、交往和自我管理等方面的发展，注重儿童社会适应能力和人格发展。

（四）注重身、心、灵发展的华德福课程模式

华德福教育（Waldorf Education）兴起于 20 世纪初的欧洲。奥地利哲学家、教育家鲁道夫·施泰纳（Rudolf Steiner）创立了人智学理论并以此为基础，建立了华德福教育体系。该体系包括幼儿教育、1—8 年级教育和四年制高中教育。

华德福教育注重儿童的身、心、灵和精神整体、和谐的发展，要求根据儿童的个性，发挥其潜能，进而实现个体的自由发展。和传统的教育相比较，华德福教育更为强调对儿童身体、心灵和感官的"滋养"，目的是培养自由的人。[①] 华德福教育认为儿童的发展受天性、遗传和环境等多种因素影响，因此非常注重环境系统，强调家庭应当为儿童提供温暖的环境，确保儿童有充足的身体活动和独立思考的机会；幼儿园应当为儿童创设自然、舒适的物质和精神环境，鼓励儿童主动探究自然和世界，激发儿童的想象力和创造力，教师是儿童发展的支持者。

在教育方式上，华德福首先创设家庭式环境，为儿童提供混龄教育，即将不同年龄段的儿童（年龄跨度至少一年以上）编在同一班级中。混龄方式组织的班级使儿童之间自然形成了一个小型的儿童社会，班级中不同年龄间儿童的交往互动为他们相互观察和模仿同伴行为、学习人际交往技能和社会规则、提高社会适应能力提供了充足的机会。

华德福教育没有"正规学习"，注重通过让儿童参与和体验真实的生活和劳动来培养儿童的动手能力、毅力、耐心和责任感以及良好的生活习惯和自立能力。华德福幼儿园教育中还非常重视"呼吸"节奏，活动安排中既有"呼气时间"，也有"吸气时间"，体现了鲜明、流畅、连贯和独特的节律原

---

① 刘淑颖. 华德福儿童社会性发展与教育理论的研究［D］. 南京：南京师范大学，2013：36.

则。① 幼儿园的节律活动还体现在一日活动安排中，季节和节日也成为重要元素融入教育，以让儿童感受和理解一年的节律。通过节律活动，可使儿童产生一种内在秩序感，帮助他们建立安全感和信任感。华德福教育强调根据儿童的发展规律和特点选择适宜的教育内容，通过混龄教育扩大儿童与同伴的互动空间，注重环境对儿童社会性发展的影响，重视教育与儿童生活的渗透与整合，强调活动中发展儿童的想象力和创造性，整个教育体系中处处渗透着对儿童积极的社会认知、社会情感和社会行为的养成。

综上所述，各种课程模式在促进幼儿社会性发展上都各有所长，幼儿教育工作者在面对各种课程模式时要本着"以儿童为中心"和"适宜性教育"的理念加以借鉴，吸取各种课程模式的合理之处。

第四节　电视与新媒体

一、电视与新媒体的特征

（一）电视的特征

电视媒体是以电视为宣传载体向人们进行信息传播的传统媒介或平台。声音、画面的综合使用，使得电视媒体传播的信息具有视觉效果直观、冲击力大和情绪感染力强等特点。② 很小的儿童可能会认为电视等媒体中出现的画面是真实的，这种现象被称为"魔法窗口思维"。随着儿童认知水平的发展，他们区分幻想与真实的能力提升。4 岁儿童能够理解电视上看到的角色和物体其实并不在电视机里面。儿童认知能力的发展可以帮助儿童更好地理解电视媒体中的因果关系。

---

① 刘淑颖．华德福儿童社会性发展与教育理论的研究［D］．南京：南京师范大学，2013：41.
② 张彩霞．电视媒体对学前儿童社会化的影响：以山西 Y 市 F 幼儿园为例［D］．临汾：山西师范大学，2013：6.

2014 年李卉等人对宁波地区 1195 名 3—6 岁儿童使用媒体现状进行调查，发现儿童使用媒体种类多，但是以电视为主要的媒体形式。① 因此，电视被看作儿童的"主要社会化力量"。

（二）新媒体的特征

新媒体是新的技术支撑体系下出现的媒体形态，如数字杂志、数字报纸、数字广播、手机短信、网络、数字电视和触摸媒体等。相对于报纸、广播、电视、杂志四大传统意义上的媒体，新媒体被形象地称为第五媒体。新媒体不同于传统媒体，它模糊了传播者和接受者之间的界限，使传播者和接受者成为平等的交流者，新媒体的交互性、共享性使其可以同时为众多媒体参与者提供个性化服务，而参与者借助新媒体实现了平等的个性化交流。新媒体可以分为三类——互联网媒体、手机媒体、以数字电视为基础的媒体形式，具有交互性、即时性和开放性等特征。

交互性。新媒体与传统媒体信息交流的单向式不同，它改变了人们在信息传播中的被动地位。信息传播个体和信息接受个体之间可以自由地双向交流，个体可以决定信息接收的时间、内容，又可以反馈自己的观点，信息交流过程中双方都具有对信息的控制权，双方建立起了一种多元化的互动模式，这一特点也模糊了信息传播者与接受者之间的关系。

即时性。新媒体采用的是数字化技术，它彻底打破了传统媒体在时间上的限制而大大缩短了信息传播的时间，也使使用者不再受空间和时间限制而可以在任何时间和空间将信息传播，体现出即时性。

开放性。随着各类新媒体即时传播各类信息的功能越来越强大，速度越来越快，效率越来越高，信息已经不再受地域的限制。新媒体下的任何个体都可以借助网络平等享有信息，新媒体几乎已无处不在地渗透在人们的生活中并影响着人们的行为。

---

① 李卉，周宗奎，伍香平．3—6 岁儿童使用媒体现状的调查研究［J］．上海教育科研，2014（5）：57-59．

二、电视与新媒体对幼儿社会性发展的影响

幼儿处在一个被媒体包围的时代，幼儿会通过电视看各种各样的节目。网络等其他媒体也给幼儿提供了各种丰富的刺激。幼儿在这些无处不在的媒体的包裹下，其社会性发展也受到了强烈影响。

（一）积极影响

电视媒体和网络渗透在幼儿的日常生活中，其中的一些教育类节目可以为幼儿提供积极的榜样角色，从而使幼儿能够进行亲社会行为的观察学习。例如，电视节目《芝麻街》会鼓励幼儿的分享、合作等亲社会行为。一项研究也发现，受到电视榜样影响的5—7岁儿童既能分享糖果，又能分享钱币。美国的研究发现，由于美国中产和上层阶级家庭中的父母时常陪孩子观看这些节目并鼓励他们的利他行为，节目的促进作用更为明显。对34个媒体和儿童社会性发展研究的元分析表明，观看亲社会电视节目，与儿童更好水平的社会互动和利他行为以及更低的攻击性行为之间具有稳定的关联，这些影响会一直持续到青少年期。另外，儿童可能因为和同伴群体观看或者喜爱共同的电视节目、网络节目或者玩同样的网络游戏而在同伴群体中得到认同，因此看电视和使用互联网也可以加强群体认同感。

（二）消极影响

教育和商业电视节目、网站等媒体通常给幼儿展示了他们直接接触到的家庭和社区之外的世界，幼儿通常有意无意地受其影响。媒体在幼儿生活中的出现为幼儿的学习和教育提供了机会，但是却也存在一定的隐患。具体来看，电视和新媒体对幼儿社会性发展中的社会认知、同伴互动以及攻击性行为等方面可能产生消极影响。

电视节目和网络游戏会给幼儿带来知觉偏差。媒体是幼儿了解他人的一个重要来源。幼儿在媒体节目或游戏上花费的时间过多，可能会将这些节目和游戏中的虚拟世界当作真实世界从而出现一种知觉偏差，例如高估真实世界中的危险性，低估他人可信任的程度和帮助他人的意愿。

媒体会对幼儿与同伴互动产生影响。如果幼儿经常花费比较多的时间在电视和网络上，可能取代运动和与同伴互动的机会，容易使幼儿产生不愿与同伴交流的心态，甚至即使和同伴在一起，也更愿意看电视或者玩网络游戏而不愿意和同伴进行交谈和互动。有研究还发现，只要是开着电视就能够造成扰乱和分散幼儿注意力等影响，"背景电视"往往会影响幼儿与父母的互动数量和质量。

暴力电视节目、网络节目和网络游戏会导致幼儿的攻击性行为和对攻击性行为的脱敏。很多对于电视节目和网络资源的调查表明，媒体和网络中存在着非正式和隐性课程。很多电视节目和互联网中的资源是面向成人的，可能体现暴力或色情等特征，但是由于信息的即时性和开放性，幼儿也可能会接触到这些信息。班杜拉提出，幼儿可以通过观察并模仿他人行为来习得新行为。好模仿是幼儿的一个明显特征。由于幼儿的判断能力和价值取舍能力比较低，如果幼儿经常观看电视、网络中的暴力和色情内容，会较容易去模仿这些不健康行为甚至会将暴力方式作为解决个人冲突的有效途径从而增加攻击性行为。同时，暴力画面的经常性刺激也使得幼儿对真实世界中攻击性行为的生理反应和敏感性减少，对真实的暴力行为持更加宽容的态度。

三、父母如何消除媒体对幼儿的消极影响

如何使媒体对幼儿产生积极的影响，与父母运用媒体的方式具有密切关系。父母需要采取一种积极的态度和有效的方式，将电视和互联网等传媒转化为孩子生活中的一种建设性因素。美国一项对6—11岁儿童进行的调查表明，如果儿童时常观看电视，同时父母对他们的关注不够，则这些儿童出现行为问题的可能性会比较大。如果儿童每天看电视的时间超过3小时，同时父母和孩子的交流不够并对孩子的朋友了解非常少，那这些儿童通常会出现外部问题（如行为不当），以及内部问题（如焦虑和压抑）。

为了减少电视和新媒体对幼儿社会性发展的负面影响，家长可以和孩子一起看电视或者网络。家长要充分发挥中介作用，帮助孩子理解电视和网络内容，对电视和网络节目中的攻击性行为表示反对，引导和鼓励孩子对受害者表示同情，帮助孩子建立行为和后果之间的联系。在父母的帮助和引导下，

年龄较小的孩子对电视节目内容的理解能达到大孩子的理解水平。另外，家长要控制孩子接触电视节目和网络内容的时间和内容，鼓励孩子多进行户外运动、和同伴互动。总之，家长一定要懂得如何有效利用媒体，避免让孩子度过一个被媒体"遥控"的童年。

第三章 ·

幼儿的关键心理需要

　　需要是个体的心理活动与行为的基本动力，在人的身心发展过程中扮演着重要角色。[①] 个体的需要按其指向可以划分为两大类别：一类是生理需要，另一类是社会心理需要。生理需要直接指向儿童的生存本身，涉及食物、睡眠、排泄、保暖或降温等，它的满足与否直接关系着个体生命的生存与健康成长。社会心理需要则源于儿童作为社会生活中的一分子和自我、他人、环境相互作用的内驱力，关系到个体能否被社会所接纳，能否成长为一个社会的人。社会心理需要能否得到适宜的满足，直接影响着儿童社会性的和谐发展，进而影响儿童将来成为一个怎样的成人。因而，要对幼儿进行社会教育，识别他们的社会心理需要及表现形式是至关重要的基础。

　　幼儿关键的社会心理需要主要有对爱的需要、对安全的需要、对归属的需要、对独占的需要、对赞扬和认可的需要、对幽默感的需要、对秩序的需要、对新体验的需要以及对责任感的需要。

---

　　① 朱智贤.心理学大词典［M］.北京：北京师范大学出版社，1989：808.

第一节　指向自我稳定性的关键心理需要

自我是个体社会性的基本组成部分，自我发展具有稳定性和统一性的特点。在幼儿社会性发展中，对爱的需要、对安全的需要和对归属感的需要直接关系到自我发展的稳定性和统一性。

一、对爱的需要

（一）爱的需要的内涵

爱的需要是指幼儿具有充分感受到被他人看重、关心、爱护着的需要，同时也具有看重、关心、爱护他人的需要。爱的需要既包括对获得来自他人的爱的需要，又包括主动付出、表达爱的需要，前者是他人指向自己的，是出于个体被他人所接纳、肯定的需要，后者是自己指向他人的，是个体的爱自主付出的需要，如喜欢与他人分享自己喜爱的东西。爱的需要对幼儿的生物性发展和社会性成长至关重要。

（二）爱的需要的表现

幼儿获得爱的来源和表达爱的对象都非常广泛。每一种爱在幼儿的日常生活中都非常重要，都是生命成长过程中所必需的阳光。就像植物为获得阳光而伸展，幼儿也会努力去寻找爱、趋向爱。

1. 养育者之爱

养育者之爱是幼儿在抚养者对自己的爱中获得生存成长的保障。它使幼儿感知到自己的重要，从而为积极的自我认同奠基。养育者之爱是幼儿开启人生之旅所获得的第一份，也是最为主要的一份爱。幼儿首先从对养育者的依恋，然后渐渐扩展到对他人的爱。在养育者之爱的基础上，幼儿才可能逐步建立起与他人的各种关系，直至将来与他自己家庭的关系。只有基于与养育者之间这种爱的联系，幼儿的社会性才能得以健康发展，他才会感受到爱并对之做出积极的反应，将来他才能成为一个充满爱心、关爱他人的人。抚养者之爱不同于其他类型的爱，主要表现为家人无条件地珍惜自己的孩子。在家庭中，仅仅因为幼儿的存在，这份爱就会存在。在日常生活中，家人会通过与幼儿的各种联系，来表达这种无条件的爱，如物质上的关心、生活上的细心照料和情感上的关怀。因受身心发展水平的制约，幼儿从环境中获得呵护、关爱的需要特别强烈。

2. 教育者之爱

教育者之爱与养育者之爱不同。养育者之爱是建立在血缘的基础上，来自多个成人并指向同一个对象，是一种以儿童为中心的聚合式的爱，很容易获得。教师是幼儿在教育机构学习与生活中的绝对权威，教育者之爱建立在责任感基础上，他们的爱具有多个指向对象，是一种以教师为中心的分散式的爱。爱具有排他性，这使得幼儿清楚在幼儿园要获得教育者之爱非常不容易，要努力去引起教师的注意或者严格遵守教师的要求去获得教师之爱，教师之爱也因此更为珍贵。所以，理解幼儿的这种情感需求，让每个幼儿感受到教师的关爱是幼儿教师应该具备的专业素养。

3. 朋友之爱

朋友之爱是建立在幼儿与同伴平等关系的基础上，是以相互关爱建立的一种平行之爱，它是幼儿与同伴建立友谊的情感需要，在幼儿的生命中具有重要作用。幼儿喜欢和幼儿在一起。朋友之爱主要表现在幼儿需要好朋友来分享自己生活中有趣的事情，和自己一起玩自己最心爱的玩具，能和自己交换想要的东西，能在难过的时候来安慰自己，能在来幼儿园的时候欢迎自己，能在比赛时为自己加油，能在选座位时为自己留一个好位置，能在值日的时候给自己一次难得的优先权，能在放学回家的路上等等自己，能让自己当他的图画书中的角色等。

和成人内敛的方式不同，幼儿往往会直接表达出自己对爱的需求，明白地告诉他人自己需要他人的关爱，他们寻求一种对爱的外显的表达。对于他们来说，爱就要说出来，这样他们才能真正感受和体验到来自他人的爱。

幼儿对他人的爱比较集中地表达在他们的养护者身上。虽然年幼，缺少经验，能力较低，但当父母或亲人疲劳、生病时，幼儿也会竭尽全力表现得乖巧、顺从，并会在对方需要时给予最大的关照。幼儿对爱的需要还会表现在对自己的某件物品和小动物的喜欢、珍爱上。

二、对安全的需要

（一）安全需要的内涵

安全的需要是个体摆脱恐惧和避免压力的需要，是一种关于自我保护和自我防御的需要。安全需要也是人类的一种基本需要。在人类的精神世界中，存有一种稳定的对安全感的需要，它是人类赖以生存和发展的重要保障，再年幼的儿童也分外看重。著名的视崖实验表明，即使是婴儿也有能力识别出让自己恐惧的情境并使自己远离危险。在日常生活中，凡是与安全感相冲突的必定是儿童努力去回避的。①

（二）安全需要的表现

安全需要是幼儿最重要的社会心理需要之一，在个体发展中的重要性不言而喻。安全需要普遍存在于个体发展的各个年龄阶段，在幼儿身上表现得尤为明显，如当安全需要受到威胁的时候，他们会本能地表现出恐惧、退缩，寻求养护者的保护。

1. 恐惧

恐惧是安全需要缺失在幼儿情绪方面的表现。安全需要缺失的幼儿，在面对新环境及陌生人时，往往出现恐惧、紧张、焦虑、不安、敏感和羞怯等情绪反应，甚至在面对年龄比他们小的孩子时，也会出现紧张和焦虑。在与环境互动和同伴交往方面，也往往体验到更多的挫折和压抑，很难看到他们开心欢笑。幼儿难免会体验到消极情绪，但大多幼儿会很快"雨过天晴"，而安全需要缺失的幼儿则会在相当长的时间里闷闷不乐。当与其他幼儿，甚至是与比他们小的幼儿发生冲突时（如争抢玩具），或被其他幼儿攻击，他

---

① 迈·凯梅·普林格尔. 儿童的需要 [M]. 禹春云，段虹，张思前，译. 北京：春秋出版社，1989：25-29.

们在情绪方面多表现出极度的挫伤感，常常会因悲伤而啼哭不止。

2. 退缩

退缩是安全需要缺失在幼儿行为上的表现。安全需要缺失的幼儿，面对外界环境表现出太多的顾虑和忧患，多出现退缩行为。如身处陌生环境时，需要花更多的时间去观察，直到他们确定环境中的刺激足够安全。在这个过程中，幼儿通常表现得谨小慎微、顾虑重重，他们对环境的探究主要表现为静态的、内在的观察和判断，而不是外在的、与环境间的积极行为互动；与陌生环境相比，安全感缺失的幼儿在熟悉的环境中相对具有更多安全感。但即便如此，当熟悉的环境中出现新刺激时，如突如其来的声音或突然出现的对象，都可能会给他们带来一定的惊吓，从而中断其探究活动。当他们与其他幼儿发生冲突，如争抢玩具或被其他幼儿攻击时，常常会没有勇气去保护自己的玩具和维护自己的权利而表现出更多的忍让和退缩。[①]

3. 寻求保护

寻求保护也是安全需要缺乏的幼儿在行为上的一种表现。安全需要缺失的幼儿在新环境中，一有"风吹草动"，就会以最快的速度寻求养护者的保护。只有在养护者的怀抱中，幼儿才能尽最大可能地消除新刺激带来的陌生感、不安全感，获得及时的安慰。缺乏安全感的幼儿在较长时间内总是习惯性地栖息在养护者温暖的港湾中。

三、对归属感的需要

（一）归属感需要的内涵

归属感是指个体认同所在的群体（团体）并感觉自己也被群体认可和接纳而产生的一种隶属于这个群体、与这个群体休戚相关的感觉。[②] 对归属感的需要是一种基本的心理需要。幼儿的归属感需要是指幼儿对同伴、教师及所在班集体的需要，是幼儿希望自己被同伴、被教师认同和接纳的一种心理

---

① 华红艳. 学前儿童安全感缺失的表现 [J]. 长治学院学报，2013（4）：108-111.

② 李季湄，冯晓霞.《3—6 岁儿童学习与发展指南》解读 [M]. 北京：人民教育出版社，2013：92.

需要。① 儿童期归属感得到满足，会产生对集体目标的认同和被接纳的情感。归属感的需要随着幼儿社会化的进程，在幼儿的情感生活中占有越来越重要的地位。

（二）归属感需要的表现

归属感的获得有一定的空间系统结构，这一空间系统主要以幼儿自身为中心点，向周围真实自然的环境逐渐辐射，同时幼儿与环境、环境与环境之间是相互影响、相互作用的。② 幼儿的归属感往往来自他所生活的群体的直接感受和体验。家庭和幼儿园作为幼儿生活最密切的空间系统，是幼儿归属感得到满足的两个最主要环境。

1. 对家庭的归属感

一般来讲，幼儿是从对熟悉空间的归属感发展到对陌生空间的归属感。家庭是幼儿生命成长中的第一个社会场所，幼儿归属感的形成首先是从家庭开始，并建立在幼儿对家庭成员安全依恋的基础上。安全依恋通常表现为幼儿对父母的离开表示不满，当父母重新回来又会得到安慰的状态。当幼儿对家庭形成积极的归属感时，他们往往对父母形成积极的情感依恋，处于陌生环境或者遇到陌生人会主动寻求父母的支持和帮助，同时能够主动探索环境，并比较容易适应新环境。相反，如果幼儿没有形成对家庭良好的归属感，则很难与父母形成良好的情感联结，进而导致压抑自己的需求，产生自卑心理，并伴随一定的不良行为如咬指甲、吃手等，甚至会转向其他途径如看电视、玩游戏等来寻求情感的发泄，同时还伴随出现焦虑、愤怒等消极情绪。

2. 对幼儿园班集体的归属感

随着年龄的增长，幼儿园逐渐成为幼儿接触最多的社会场所。进入幼儿园，对于个体来说正是他们归属感需要凸显的关键时期，归属感对幼儿幸福感的获得和社会化发展具有重要意义。幼儿的归属感需求表现为希望自己能够被教师、同伴所接纳，如希望能够参与班集体活动，能够被教师所关注，能够和同伴一起游戏等。如果幼儿的主张、能力、贡献能够得到教师和同伴

---

① 莫源秋. 幼儿的归属需要与心理卫生 [J]. 教育导刊，2007（2）：38-40.
② 于冬青，韩蕊. 儿童期归属感发展的特点及适宜性教育 [J]. 东北师大学报（哲学社会科学版），2014（2）：162-165.

的接纳与认同，能够与同伴间互相关心和帮助，那么对所在班集体会产生一种强烈的归属感。相反，如果一个幼儿无法体验到教师和同伴的接纳与认同，对班集体缺乏归属感，他会表现出压抑、不安、自卑等不良情绪，产生孤独感，也无法从幼儿园的学习和生活以及与同伴的交往中获得乐趣。幼儿对幼儿园的归属感的需求常表现如下。

（1）主动帮教师和同伴做事

在幼儿园一日生活中，经常会看到幼儿主动帮助教师做事、积极为同伴提供帮助的行为，表现出与教师和同伴积极的互动。例如，当看到教师拿着很多教具来到班级时，会主动帮助教师拿东西；在户外活动时，看到有小朋友摔倒时，会主动扶起同伴。主动帮助教师和同伴，可以使幼儿体会到自己在班级中被他人所需要，感受到自己的价值，进而激发出他们的自信与自尊。喜欢做教师的小帮手，喜欢做同伴的好朋友，主动帮助他人，折射出来的是幼儿被他人认同和接纳的需求。

（2）与同伴的趋同

与同伴的趋同表现为幼儿通过对同伴行为的模仿和与同伴外貌、行为等的对比，努力使自己和同伴一样的现象。根据班杜拉的理论，模仿是儿童社会性行为习得的重要方式，儿童对他人尤其是同伴的模仿心理非常强烈。通过模仿，使自己与同伴在行为等方面一样或相似，感受到自己是同伴群体中的一员，从而产生对群体的认同感和归属感。同时，幼儿还喜欢和同伴在外貌或者行为等方面进行对比，寻求与同伴的一致感。当他们感受到自己是和其他同伴一样的或者是相似的，就会产生安全感和在同伴群体中的归属感。

（3）维护班级规则和荣誉

班级归属感是个人被班级及班级成员认同与接纳时的一种感受，个体会表现出主动遵守班级规则并愿意承担班级一分子的责任和义务，有强烈的班级荣誉感。如中二班制定出的班级规则中要求小朋友在上下楼梯时不能够相互打闹，要一个跟着一个有序地下去。一次准备去做课间操下楼梯时，阿睿和晨明没有按照班级规则下楼梯，而是推来推去地边打闹边下楼梯，子涵看到了，就大声告诉老师他们违反规则。幼儿生活在班级中，与教师和同伴自然地形成了一个小社会，并且彼此联系。幼儿认为自己是班级的一员，有责任维护班级规则。因此，当子涵认为阿睿和晨明的行为违反了班级共有的规则时，选择以报告教师的方式维护规则，这正体现了幼儿班级归属感的需求。

（4）遵守游戏规则

游戏为幼儿寻求与同伴平等互动提供了机会，也为满足幼儿内在的同伴归属需求提供了途径。在游戏中，幼儿为了能够参与并维持游戏的顺利进行，经常会通过协商达成一致认同的游戏规则，在游戏过程中幼儿又会努力控制自己的行为而服从于游戏规则。幼儿无条件遵守游戏规则的行为不仅可以使他们被同伴认同和接纳，也使他在同伴群体中体会到了一种控制感。

第二节　指向他人的关键心理需要

个体社会性发展离不开与他人的人际互动，幼儿正是在与他人的相互交往和作用中，实现了从自然人向社会人的转变。指向他人的关键心理需要主要包括对独占的需要、对赞扬和认可的需要及对幽默感的需要。

一、对独占的需要

（一）独占需要的内涵

人类个体除了喜欢与他人分享美好事物的一面之外，还有独占的需要，如保护个体的私有财产不被侵犯，排斥其他人接近自己爱的人，收集自己感到珍贵的物品等。对于幼儿来说，独占的需要不仅是自我发展水平的表现，同时也是适应环境的需要。

独占有助于幼儿发展对事物的掌控感。在独占的过程中，幼儿常常体验自己和各种占有物之间的关系，而占有物在心灵和自我之间有着亲密的关系，它在所有者塑造、展示和保持自我认同的过程中起着重要的作用，会成为自我延伸的一部分。[①] 幼儿可以通过和他人共玩自己的物品发展自我和他人的

---

① 徐琳. 从幼儿的独占心理看分享教育 [J]. 教育导刊, 2006（11）: 29-31.

关系，也可以通过和他人的交往发展对自己所有物的责任感。如通过与他人分享自己的玩物可以获得来自幼儿社会的赞许，更容易获得友谊，更容易感受到"这是我的"的自豪感。对物品的独占情感也会激发幼儿对物品的责任感，促使他们保护自己的所有权，照顾自己的所有物。

（二）独占需要的表现

在生命发展的早期阶段，儿童就有了独占心理。一是因为这一阶段的儿童处于自我中心阶段，他们倾向于从自我的角度出发考虑问题，很少考虑他人的感受；二是因为个体在发展的过程中需要建立牢固的边界感，把自己从其他人和事物中区分出来；三是因为个体需要一定的安全感和掌控感，感受到身边的重要他人和自己的关系是密切的，体会到自己能支配属于自己的物品。

儿童发展心理学家认为独占和儿童自我概念发展密切相关。1 岁以前的儿童还难以将主体和客体区分开，意识不到物品的所有者，不会想要占有物品。当儿童拒绝其他儿童分享自己妈妈的怀抱时，就开始有想要占有的对象了。两岁左右，儿童的自我意识开始发展，他们已经意识到自己的存在，头脑中有了"我的""自己的"概念，但对"你的"和"他的"概念则比较模糊，所以，这时儿童的眼里只有自己，只要是喜欢的东西就认为是自己的。近 3 岁，儿童在和其他人一起玩耍时，常常会说："这是我的××，那个才是你的！"这种"我""我的"和"你的"情感之间联系的出现，是因为儿童有了想要掌控事物和实现自我能力的动机。① 其实，在整个童年期，儿童的话语中常常会出现"我""我的""我也"之类的言语，并会不厌其烦地区分自己和他人之间的差别，这是因为这一时期显著的自我中心主义是儿童与外界建立联系的方式，通过以"我"为中心把外界拉到自己的感知觉部分中来。自我中心是个体界定自己和他人关系的出发点，并不是自私的表现。

边界感就是对属于自己的东西的界限感，如我们不允许其他人擅自动自己的东西，或在桌子中间画"三八线"。在现实生活中，儿童常常被成人强迫把自己的心爱之物让给别人，或把做事的机会让给他人，这种物品所有权、

---

① 徐琳. 从幼儿的独占心理看分享教育 [J]. 教育导刊，2006（11）：29-31.

使用权或行事顺序权的完全让渡，被成人认为具有分享或谦让的意义，但实质是在剥夺儿童的"独占权"，是一种被迫的"牺牲"或"奉献"。① 在幼儿阶段，如果成人让幼儿以无条件出让自己的物品所有权和使用权的方式来表现"乐于分享""懂得谦让"的美德，幼儿长大以后，可能会因为自己在年幼时物权没有得到尊重，而不懂得如何尊重别人的所有权，甚至分不清自己和他人之间的界限，进而侵犯他人的权益，并在无形中损害自己。马斯洛认为，"并非是由于人性之中有什么牢不可破的虚伪、矫饰的恶性，而在于人们早在儿童时期就习惯了在外界的强迫与限制下作出并非自己心甘情愿作出的种种美德行为"②。反过来说，正是因为在生命的初期，儿童的独占心理没有得到应有的尊重和满足，才导致人与人之间边界感的混乱，甚至违反社会公德和破坏社会秩序。

在幼儿园生活中，幼儿的独占心理主要体现在两个方面，一是对属于自己物品的独占，二是对亲密关系的独占。每一种独占对幼儿而言都非常重要。班级是个小社会，幼儿需要通过保护自己的东西、拥有一段属于自己的好朋友的关系，来表现自己既是个独立自主的个体，又是个能融入集体、对集体有所贡献的人。

1. 对物品的独占

在幼儿园，幼儿之间争抢某个玩具、物品的情况屡见不鲜。之所以会出现这种现象，多数情况与幼儿的独占需要有关。比如小明先拿到了一块积木，飞飞也想要这块积木，可是小明想独自拥有这块积木，为了满足独占的心理需要，他便会和飞飞围绕玩具展开争抢。

2. 对亲密关系的独占

独占与他人的亲密关系，独自拥有他人的关爱、喜欢，是幼儿在与他人进行互动时经常表现出来的特点，如一个孩子因为想独占父母而拒绝接纳自己的弟弟妹妹，再如因为只想另外一个孩子和自己玩某个游戏而拒绝第三个孩子加入。

---

① 嵇珺，刘晶波. 幼儿分享教育的价值与实践改进［J］. 学前教育研究，2011（12）：52-57.
② 马斯洛. 人性能达的境界［M］. 林方，译. 昆明：云南人民出版社，1987：184.

案例

她是我的好朋友

一天早晨，管老师像往常一样在教室门口迎接入园的小朋友，突然听到班里传来一阵吵闹声，接着有小朋友开始大哭起来。管老师以为是谁碰到哪里了或者摔跤了，就赶快跑到教室里去看。她看到活动区那里围了七八个小朋友，艺艺抓着笑笑的手在哭。管老师走过去问道："你们怎么了?"旁边的瑶瑶噘着嘴指着艺艺对老师说："她不让我和笑笑玩，还把我们搭的积木推倒了。"管老师听了就问艺艺为什么，艺艺一听老师的问话，哭得更伤心了，边哭边大声说："笑笑是我的好朋友，她不能和瑶瑶玩。"①

案例中艺艺的行为表现的就是典型的对亲密关系的独占心理。在她看来，笑笑既然是我的好朋友，就不能和其他同伴做好朋友，她只能和我玩。因此当她看到笑笑和瑶瑶一起搭积木，表现出亲密行为时，在心理上无法接受。

二、对赞扬和认可的需要

(一) 对赞扬和认可的需要的内涵

幼儿对赞扬和认可的需要是指幼儿为了获得自我的价值感和存在感而寻求他人认可和赞美的心理需要。幼儿要获得他人的赞扬和认可，就需要顺从周围人的评价标准，有时甚至会牺牲自我的心理需求。

但是，如果他人尤其是教师和家长对幼儿的评价标准过高或者过于严厉，幼儿或者迫于成人的权威而表现得过于顺从，充满谦卑感，或者变得充满攻击性，这会导致他们内心缺乏对自己稳定的价值判断，将会毁灭幼儿以后应

---

① 案例来自张文桂观察记录.

对新情况、新任务、新关系时的自尊和信心①，长此以往，无价值感和自卑感会成为其整个人生发展的总基调。

（二）对赞扬和认可的需要的表现

被赞美和认可的需求是幼儿一种非常特别的心理需要。它不同于满足爱与被爱的需求，不是教师和家长主动发起而是由幼儿主动发起的需求，是幼儿想要展现自己的价值和力量、表达自己作为一个独立的人的需要。根据幼儿渴望教师赞扬和认可的指向内容，可以分为指向个人本身、指向行为过程和指向行为结果三类。

1. 指向个人本身的对赞扬和认可的需要

指向个人本身的对赞扬和认可的需要是幼儿追求他人对其自身整体性的赞扬和认可，尤其希望教师和家长认可自己在能力、品质、价值等人格特质方面的表现并予以赞扬，如渴望听到教师或家长表扬他"很聪明""是个好孩子"。

2. 指向行为过程的对赞扬和认可的需要

指向行为过程的对赞扬和认可的需要，表现在幼儿追求他人对自己付出的努力或运用的策略的赞扬和认可。如在科学活动中，在完成教师留下的任务时，如果幼儿觉得自己找到了和别人不一样的解决方式，他们常常会积极、大声地告诉教师，这种行为折射出的是幼儿希望教师对他能找到新方法的行为给以赞扬和认可。

3. 指向行为结果的对赞扬和认可的需要

指向行为结果的对赞扬和认可的需要则表现为幼儿追求他人对其具体行为或结果的适宜性的赞扬和认可。例如在美术活动中，幼儿画好后会马上拿给教师看，其内心是希望教师能肯定自己的作品。当他们听到教师说"你这幅画颜色涂得真好看"时，他们就会表现出愉悦的情绪。

---

① 迈·凯梅·普林格尔. 儿童的需要［M］. 禹春云，段虹，张思前，译. 北京：春秋出版社，1989：99.

三、对幽默感的需要

(一)　幽默感的内涵

幽默感是指个体在感知、理解、欣赏滑稽可笑等幽默刺激以及在使用和创造幽默的过程中所产生的心理反应和行为表现。① 儿童幽默感具有重复性和形象性特点。重复性是指儿童在感知到幽默刺激后能够体验到它带来的乐趣并以外显形式表现出来。形象性是指儿童只能够感知事物表面的幽默，如有趣言语或滑稽动作。② 幽默感是儿童个性的一部分，同时也是儿童在处理问题时采用的一种应对机制，它通常以儿童的认知发展为基础，追求的是一种内在的游戏体验，是一种积极的心理反应。成人经常会看到，在与同伴的嬉戏和他人互动中，儿童借助幽默感来缓解内心的焦虑或者一些尴尬的场面。

(二)　儿童幽默感的表现

儿童的幽默感根据其形式、特点和具体的内容，主要可以分为四种形式：语言幽默感、表演幽默感、倾向性幽默感和社会化幽默感四种类型。③

1. 语言幽默感

语言幽默感和儿童语言发展的水平有关，是其在语言学习过程中创造性运用语言的表现。儿童的语言幽默感表现出年龄特征。在牙牙学语阶段，儿童就开始表现出对有趣的语言游戏的兴趣，语言单位的重组、无意义的音节、绕口令等都能引发他们的注意并使他们从中感受乐趣。3 岁以后，儿童的语言能力迅速发展，开始有意识地表现出对词句的玩弄并从中获得愉悦感，给他人或物取搞笑的名字、故意错称、胡乱编词、颠倒语序、重复他人的话等

---

① 李亮. 3~5 岁幼儿幽默感发展特点及其与相关因素关系的研究 [D]. 大连：辽宁师范大学，2010：3.

② 李亮. 3~5 岁幼儿幽默感发展特点及其与相关因素关系的研究 [D]. 大连：辽宁师范大学，2010：7.

③ 李亮. 3~5 岁幼儿幽默感发展特点及其与相关因素关系的研究 [D]. 大连：辽宁师范大学，2010：9.

都会让儿童觉得好笑。如 4 岁的儿童和同伴一起时故意把"摩托车"叫成"毛头车"相互逗乐。儿童语言幽默能力随着其认知、思维等各方面的发展也不断发生着变化。

2. 表演幽默感

表演幽默感通常表现为儿童面部表情和肢体语言上的不协调和夸张，具体来说主要有：儿童假装的行为表演，如做鬼脸、做怪相等；儿童模仿人或动物的体态、声音等，如模仿成人的行为举止、动物走路的姿势及其叫声，或者银幕上的角色的言行举止等[①]；儿童故意做错事来引起他人的关注，如一个小女孩故意把一个脸盆套在头上走到成人跟前说："这是我的新帽子。"旁边的人越是被他们的行为逗乐，儿童就会越开心。儿童日常表现出的这些幽默行为会丰富其幽默表达的经验，扩充他们认知系统中的幽默元素。4 岁的孩子可以通过非常逼真的表演来表达他们的幽默感并在其中获得快乐。

3. 倾向性幽默感

倾向性幽默感往往与有关性和攻击性行为的情绪问题有关，它最早包括了儿童所认为的禁忌活动和禁止性语言，儿童紧张和忧虑的对象是这种幽默的主要内容。[②] 儿童最初的倾向性幽默表现在大小便上。当儿童发现这种排泄行为往往会引发成人或者同伴的紧张情绪时，便喜欢用这种方式与他人开玩笑，如当儿童在洒水时会边笑边说"洒尿尿了"，在日常生活中喜欢故意用"放屁屁""拉㞎㞎"等词语来与他人开玩笑。倾向性幽默感为儿童间接地发泄情绪或者缓解冲突提供了途径。

4. 社会化幽默感

社会化幽默感往往意味着儿童的笑和幽默行为具有了社会性质，即儿童有意识地与他人分享自己的幽默行为带来的乐趣。儿童通常着迷于游戏，是因为游戏意境能带给他们快乐、愉悦的情感体验。幽默感是一种内在的游戏体验，之所以能让儿童产生乐趣，是因为它能带给儿童一种自主性体验，让儿童感受到自己对环境的控制感。席勒认为，"只有当人充分是人的时候他

---

① 李江斌.3—6 岁幼儿发笑行为研究 [D]. 南京：南京师范大学，2014：27.
② 李亮.3~5 岁幼儿幽默感发展特点及其与相关因素关系的研究 [D]. 大连：辽宁师范大学，2010：9.

才游戏，只有当人游戏的时候他才是完全意义上的人"①。幽默感能让儿童产生乐趣，还因为它能让儿童得到一种绽放性体验和胜任感体验，在这样的意境中，儿童能够通过自己的创造行为缓解面对的压力而使身心得到舒展，精神得到愉悦。

> 📚 **案例**
>
> ## 叭啦叭啦
>
> 　　上午过渡活动时，晶晶笑嘻嘻地用手挠了一下红红的鼻子，红红就用手扒自己的下眼皮，嘴巴张开，并不停地发出叭啦叭啦的声音。晶晶见了，也用手扒住自己的下眼皮，张大嘴巴，舌头一会伸出来，一会缩进去，一会又不停地在嘴里打圈。两人就这样嘻嘻哈哈地玩了一会儿。②

案例中的红红和晶晶通过面部表情和肢体语言的不协调和夸张行为相互取乐，这样的幽默行为给他们带来了愉悦的情感体验。同时整个活动是他们自主完成的，也因此使红红和晶晶获得了一种深刻的内在控制感，从而使得整个身心得以放松。

第三节　指向环境的关键心理需要

环境为幼儿的社会性发展提供了空间支持，幼儿在对环境的探究、体验

---

① 弗里德里希·席勒.审美教育书简［M］.冯至，范大灿，译.北京：北京大学出版社，1985：90.

② 高丽.4—6岁幼儿同伴嬉戏行为研究［D］.南京：南京师范大学，2005：28.

中获得社会性发展。指向环境的关键心理需要主要有对秩序感的需要、对新体验的需要以及对责任感的需要。

一、对秩序感的需要

（一）秩序感需要的内涵

秩序感的需要是生命对秩序的感受和追求，每个个体都有与其生命同在的秩序感。人从出生起，就生活在一个看似无序实则有序的环境中，追求秩序感也因此成为人类生命个体的一种需要。当它得到满足时，就会产生快乐和放松。当它遭到破坏时，就会产生焦虑和不安。

随着生命的诞生，秩序感在个体身上日渐显露，儿童会以喜、怒、哀、乐等基本的情绪来表达外界的环境是否符合他们的生命节律，这样的情绪反应来源于个体对生命秩序的要求。① 虽然幼儿处于自我中心阶段，但是他们不会放弃对秩序感的追求，一旦他们所熟悉的秩序被打乱，他们会感到紧张、焦虑和不安。

（二）秩序感需要的表现

儿童具有两重秩序感，一种是内部的，另一种是外部的。内部的秩序与个体的生命意识和生物性有关，如斯坦纳（Rudolf Steiner）认为，人有"正确呼吸"的需要。生命的节律就在于它流动于收缩（吸入）的状态和扩展（呼出）的状态之间。在收缩性的行为中，如休息、静息中，儿童可以做回自己，并增强自己的能力。在这个时候，儿童是安静的，他们能够重新体验自我意识，体验到"被中心化"，个体向自身聚拢并转向内部的精神特征。当他们扩展时，他们出去与世界相会，流露出社会的、共同的、互动的天性，这时的儿童活泼，富于表达，对别人的兴趣超过对自己的兴趣。他们的身体和情绪的健康，依靠收缩和扩展之间的相互协调而达到平衡。②

---

① 易晓明，朱小蔓. 初论秩序感的教育价值及其教育建构 [J]. 教育研究，1998（7）：10-14.
② 琳·欧德菲尔德. 自由地学习 [M]. 李泽武，译. 北京：人民文学出版社，2006：71.

外部的秩序从属于儿童对自身与所处环境的关系的感知①，这种感觉区别各种物体之间的关系，而不是物体本身，由此形成了一个整体环境，在环境中各个部分相互依存。在秩序的敏感期内，对儿童而言，物体需要摆放在适当的地方，以便在它应该在的地方找到它。一个有准备的环境就是事物各安其位的环境。当一个人适应了这样的环境，他就能指导自己的活动达到特定的目的，这样的环境为一种完整的生活提供基础②。在童年期，自然所给予的第一个刺激是跟秩序有关的，就好像自然给人一只指南针，使他自己能够适应世界。人的智力不是凭空而来的，而是建立于儿童在敏感期所打下的基础上。③

在个体生命的初期，心灵的秩序结构是通过机体内在紧张力的交替变化与整个自然界的交替变化之间的一致来实现个体与自然的适应的。这是一种整体的、系统的和有机的注意方式。在这种注意方式中，有机体以自己的整体与环境的整体相遭遇，或者说，有机体的全部与环境的整体发生了融合。正是这种整体的注意方式，才决定了有机体的种种反应模式——运动与休息、进食与排泄、睡眠与清醒等。当这样一些生物性的紧张和放松与外部自然的运动、规律、节奏和联系相一致时，机体便与外部环境达到了统一，人也就获得了自由和愉快。④

在教室里，幼儿对秩序的需要主要表现在四个方面：从日常安排上看，幼儿需要有稳定的一日生活的秩序，也需要一周、一月或一年生活的秩序；从环境管理的角度看，幼儿需要知道"东西放在哪"的秩序和掌握东西如何使用的秩序；从互动的角度看，幼儿需要知道发起互动和回应他人的秩序；从个体所必须要做的事情的角度看，幼儿需要知道"事情怎样完成"的秩序。

1. "日常生活"的秩序

从近处看，它主要指一日生活或一周生活的节律；从远处看，它还包括一月生活或一年生活的节律。幼儿园一天典型的节律主要包括入园、晨

---

① 玛丽亚·蒙台梭利. 童年的秘密 [M]. 马荣根，译. 北京：人民教育出版社，2005：67.
② 玛丽亚·蒙台梭利. 童年的秘密 [M]. 马荣根，译. 北京：人民教育出版社，2005：64-66.
③ 玛丽亚·蒙台梭利. 童年的秘密 [M]. 马荣根，译. 北京：人民教育出版社，2005：67.
④ 易晓明. 秩序感是儿童道德成长中的重要情感资源 [J]. 学前教育研究，2002（2）：14-16.

练、晨点、上午活动、午餐、休息、午点、下午活动、离园。一周的节律指园所和班级一周内的安排与计划，如每周下午的活动安排为周一讲故事，周二绘画，周三唱歌，周四团体游戏，周五个人表演。一月的节律围绕当月的标志性活动来安排，如4月的清明节、5月的端午节、6月的儿童节、9月的中秋节、10月的国庆节以及当月班级幼儿的集体生日。一年的节律会通过不同季节的体验来承载，幼儿园的活动安排如手工、绘画等都可以与当时的季节有联系，通过一年的往复，鼓励幼儿与时间的飞逝构成活生生的联系。①

2. "东西如何放置和使用" 的秩序

在幼儿园里，每个幼儿都需要有与自己姓名或学号相对应的专属小柜子、床位、杯子和凳子等。这些专属物体和空间能使幼儿知道自己在班级中的位置，物品可以放在哪儿以及他们可以最迅速地知道去哪儿拿自己的物品。在班级内的公共空间内，每个幼儿都需要知道班级共享的物品放在哪儿，如知道桌子如何摆设，玩具和扫把放哪儿，作品在哪儿展示，等等。除了知道班级中无论是个体的还是公共的物品如何放置外，还需要知道如何正确地使用这些物品，如小凳子要轻拿轻放，人离开座位时要把凳子推到桌子下，上床前要先把脱下的小鞋摆放整齐，喝过水后要把小水杯摆放好等。知道物品摆放在哪儿和如何正确地使用这些物品能给幼儿的感知系统带来愉悦感。

3. "发起互动和回应他人" 的秩序

师幼互动是教育过程，幼幼互动也是学习与成长的过程。在班级中，幼儿需要知道如何正确地与他人互动，也就是说幼儿需要学习如何成功地发起互动以及如何回应他人发起的互动，如：能请求同伴和自己玩，能想办法让同伴与自己分享玩具，当物品比较少时能轮流使用，当双方发生冲突时能请他人帮忙解决。幼儿还需要知道一些人际交往中的常用语，如：早上入园时见到教师要说"老师好"，离园时要和教师说"再见"，冒犯了他人要说"对不起"，他人帮助了自己或与自己分享了物品要说"谢谢"。当幼儿之间起了肢体上的冲突，被侵犯的孩子可以说"我有不被打的权利""我有不被推的权利"或"你伤害我了"，教师干预时可以说"手可是用来工作和游戏的，而不是用来打人的"来代替惩罚。因为每个个体都有强烈的秩序感，当他们

---

① 琳·欧德菲尔德.自由地学习［M］.李泽武，译.北京：人民文学出版社，2006：68.

控制不住自己而侵犯了其他人时，被侵犯的幼儿会因秩序感遭到破坏而反抗他们，而那些侵犯他人的幼儿也会因所熟悉的秩序被打乱产生自我责备，他们为了维护既定的秩序，也会努力去克制自己、约束自己的行为，其力度甚至超出了成人的想象。

4. "事情怎样完成"的秩序

在幼儿园中，幼儿要进行大量的活动，每一个活动或每一件事情都有其执行的先后顺序。入园、晨练、晨点、集体活动、游戏、区域活动、午餐、休息、午点和练习等都有其固有的活动节律。如入园要先和教师打招呼，然后放书包，搬自己的凳子；晨练要先站好位置，跟从歌曲的节律运动；午餐前要先洗手；睡觉要先摆放好鞋子，自己脱衣服并叠好；游戏时要先取玩具，与他人分玩具，玩完后还要整理好玩具等。事情无论大小，都有其独特的执行程序，小事情有其操作上的前后顺序，大事情有其开始和结束的程序。当幼儿根据事情的内在顺序来展开时，会觉得自己能掌控事物，会感受到自己很有成就感。总之，有秩序地做事情能让幼儿获得自我效能感，能增强他们的自信心和控制感。

二、对新体验的需要

（一）新体验需要的内涵

对新体验的需要是指儿童在强烈的好奇心与求知欲的驱动下不断去尝试新鲜的事物，获得一些前所未有的经历。[①] 新体验是幼儿对新奇事物的一种兴趣，这种兴趣会成为幼儿探索活动的动力。通过对新体验需要的满足，幼儿获得认识发展，体验到喜悦和成功。新体验对幼儿身心发展的作用，如同食物之于身体发育。

（二）新体验需要的表现

儿童每一项任务的完成都是一种新体验，例如学会翻身、坐、爬、走、

---

① 刘晶波. 社会学视野下的师幼互动行为研究：我在幼儿园里看到了什么 [M]. 南京：南京师范大学出版社，2006：233.

跑、跳等肢体动作，或者认识周围环境中物体的形状、颜色、名称等，以及学会说话、阅读等更为复杂的人类行为。幼儿的注意稳定性差，专注时间不长：3—4 岁只能保持 3—5 分钟；4—5 岁在正确的教育下，能保持 10 分钟；5—6 岁能保持 15 分钟左右。由于注意力比较容易发生转移，幼儿对新体验的需要明显地表现为好动、好模仿、好游戏和好奇心。

1. 好动

幼儿生来好动。好动和伴随动作产生的积极情感是幼儿对新体验的需要的表现。陈鹤琴指出小孩子喜欢动作，但更喜欢动作带来的成功的喜悦。他认为，当看到小孩子把沙子灌进沙箱，又把它倒出来时，表面上看起来并没有什么成就，实际上，把沙装进箱子是一种动作，而装满了就是一种成功。他还列举儿子一鸣造房子的例子，来说明小孩子很喜欢做事，而且很喜欢成功，一方面是因为自己有兴趣，另一个原因是可以得到教师和家长的赞许。当儿童获得赞许和鼓励时，就更加喜欢把事情做成功了，而且也会从家长和教师的称赞声中获得自信心。陈鹤琴认为，成人不应一看见小孩子玩东西就加以阻止，这是不顾及儿童心理需要的表现。

2. 好模仿

幼儿通过模仿，学习言语、习惯、技能等，获得新体验。幼儿常常会不自觉地模仿父母、教师和同伴等亲近的人说话的语气、语调、动作等。如教师表扬某个幼儿坐得端正，其他小朋友会立即坐好。3 岁前儿童的模仿，常常受到能力的限制，模仿的对象较少。随着动作和认识能力的提高，3—4 岁幼儿的模仿现象明显增多，但主要是模仿表面现象。随着认知的发展，幼儿的模仿开始逐渐内化，比如，看到别的小朋友做什么，自己也总是要去做；看见别人有什么，自己也总是想要。需要明确的是，模仿只是发生在动作开始之初，儿童"后来所做的动作，皆是由起初模仿动作发生乐感而引起的动作。假使模仿动作所发生的乐感愈浓厚，他继续的动作愈持久；假使模仿的动作所发生的兴趣愈薄弱，他继续的动作当然不能持久"[①]。如果开始的模仿动作所带来的乐感很浓烈，幼儿就会获得继续动作的兴趣，否则动作就不会

---

① 北京市教育科学研究所. 陈鹤琴教育文集（上卷）［M］. 北京：北京出版社，1983：168—169.

再次发生。这就说明了模仿所引起的快乐会影响幼儿的需要。良好的行为习惯常常通过模仿获得，不良的行为习惯也可能通过模仿形成。模仿也受到幼儿认知发展水平的限制。幼儿虽然爱模仿，但是不能违背幼儿心理发展的规律，勉强幼儿模仿一些不能模仿的东西，以免影响幼儿新体验需要的满足。

3. 好游戏

游戏是一种具有很强吸引力的体验。游戏主要从两方面来满足幼儿对新体验的需要：一是使幼儿认识到他所生活的世界；二是使幼儿认识到并且能正确处理矛盾的复杂情感，即用可以允许的想象来压倒现实和逻辑。[①] 当内心世界与外部世界、理性认识与想象思维得以总和，幼儿不断形成新的看法，接触新的形象，体验新的感觉，产生新的愿望，参与新的冲突，并不断从中吸收新的理解。[②] 陈鹤琴认为，"儿童好游戏是天然的倾向"。游戏是一种自然的、儿童感兴趣的、活泼的动作，儿童在游戏中能掌握控制身体的技巧，还向自己不断提出新任务，学会新技巧。除此之外，游戏是儿童自我表达和掌握新知识的方式之一，可以帮助儿童感受世界并产生创造行为。但是幼儿所喜欢的未必是成人所喜欢的，同样，成人所喜欢的也未必幼儿所乐意的，所以我们应当根据幼儿的年龄特点，选择适合的游戏，满足幼儿对新体验的需要。

4. 好奇

好奇是在认识客观事物过程中产生的情感体验，是由是否满足认识的需要而产生的体验。[③] 幼儿期是好奇心开始发展的时期，好奇心首先表现为对活动的投入，如：3—4 岁的幼儿在成人的指导下用积木搭出一个房子时，会高兴地拍起手来；5—6 岁的幼儿会长时间迷恋于一些创造性活动，用积木搭出宇宙飞船、航空母舰等。这些活动不仅使幼儿产生由活动带来的满足、愉快、自豪和独立感等积极情感，而且还会成为幼儿进一步去完成新的、更为复杂的认识活动的强化物，满足幼儿新体验的需要。

---

① 迈·凯梅·普林格尔. 儿童的需要 [M]. 禹春云，段虹，张思前，译. 北京：春秋出版社，1989：37.

② 迈·凯梅·普林格尔. 儿童的需要 [M]. 禹春云，段虹，张思前，译. 北京：春秋出版社，1989：37.

③ 陈帼眉. 学前心理学 [M]. 2 版. 北京：人民教育出版社，2003：313.

幼儿的好奇心还表现为好奇、好问。好奇，就是看到新事物会产生一种新鲜感，有兴趣去了解。好问，是好奇的一种重要表现。在这方面，其他任何年龄儿童的表现都不会如此明显。幼儿初期的孩子往往问"这是什么"，逐渐发展到问"为什么""怎么样"等，如一个 5 岁左右的男孩一年内共提出 4043 个涉及 25 个方面的问题。如果问题得到解决，幼儿就会感到极大满足，否则就会不高兴。

幼儿好奇心的一种特殊表现形式是与动作相联系的"破坏"行为。崭新的玩具刚买回家，转眼工夫，就被拆得四分五裂，一些家长为此感到烦恼。曾有位母亲告诉我国著名教育家陶行知先生，她的儿子把买回来的手表拆了，她一气之下，把儿子痛打一顿。陶行知先生幽默地说："恐怕中国的爱迪生被你枪毙掉了。"在日常生活中，有许多在成人看起来十分平常的现象，在幼儿看来却颇为新奇，所以他们要拆、要探究，这完全是好奇心的表现。作为家长和教师要珍惜幼儿的这种探究热情，要为幼儿提供时间、空间保障，并提供相应的材料，为他开辟自由探索的天地，启发引导幼儿自己去想、去做，按照自己的意愿进行探索，满足其对新体验的需要。

三、对责任感的需要

（一）责任感需要的内涵

对责任感的需要是儿童独立去做一些事情，需要一定的行动与选择的机会，以便通过事情的后果确认自己的能力。[①] 在众多的人类社会性情感中，对他人的同情与责任是非常重要的组成部分，是亲社会行为的动力基础。人从出生开始，就与世界中的人和物有着或多或少、或远或近的联系，儿童与他人与他物间的这种联系会逐渐转化为一种内在的责任感。正是在这种联系网络中，儿童通过寻求自己对他人和他物的价值，进而确定自己的社会"坐标"。

① 刘晶波. 社会学视野下的师幼互动行为研究：我在幼儿园里看到了什么 [M]. 南京：南京师范大学出版社，2006：233.

（二）责任感需要的表现

对幼儿来说，责任感的需要表现在自我服务和管理、独立解决问题、开始接受任务、喜欢帮他人做事及对集体规则的维护等方面。

1. 自我服务和自我管理

幼儿表现出各种主动尝试的愿望，积极寻求自我服务和自我管理，正是一种责任感需要的萌芽，如幼儿要求自己吃饭，尝试自己穿衣服、鞋子，自己刷牙、洗脸……这一时期，幼儿的口头禅是"我自己来"。对儿童来说，尽管他们的能力还较弱，但他们有意识，能够并乐于去做一些事情。再大一些，幼儿希望有自己的"财产"，通过拥有这些东西锻炼自己的绝对拥有权。

2. 独立解决问题

随着幼儿独立性的增强，独立解决问题成为责任感需要的体现。幼儿这种责任感的需要表现为需要更多的自由，通常表现为行动的自由、选择玩伴的自由、学习的自由以及游戏的自由等。如4岁左右的幼儿，不再总是跟着成人，在游戏中能够自己选择主题，自己分工、安排角色、组织游戏。

3. 开始接受任务

任务与责任感分不开。通常4岁以上的幼儿对于自己所负担的任务已经出现最初的责任感。小班幼儿完成值日任务常常是出于对完成任务过程（如分发用具）的兴趣，或对所用物品的兴趣（值日生系围裙）。中班幼儿开始理解值日工作是自己的任务，对自己或别人完成任务的质量开始有了一定要求。[①] 如在游戏结束后将物品归位时，对物品摆放位置的正确性、是否整齐有序非常在意。

4. 主动帮他人做事

在幼儿园一日生活中，幼儿喜欢争先恐后地去帮教师做事、承担责任。有时候，只需要一个人帮忙的事情，却会有几个幼儿抢着做。比如，教师请一个男孩子帮忙拿扫把，他刚刚从座位上站起来，旁边的女孩子就已经跑到扫把那儿，男孩子看见了就嚷起来："老师是叫我来拿扫把的，不是叫你拿的！"女孩也不说话，只是抱着扫把不放。结果，教师只好让他们两个人把

---

① 陈帼眉. 学前心理学 [M]. 2版. 北京：人民教育出版社, 2003：49.

一个扫把抬过来。幼儿非常愿意给教师做小帮手，为此他们甚至放弃自己的游戏。从大处说，帮助教师做事是对幼儿劳动意识与能力培养的促进；从小处说，幼儿在帮助教师做事的过程中，能够借助自己的行为真切地体验到自己是一个有能力的人，是一个被教师"看中"的人，进而激发他们的自信与自尊。① 喜欢做教师的小帮手，主动帮他人做事，折射出来的是幼儿对责任感的需要。

5. 对集体规则的维护

案例

张弛不送杯子

吃点心的时间到了，每个孩子去点心盘里拿了一块饼干，而后带着杯子走到教师面前，由教师给他们倒上豆浆，端着回到自己的座位上去吃。吃完的小朋友把杯子送到教室前面的小桶里，擦擦嘴巴就可以去户外做游戏。李义吃饼干的速度比较慢，班上已经有一大半的孩子出去玩了，他的饼干才吃了一半。教师已给每个孩子倒完豆浆，正在往自然角的鱼缸里加水。忽然，李义向教师"控告"同伴张弛："老师，张弛不送杯子就出去了。"②

这个案例中，李义看到张弛没有按照教师的要求把杯子放在相应的位置，认为张弛的行为违反了班级共有的规则，因此大声把张弛没有按要求放杯子的行为告诉教师。可以看出，李义非常重视班级中的要求和规则，并认为自己有责任维护这种班级规则。

---

① 刘晶波. 社会学视野下的师幼互动行为研究：我在幼儿园里看到了什么 [M]. 南京：南京师范大学出版社，2006：172.

② 刘晶波. 社会学视野下的师幼互动行为研究：我在幼儿园里看到了什么 [M]. 南京：南京师范大学出版社，2006：153.

第四章

幼儿社会性发展的关键经验（一）：
自我与情绪情感的发展

　　自我与情绪情感是人的社会性基本组成部分中指向个体自身并且最集中、最直接反映个体独有特点的内容。在社会性发展的三个组成部分中，指向个体自身的部分是相对比较复杂的一个分支。一方面，它所表达的是个体独有的经验及其特征；另一方面，所有这些经验又是个体在与他人、与社会文化环境的相互作用中获得的。

第一节　幼儿自我发展中的关键经验

　　自我指个体所意识到自身存在的实体，其中包括身体与心理的各种特征，以及由之发生的各种活动和心理历程。[①] 个体的自我具有两个基本特征：一是区别于他人的"分离感"，即意识到自己作为一个独立的个体，在身体、情感和认知方面都具有自身的独特性；二是跨时间和空间的"稳定的统一感"，即一个人知道自己是长期持续存在，不随环境及自身的变化而否定自己是同一个人。[②] 在幼儿自我的发展过程中，关键经验主要包括自我中心、

---

① 张春兴.张氏心理学辞典 [M].台北：东华书局，1989：589.
② 张文新.儿童社会性发展 [M].北京：北京师范大学出版社，1999：378.

好孩子定向、自尊、自信和自卑等典型特点。

一、自我中心

（一）什么是自我中心

所谓自我中心，是指幼儿因为不能协调自己与客体的关系，加上缺乏足够的经验和知识，在思维时总是把注意力集中在自己的愿望、需要、动作上。[①]

自我中心理论最早出现在皮亚杰的著作《儿童的语言和思维》中。他用"自我中心"这一术语来指明幼儿不能区别自己的观点和别人的观点，不能区别自己的活动和对象的变化，把一切都看作与他自己有关，是他的一部分。从皮亚杰的观点看，幼儿的自我中心是思维发展的显著特点，是自我发展的必然阶段，没有自私自利或自高自大的意思，不同于成人的以"我"为中心、不顾及他人和集体利益的自私自利行为。[②] 皮亚杰设计的三山实验表明了幼儿思维的自我中心性。

该实验先请儿童围绕三座山的模型散步，让他从不同的角度观看模型，然后请他坐在模型的一边，从许多照片（拍摄角度各个相同）中选出和自己以及坐在其他不同位置的娃娃所看到的模型相一致的照片。结果发现，相当一部分儿童挑出的往往是与自己的角度所见完全相同的照片。

儿童在婴儿期、儿童早期、学前期都表现出明显的自我中心。婴儿期（0—1.5岁）的发展任务是获得信任感，克服不信任感，体验希望的实现，表现为本我的发展，超我还没有显露，行为举止都是自我中心的。此阶段儿童的信念表达为："我就是我所希望自己占有的和给予的。"[③] 儿童早期（1.5—3岁）的发展任务是获得自主，克服羞怯和疑虑，体验意志的实现，表现为超我开始出现。儿童开始体会到满足自己的需要不能只依靠他人的帮助，还可以靠自己的能力和活动。儿童开始以自己的种种方式体验自主意志。

---

① 刘晶波. 社会学视野下的师幼互动行为研究：我在幼儿园里看到了什么 [M].南京：南京师范大学出版社，2006：254.

② 朱彩燕. 幼儿"自我中心"现象的研究 [J].新课程学习，2012（10）：169.

③ 王振宇. 儿童心理发展理论 [M].上海：华东师范大学出版社，2000：149.

此阶段儿童的信念是："我就是我所能自由意欲的。"① 学前期（3—6 岁）的发展任务是获取主动感，克服内疚感，体验目的的实现。随着独立性的增强，儿童的自我开始表现出用同一性代替自我中心，依然具有明显的自我中心。儿童树立的信念是："我就是我所想象的我所能成为的我。"②

（二）幼儿自我中心的具体表现

处于自我中心思维阶段的幼儿受到认知发展水平的局限，分不清自己和他人，不能区分自己和他人的观点，不能从他人的立场看待事物，不懂得考虑别人和周围的条件、状态等，只从自己的情绪、需要和经验出发考虑问题。幼儿自我中心主要表现在生理、智慧、语言及社会性四个方面。③

1. 生理的自我中心性

初生的婴儿只求生物性的基本需要的满足，肚子饿了就要吸奶，累了就睡觉，身体不适便会以哭求得别人的注意和抚慰。随着年龄的增长，儿童才慢慢产生带有社会性的需求。

2. 智慧的自我中心性

幼儿的自我中心大部分表现在对物质世界的看法上。第一，不会区分事物的外貌与本质；第二，常常混淆现实与幻想；第三，以自己的好恶判断事物的好坏、美丑；第四，常常认为凡活动的东西都有生命。比如，一个孩子的妈妈生病住了医院，他很想去看妈妈，但是，大人不允许。这个孩子过了两天后告诉老师："我到医院去看妈妈了。"实际上他并没有去。幼儿混淆想象与真实的表现，常常被成人误认为在说谎。

3. 语言的自我中心性

幼儿经常自言自语，不为别人听懂，只求自我满足。在用词方面，往往根据自己对这些词的直觉来使用，因此不受语法和语言习惯的约束。不到五岁的儿童很难把握和听懂成人的教训，因此常被父母和教师误认为是故意再犯错误。

① 王振宇. 儿童心理发展理论［M］. 上海：华东师范大学出版社，2000：152.
② 王振宇. 儿童心理发展理论［M］. 上海：华东师范大学出版社，2000：155.
③ 袁爱玲. 幼儿的"自我中心性"是怎么回事［J］. 父母必读，1987（5）：29.

4. 社会性的自我中心性

幼儿还不会设身处地替别人着想，在与人交往中常常表现为个人主义。这也正是幼儿之间常争吵和打架的主要原因。

经过在日常生活中的大量观察，我们发现前三种自我中心随着年龄的增长、知识经验的丰富，会逐渐减弱或消失，但社会性的自我中心在相当一部分幼儿身上并没有自然减弱或消失，有些甚至有增无减，以致形成严重的自私、霸道、唯我独尊的不良心理习惯。例如，有的幼儿在家里要求家长满足他的一切要求，稍有不顺就大发脾气，买回好吃的全部归自己，不允许别人动；在幼儿园争夺他人的玩具，无论什么事都要自己优先。这些不良的心理习惯将直接影响健康个性的形成。

二、好孩子定向

（一）什么是好孩子定向

好孩子定向是指幼儿非常希望得到成人，特别是他们眼里有权威的成人的认可与赞许，希望成为他们所在乎的成人眼里的好孩子。就心理发生机制而言，好孩子定向是幼儿对赞扬与认可的需要的体现，也是借助他人的评价来确立自我，是自我发展的表现。

科尔伯格在对人类道德发展进行研究时，曾对这一定向做过专门的探究。他认为好孩子定向是人的道德发展六个阶段中的第三个阶段，在这个阶段，儿童认为好的行为就是能获得赞扬和使人喜欢的行为，因此十分注意遵从同伴或社会的标准来获得他人的认可。好孩子定向是儿童由关注自我转向关注社会规范的重要过渡，它依托于儿童社会归属感的满足状况。当儿童在同伴群体中经常能够得到肯定和积极评价时，他们就会倾向于了解并认同群体的行为准则，从而自觉管理自身道德行为，实现良好的道德成长。[1] 在幼儿看来，为了得到群体成员的接纳，必须取悦他人，帮助他人满足愿望的行为，做一个好孩子。

皮亚杰认为好孩子定向是个体处于他律取向的认知阶段的反映：把外在

---

① 刘磊. 论教育中的奖励 [J]. 教育研究，2011 (2)：41-46.

的规则看作一个永久性的存在，是不可改变的，并且是需要被严格遵守的。因为这两方面认知特点的存在，幼儿不仅对他们所认定的权威人士表现出绝对的遵从，而且会坚守权威人士向他们传递的规则。在他们看来，这才是一个好孩子最恰当的行为方式。①

(二) 好孩子定向的表现

好孩子定向阶段的儿童表现出对赞扬和肯定的渴望、顺从和利他行为。

1. 希望获得赞扬

儿童心理学的研究表明，任何一个正常的儿童天生具有一种好孩子定向，在日常生活中经常有这样的体会，一朵小红花、一个五角星、一面小旗子，往往是孩子们最珍贵和最值得炫耀的东西，因为它标志着自己是"表现好"的孩子。如一个4岁的小男孩会拿着因为自己吃饭时表现好而得到的小红花挨门挨户去告诉邻居，还要求妈妈打电话告诉住在外地的爷爷。②

2. 顺从

好孩子定向阶段的儿童认为好的行为是使人喜欢或被人赞扬的行为，他们注意遵从他人提出的标准和要求，表现出对他人或规则的顺从，如："捕捉"同伴不守规则的行为，并以最快的速度报告给老师；听讲时把自己的小手死死按在膝盖上，小眼睛牢牢地盯着老师，小嘴巴闭得紧紧的，哪怕身体紧张得冒出汗来等。③

3. 利他行为

利他行为是指对他人有益或有积极影响的行为，如助人、合作、分享等。幼儿会为了获得他人的肯定，表现出利他行为，比如，牺牲自己去户外游戏的时间，等在一旁寻找可以做教师小帮手的机会。更有甚者，还会借助某种"贿赂"意味的方式，如为幼儿园班级的自然角带来几条金鱼，为图书角带来新书，把自己心爱的美工作品拿到教师面前去献宝。他们如此"处心积

---

① 刘晶波. 社会学视野下的师幼互动行为研究：我在幼儿园里看到了什么 [M]. 南京：南京师范大学出版社，2006：254.

② 刘晶波. 社会学视野下的师幼互动行为研究：我在幼儿园里看到了什么 [M]. 南京：南京师范大学出版社，2006：159.

③ 刘晶波. 社会学视野下的师幼互动行为研究：我在幼儿园里看到了什么 [M]. 南京：南京师范大学出版社，2006：254.

虑"地行事，不为别的，只是为了信奉并维护自己所认可的权威形象，换个角度，是希望以此来确认自己是个好孩子的判断。

幼儿表现出的好孩子定向，使他们总是尽可能抓住一切可能的机会，向外界证明自己是一个好孩子。如果不能达到这个目的，他们则很难求得自身心理上的平衡。①

三、自尊

（一）什么是自尊

自尊是个体对自身的感受，是对自己有价值感、重要感，因而接纳自己，喜欢自己。② 自尊是个人对自己的一种态度，自尊感强表示肯定自己、信任自己、尊重自己；自尊感弱表示否定自己、轻视自己、不尊重自己。③ 一般来说，自尊感强的人具有较强的自信心，自尊感弱的人容易产生自卑感。

幼儿自尊的发展，以他们在成长过程中能力感与价值感的获得为基础。能力感是指个体有无能力获得成功，是自尊形成的基础；价值感是指个体的能力发挥是否符合社会评价标准④，是自尊形成的最终决定条件。进入学前阶段，幼儿的能力已经不局限于婴儿期的简单掌控，而是分化为不同领域。幼儿在认知能力和身体能力方面有了很大的进步，并逐渐开始对自身拥有的能力特征和品质进行认识和评价，并在成功和失败的经历中产生不同的情绪体验，形成能力感，如"我能自己拼好拼图"。同时，幼儿在与父母、教师、同伴等社会交往中习得是非对错等社会评价标准，并在外界反馈中获得价值感。

（二）自尊的表现

一般来说，自尊开始于 3 岁左右，稳定于学龄初期，发展于青春期。⑤

---

① 刘晶波. 社会学视野下的师幼互动行为研究：我在幼儿园里看到了什么 [M]. 南京：南京师范大学出版社，2006：254.

② 张春兴. 张氏心理学辞典 [M]. 台北：东华书局，1989：587.

③ 林传鼎，陈舒永，张厚粲. 心理学词典 [M]. 南昌：江西科学技术出版社，1986：254.

④ 刘双，张向葵. 婴幼儿自尊的前兆与形成 [J]. 学前教育研究，2008（10）：26-30.

⑤ 张丽华，杨丽珠. 3—8 岁儿童自尊发展特点的研究 [J]. 心理与行为研究，2005（1）：11-14.

幼儿期自尊发展处于变化中，主要表现为独立活动和自我中心。

1. 独立活动

2—3 岁儿童的自尊感表现为儿童以要求独立的形式积极进行各种活动。这一时期的儿童既有高度的依赖性，又努力表现自己的独立，开始体验靠自己的活动来满足自己的需要，如人们常听到的"我自己来""我要"等表达方式。

2. 自我中心

4—6 岁儿童的自尊明显表现为以自我为中心的思维方式。儿童沉浸在自己的兴趣和快乐中，自己欣赏自己的歌声、玩具，他们的话题经常是围绕自我展开，"你看我做得好不好""你看我画得多漂亮"。

四、自信

（一）什么是自信

自信指个人信任自己，对自己所知和所能者具有信心，对自己所做的事或所下的判断不存在怀疑。[①] 自信是自我概念的一部分，源自对自己的判定，源于一个人对接受或否定期望的判定，是以正确地估计主客观条件为基础而产生的一种对自己能力的认识和体验的结合体。[②] 自信表明儿童个人对自身实践能力的信赖程度，是儿童面对种种活动要求时牵涉自身能力的种种立场的"合金"。[③] 自信也是自我意识的重要成分，在一定程度上表现了儿童的自我意识。

如前所述，自信和自尊密切相关，自尊感强的儿童会拥有较强的自信，因为他们可以更多地体验到自己是有能力的，能够做好自己想做的事，自己是有价值的，能够被他人所信任和认可，便会建立并充分体验对自己的信任这种积极的社会性发展经验。

---

① 张春兴. 张氏心理学辞典 [M]. 台北：东华书局，1989：586.

② 刘丽. 找回自信，送走自卑：谈幼儿人格培养 [J]. 辽宁师专学报（社会科学版），2001（3）：70-71.

③ 钟启泉. 自信：概念界定与教育策略：与日本木下百合子教授的对话 [J]. 全球教育展望，2004（5）：3-5，18.

相关心理学的研究表明，儿童自信的建立，与他们在生命早期所获得的照料有密切的关联。在0—1.5岁，母亲给予婴儿有规律的照料和爱抚，婴儿对周围环境产生信任感，体验到希望；反之，对周围环境产生不信任，丧失自信。在1.5—3岁，儿童反复用"我""我的""不"等词来表示自己的自主性，父母过严的要求和不公的体罚会使儿童产生羞怯和焦虑，使儿童产生依赖性，对自己的能力缺乏自信；而父母的支持则可以激发孩子的自信。3—6岁幼儿制订计划、确立目标，并积极实现目标。他们检验各种限制，确定什么是允许的，什么是不允许的。如果父母鼓励孩子的主动性，孩子就会对自己充满信心；如果父母讥讽或挖苦孩子，孩子就会丧失自信，产生内疚。

（二）自信的表现

自信作为一种个性特征，和一定的态度倾向以及能力之间存在密切的关系，通常会借助以下几个方面表现出来。

1. "我是能干的"

3岁的儿童通常觉得自己很能干，也带着"我是能干的"这样的感觉到幼儿园，他们对自己有能力做熟悉的事情感到自豪。但是当他们遇到不熟悉的活动时，可能会对从事的活动感到犹豫。在接受并从事幼儿园活动后，他们通常可以开始探索材料并与其他儿童及教师互动。如：加入娃娃家游戏，跟小朋友一起游戏；回应教师的问候，并跟教师说几句话；坐下来吃点心，并与其他人交谈；选择个人的活动，画画、拼图或帮忙喂小动物；逐渐增加参与活动的种类与层次。[1]

2. 确信他人喜欢自己

4—5岁的儿童，大多带着积极的自我形象来到幼儿园，相当确定别人会喜欢自己，也有些儿童需要时间和机会来观察学习如何在团体中游戏。有自信的4岁儿童会参与大部分的教室活动，表达情绪，热切地探索玩具及材料，与教室中的人互动。如：在教师宣布即将到户外活动时，会显出兴奋的样子；在集体活动时唱歌；教同伴用手语表示一个字；进入扮演角，选一个合适戏

---

① 马戈·迪希特尔米勒，朱迪·雅布隆，阿维娃·多尔夫曼，等. 作品取样系统：教室里的真实性表现评价 [M]. 廖凤瑞，陈姿兰，译. 南京：南京师范大学出版社，2009：1.

剧情节的角色；在美劳角，与同伴交换意见，即使所讨论的内容与当时正在进行的美劳工作无关；适应游戏场的规则，并将规则纳入行动。[1]

3. 恰当地接受和表达自己

5—6 岁儿童的自我知觉与积极的自我形象是通过与别人的互动、基于"自己是有能力的"经验而建立的。自信的 5 岁儿童能热切地接触新事物与新情境，适当地接受并表达情绪，且能与他人分享自己的事，如：星期一告诉教师和同伴他周末到动物园玩的事情；失去宠物时，会表示难过；在旁边观看某个小团体一小段时间后，有信心地加入该团体，认为人家会接受他；向正常的儿童解释自己的残障或特殊的地方；对自己所搭建的大型积木建筑感到高兴，也希望别人会喜欢；在戏剧扮演或积木活动时，会确定自己要扮演的角色。[2]

五、自卑

自卑是与自信相反的一种消极评价和体验。自卑是在和别人比较时，由于低估自己而产生的一种消极的自我认识体验。自卑是个体自尊感极度不足的一种表现。处于自卑中的儿童总是会强烈地体验到"自己是不重要的""自己是做不好的""自己是不如别人的"等消极的自我状态。和自信一样，儿童的自卑也和他们所得到的养育者的关注与照顾密切相关。

因为幼儿的自我发展处于明显的他律取向阶段，即由外界尤其是权威人物对自己的判断来获得自我认识，如果他们的照顾者、教育者经常对他们进行负向的评价，如斥责、批评，或同伴经常嘲笑他们，使他们对自己的言行与判断产生怀疑，主动性降低，行为退缩，陷入自卑之中。

阿德勒曾指出，儿童的自卑是一种普遍存在的事实。自卑的表现有内在和外在之分。内在表现为消极情绪占主导，如畏缩、胆小、伤心、难过等。外在表现为退缩行为，如畏惧与成人或同伴交往，不敢参加活动，害怕尝试新任务。幼儿的自卑主要表现为退缩行为。

---

[1] 马戈·迪希特尔米勒，朱迪·雅布隆，阿维娃·多尔夫曼，等. 作品取样系统：教室里的真实性表现评价 [M].廖凤瑞，陈姿兰，译. 南京：南京师范大学出版社，2009：20.

[2] 马戈·迪希特尔米勒，朱迪·雅布隆，阿维娃·多尔夫曼，等. 作品取样系统：教室里的真实性表现评价 [M].廖凤瑞，陈姿兰，译. 南京：南京师范大学出版社，2009：43.

第二节　幼儿情绪情感发展中的关键经验

　　情绪情感是个体表达自己生理状态和心理感受的重要途径。在儿童还没有掌握语言之前，对儿童情绪情感的识别是养护者们判断其生理与心理需要、提供适宜养护措施最主要的指标，比如，在儿童表现出恐惧的情绪时给予安慰，在儿童愤怒时帮助他们解决面临的冲突。儿童对他人表情的识别能力随年龄增长迅速发展。大量研究表明，1 岁内的儿童能通过面部表情来识别他人的情绪情感状态，并能针对对方的情绪情感状态进行相应的反馈。生命的第二年，儿童开始体验更复杂的次级情绪情感，包括自豪、羞耻、嫉妒、内疚和共情。这些情绪在社会性发展中起着重要作用。由此，情绪情感在个体的社会生活中担负着主要职能，是个体在成长中所经历的关键经验。综合儿童心理学的相关研究，幼儿在情绪情感方面的关键经验可以归纳为高兴、恐惧、愤怒、悲伤、羞愧和孤独等多个方面。

一、高兴

　　高兴是一种初级情绪，其主要表现是微笑和发出声音的笑，以及手舞足蹈、旋转等肢体动作。婴儿最初的笑是一种自发性的笑，也称生理性微笑或内源性的笑，通常是无意识的。自发性的笑主要发生在婴儿的睡眠中，是一种生理表现，而不是社会性反应。3—4 周以后开始出现社会性微笑，即因为与养护者间的互动而发生微笑，如因为养护者提供的让人感到舒服的轻摇和及时的哺育等。随着年龄的增长，引起儿童发出社会性微笑、让他们感到高兴的事件逐渐增多，所涉及的范围也会不断扩大，如获得喜欢的食物、玩具，得到他们所依恋的成人的拥抱、爱抚，获得老师的表扬、同伴的接纳等。

　　高兴可以让幼儿的生理健康发展，使得他们动作协调有力。高兴也可以帮助他们建立起对他人的信任和安全依恋，提高学习兴趣与学习效率，进而可以帮助他们建立积极的人际关系，形成和谐的社会行为。

二、恐惧

恐惧是个体对危险、可怕现象的直接反应。幼儿的恐惧发展可以分为四个阶段，并表现出不同的特征。其一是本能的恐惧。本能的恐惧是由耳朵、皮肤及肌体感受到危险刺激引起的恐惧。其二是与知觉和经验相联系的恐惧。从 4 个月左右开始，儿童开始出现与知觉发展相联系的恐惧，曾经引起过不愉快经验的刺激会激起恐惧情绪。也是从这个时候开始，视觉对恐惧的产生逐渐起主要作用。其三是怕生，即对陌生刺激物的恐惧反应。怕生与依恋情绪同时产生，一般在 6 个月左右出现。伴随婴儿对母亲依恋的形成，怕生情绪也逐渐明显、强烈。研究表明，婴儿在母亲膝上时，怕生情绪较弱；离开母亲时，则怕生情绪较强烈。可见，恐惧与缺乏安全感相联系。人际距离的拉近或疏远，影响到儿童安全感的减少与增大。其四是预测性的恐惧。两岁左右的婴儿，随着想象的发展，出现了预测性恐惧，如怕黑、怕坏人等。这些都是和想象相联系的恐惧情绪，往往是由环境的不良影响导致的。

恐惧可以让幼儿表现出退缩、胆小、躲避等类型的社会行为。恐惧也会让他们无法感受到自己的生理需求，比如饥饿、睡眠等。恐惧会扰乱儿童的生物节律，如使他大哭不止、尿裤子。他们可能因为恐惧而无法与他人正常交往，甚至因为恐惧而出现社会行为偏差，比如咬指甲、攻击他人、过度黏人等。

三、愤怒

愤怒是个体在外界环境不能满足自己的需求、给自己带来伤害时所发生的情绪情感反应。长时间啼哭、大声喊叫是儿童表达愤怒常用的方式。随着年龄的增长，他们也会在愤怒时对他人进行言语和身体攻击，对环境、物品进行破坏。

能够让幼儿体验愤怒的原因有很多，如成人对幼儿身体活动的限制、对他喜欢的物品的剥夺、对他热爱的活动的取缔、对他生理需求的压制等。处于愤怒状态的幼儿会表现得非常不容易接近、不好相处，他们的行为认知和方式都会比较极端，会伤害他人甚至会伤害自己。

四、悲伤

悲伤是个体对痛苦和挫折的反应，但是和愤怒相比，悲伤在幼儿阶段出现得很少。作为一种程度较高的消极情绪情感体验，悲伤多发生在幼儿失去自己心爱的物品或与某个主要养护者之间的关系遭到严重破坏之时。

和处在恐惧、愤怒中的状态一样，悲伤的幼儿也会表现出哭、回避、沉默、迟缓和退缩，但悲伤对幼儿更为严重的影响是会让他们感觉自己不重要，被冷落、遗弃，进而会促成消极的自我意识。对幼儿来说，如果处于悲伤的情感状态过久、过深而又得不到及时有力的慰藉，他们极有可能会将这份体验压制下去，表面看上去似乎已经停止了哭泣，但实则却会一直存储着那份痛苦的记忆，这会对他们未来的社会性发展造成极为不利的影响。

五、羞愧

羞愧是个体在意识到自己的行为与他理想的自我期待或是他所信奉的行为规范有偏差时而产生的一种情感体验。羞愧的儿童会表现出警觉、自责、害羞、逃避和掩饰等行为特征。小班幼儿感到羞愧时，常用手捂住脸，想躲起来或扭过脸去。大班幼儿则能以意志努力克制这些动作，他们可能低头，原地不动地体验着这种不愉快情感。幼儿产生羞愧感的对象范围会逐渐扩大。一般说，小班、中班幼儿只有在成人面前才感到羞愧，大班幼儿在同伴面前，特别是在本班小朋友面前也会感到羞愧。

羞愧这种情感对于幼儿习得社会行为规范、遵守常规具有积极的作用，但是若经常通过让幼儿感到羞愧的办法来管理他们的行为，则会伤及他们的自尊，进而会导致反社会行为的发生。

六、孤独

孤独是个体期望拥有的社会关系在质量或数量上与实际情况存在较大差距时所产生的一种情感。人们通常认为孤独这种情感与爱动、爱玩、爱闹的幼儿关系不大，实则不然。作为人类社会性中的一个重要组成部分，孤独在幼儿阶段是比较容易产生的。比如，与养护者不愉快的分离，外界环境对自己的关注过少，和同伴相处时因为冲突而遭到拒绝，等等，都会让幼儿深深地体验到孤独。

因为表达能力较低，处于孤独体验中的幼儿很难清楚地表达这种情感，他们常常会借助一些让人们感到有些异常的方式来间接告知自己的状态，比如长时间保持对某个物品的依恋，和自己假想的人或物对话，把自己假想成一个婴儿，时刻想吸引住大人的目光，等等。

由于目前研究者们仍没有对幼儿的孤独给予足够的关注，所以我们对于幼儿孤独情感的了解并不充分，但有一个判断是确定的：经常体验到孤独的幼儿会经历较多的社会性发展障碍，会比较难以与人相处。

第五章

幼儿社会性发展的关键经验（二）：
在与成人的关系中

　　儿童每一个阶段的成长、每一个具体领域的发展，无不是发生在与成人之间紧密的关系之中。也正是凭借与成人之间密切的互动行为往来，儿童才习得了作为一个社会人应有的行为方式与规范，进而真正地成长为一个社会的人。由此，要探究幼儿在其社会性发展中获取了哪些关键经验，我们也就必须深入到幼儿与成人之间真实而丰富的生活实践过程之中，依据对他们之间的互动行为进行描述与分析、归纳与提取，方能有明确的判定。

　　基于前期的研究积累，我们将从幼儿自我的日常生活行为、幼儿与成人关系、幼儿与周围环境间的相互作用等三个层面来考察幼儿在与成人互动的过程中所获取的关键经验。

第一节　关于日常生活行为习惯的
关键经验

　　良好的生活习惯是指一系列日常活动中确保个人身体的舒适、清洁与整齐的有规律的行为，涉及刷牙、洗手、洗脸、穿衣、进食和如厕等。在幼儿教育实践领域分类中，这些内容往往被划分在健康教育领域，以此来强调它们对于儿童生理与心理健康的价值，"强健的身体是小孩子幸福的根源，若身体不健全，小孩子固然终身受其累，而做父母的也要受无穷的痛苦。卫生习惯与身体健全有密切的关系"①。然而，当我们从个体社会性发展的视角去审视这些习惯时，不难发现，人类个体的生活习惯不仅是其自身的事情，也是人类社会在长期的发展过程中所积累下来的关于人的社会属性的一系列稳定的表征。因而，习得这些习惯，绝非只着眼于儿童的身心健康，更关乎人类社会文明的传递，关乎个体社会性的健康发展。换句话说，这些生活行为习惯正是幼儿阶段最为适当、最为关键的社会经验。

一、刷牙

学会并坚持刷牙，是幼儿在家庭生活中获取的一项关键社会经验。一方面，它可以帮助幼儿有效地保护牙齿、保持口腔清洁——乳牙极容易被龋蚀，须勤刷牙，并使之成为一种日常生活习惯；另一方面，刷牙也是帮助幼儿建立社会生活秩序，增强自我意识与时间观念，发展坚持性、独立性与计划性的一项重要的社会行为。基于大量的观察，我们发现：幼儿起初会因为好奇而对刷牙感兴趣、主动刷牙，如觉得刷牙的动作和刷牙时嘴里大量的白沫沫很好玩等，但渐渐地，当他们对刷牙失去了新鲜感和兴趣时，尤其当刷牙引起口腔的疼痛与不适时，他们便会拒绝刷牙。为此，成人往往需要调动增强幼儿对刷牙的认知以及养成社会行为的各种方法，如榜样示范、练习、鼓励等，来让刷牙这种行为成为幼儿日常生活的一个组成部分。而一旦达到了这个目标，幼儿的计划性（何时刷牙）、坚持性（每日刷牙）、独立性（自己刷牙）等一系列与幼儿的社会性发展相关的社会教育内容也便会成为现实。

二、独立如厕

在幼儿早期，独立上厕所是一件非常有挑战的事情，一方面是因为幼儿的神经系统与肌肉未发育成熟、难以自如地控制自己的大小便，尤其是夜间

---

① 陈鹤琴.陈鹤琴全集（第二卷）[M].南京：江苏教育出版社，1989：761.

容易尿床；另一方面，排便后的擦洗行为难度颇大，需要大量反复而长期的练习。所以在成人与幼儿的互动中，照顾幼儿大小便也就成了一项重要的日常养护行为内容。

起初，儿童的排便行为全部都由成人照顾，随着年龄的增长，不仅成人希望儿童尽早学会照顾自己的大小便，儿童自己也会在其与生俱来的自主性和主动性的驱使下，渴望自己解决自己的问题。由此，独立如厕不可避免地成了幼儿在与成人关系中所必须获得的一项社会性发展关键经验。这项经验与幼儿自我的控制能力和成就感、自尊和自信密切相关。依据之前的现场观察研究，我们发现：获得这种关键经验的幼儿和成人发生此类相关互动时，情绪更为放松、自然，在同伴群体中也更容易获得自信，表现出更为积极的态度。为了帮助幼儿获得这一关键经验，成人会不断地给幼儿提供各种引导，比如要求他们提早告诉成人自己的需要，教幼儿用厕纸，告诉幼儿便后要冲水和洗手等。

三、洗手

及时洗手对幼儿而言也是一项比较容易获得的关键经验，其首要目的是保护身体健康。幼儿好动，总喜欢动手摸摸、碰碰各种东西，这就使得他们容易沾染各种有害细菌。在没有洗手的前提下去接触食物，或者直接把手放进嘴里是幼儿经常发生的行为，这种情况极容易导致他们身体出现不适。因而成人在养护过程中会特别关注这一经验的传递。相对于独立大小便，学会洗手的挑战性要相对小，但是帮助幼儿真正建立起稳固的洗手习惯却并不简单。成人不仅需要告诉幼儿洗手的时机，比如在饭前便后、打喷嚏后都需要洗手，还需要告诉幼儿规范的洗手程序并进行示范（规范的洗手程序包括打开水龙头、打湿双手、抹上肥皂、清理肥皂泡、用毛巾把手擦干、把水槽的洗手水排干净等一系列步骤）。和其他生活习惯一样，养成良好的洗手习惯也需要幼儿进行反复的练习，需要成人耐心的陪伴与支持。

幼儿在洗手的时候容易受好奇心的驱使把兴趣转向玩水、玩肥皂，由此幼儿在获得这一关键经验时比较容易引发成人所不愿意看到的周边到处是水、弄湿幼儿自己衣服及身体其他部分的情况。所以，虽然洗手这种经验看起来相对简单，但在教会幼儿洗手的过程中，成人所要付出的指导与督促并不比帮助幼儿获得其他关键经验来得容易。而要让这一经验生成为稳定的习惯，也离不开成人反复的督促、持之以恒的指导与提醒。

四、穿脱衣服

能自己穿衣和脱衣是幼儿需要获得的一项关键经验，它受幼儿自我服务意识的内在动力驱使，是幼儿渴望给自己提供照顾的一种表达。但是，独立穿脱衣服，对幼儿而言却是一件需要将一系列复杂的认知与行为统合起来才能完成的事情，比如，分清楚衣服、裤子的正反面，分清楚鞋子的左右脚，把衣服的扣子扣好、拉链拉好。就幼儿的普遍发展水平来说，驾驭这一系列的行为不是一件容易的事情，事实上每一个步骤都需要以幼儿达到一定的认知发展水平为基础，并且要经历大量的练习才能做到。

获得独立穿脱衣服这一关键经验是幼儿非常期待的事情，更为重要的是它可以直接提升幼儿动手操作能力、分类和排序能力、控制身体能力，可以给幼儿带来自信和成就感，让幼儿觉得自己是个能干的人。

案例

21 个月的瓜瓜自理能力不错，可以自己独立吃饭，独立穿脱衣服和鞋子。可是这几天在穿衣服的时候，他总是不那么顺利，双手撑着衣服，半天也穿不上去。这让我觉得很奇怪：本来他一度已经穿得很熟练了，怎么会退步到比以前穿得还慢呢？停下手中的事情，仔细观察瓜瓜穿衣服的过程才发现，他正在努力挑战之前他已经完全掌握的穿衣服的步骤——先分清楚衣服的前后，把头套进去，再用手找到离那只手最近的袖子，把手伸进去，拉平衣服。他在分清楚衣服前后以后，先用手找袖子，等到两只手都伸进袖子里了，再去套头。可是因为两只胳膊肘拉衣服的时候用力过大，衣服紧绷着，头就很不容易套进去！

"妈妈告诉过你要先把头套进去，这样来——"我刚想去纠正他，瓜瓜顺势一躲，执拗地撑着两只袖子——

"大人是这样（穿的），像大人那样！"①

五、用餐

饮食是人的基本需要，然而对于具有社会性的人来说，饮食并不仅仅是一种满足生理需求的活动。中西方文化中关于文明进餐的礼仪规范不胜枚举。中国是礼仪之邦，有悠久的饮食文化。《礼记·礼运》有言："夫礼之初，始诸饮食。"礼仪的产生源自饮食活动②，由此可见用餐礼仪之重要。用餐礼仪能够充分展现出一个人的自我修养和素质，如对他人的尊重和自我尊重。因此，餐桌礼仪对个人良好形象的树立有重要的意义。在用餐过程中，成人不应该仅仅关注幼儿饭量的多少、吃饭的快慢，更应从小培养幼儿养成良好的用餐礼仪。

英国家庭教育素有"把餐桌当成课堂"的传统。从孩子上餐桌的第一天起，家长就开始对其进行有形或无形的进餐教育，目的是帮助孩子养成良好的用餐习惯，学会良好的进餐礼仪。我国的大教育家孔子有"食不言，寝不语"的礼仪之语。在家庭教育中，家长应该在共同用餐时对孩子进行礼仪教育。首先，在吃饭的姿势方面，坐姿要端正，与餐桌保持恰当的距离。家长应根据孩子的身高准备合适的餐椅。其次，为孩子提供学习摆放餐具、餐椅的机会，既培养孩子对物品摆放的秩序感和分类匹配能力，也能够使孩子获得一种成就感。再次，在用餐时，家长应循序渐进地指导孩子文明地使用筷子和勺子等餐具，比如，在用筷子夹菜以及用勺子喝汤时要举止文雅，不乱

---

① 刘晶波. 共同的梦想 [J]. 幼儿教育（父母孩子），2013（9）：10-11.

② 余志慧. 民俗礼仪 [M]. 合肥：黄山书社，2012：100.

敲餐具、用手抓饭等。在用餐过后，家长同孩子一起收拾餐具，让孩子帮助父母做简单的家务也能够培养孩子的责任心和对父母劳动的尊重。最后，在饭间交流方面，家长提醒孩子轻声交谈，嘴里有食物时不要说话，不要开玩笑，进餐时尽量不要发出声音，等等。这些礼仪能够表现个体对他人和自我的尊重。

在幼儿园中，用餐是一种集体活动，但幼儿对于饮食的需求和饮食习惯却各有差异。教师可以通过集体活动的方式引导幼儿正确使用餐具，学习独立用餐，养成爱惜粮食的品质。对于某些用餐礼仪，教师应该根据幼儿的用餐习惯和需要进行有针对性的指导。

六、性别认同

性别认同是儿童在跟成人互动时获取的一项极为重要的关键经验。儿童对自己性别的认识，对自己在社会生活中应起的作用，以及性意向的发展，是他们社会化发展的一个重要的有机组成部分。[①] 性别是一个确定的生物学事实，也是一个普遍的社会事实。生物学的性别差异可以通过男女两性不同的身体特征来区分，而社会性的性别差异往往集中体现在性别角色差异上，其中性别角色是社会对不同性别的人所期望的各种行为的总和。

儿童首先根据养育者的言语表达和两性的外部特征来判定自己的性别，知道自己是男孩还是女孩。研究表明，儿童主要把发型、服饰等非本质因素作为区分性别的根据。[②] 此外，儿童还会根据男女两性理想的行为状态来建立性别概念，如男性是英勇的、刚强的、有力量的，女性是温柔的、持家的等。儿童还会在游戏过程中获取并表达自身的性别认同，如女孩子玩洋娃娃，男孩子玩手枪、飞机和汽车的玩具等。儿童在获取性别认同关键经验的过程中，可能会对异性的着装、行为等感兴趣，如女孩子想像男孩子一样站着小便，男孩子渴望拥有女孩子的漂亮衣裙，等等，但这并不影响儿童的性别取向。成人不应该剥夺儿童对异性的性别体验，不要羞辱儿童分不清楚自己的

---

① 王振宇. 儿童心理学 [M]. 4版. 南京：江苏教育出版社，2006：394.
② 王振宇. 儿童心理学 [M]. 4版. 南京：江苏教育出版社，2006：397.

性别，而应让儿童有时间体验性别间的差异，慢慢建立性别恒常概念。

案例

　　有那么一段日子，瓜瓜总是对核桃的物品表现出极大的兴趣：有时是把核桃的发卡、辫绳拿在手里绕来绕去，顺势再在自己的头发上比画比画；有时是在出门换鞋子的时候，把脚伸进核桃粉红色的鞋子里转上一转；有时是拿着核桃的小凉帽往自己的头上戴一戴。起初，核桃对这些现象并不在意，但是几次之后她便感到自己受到了瓜瓜的侵犯，于是每次见到瓜瓜拿她的东西她就会快速出击，捍卫自己的所有权，同时还要半是讲道理半是责怪地附上一句："你是男孩，你不能用（穿）女孩的东西！"瓜瓜虽然很清楚核桃的不满，但是他的兴趣却丝毫没有从核桃的物品上移开。

　　一天晚上，瓜瓜把自己关进了卫生间，反锁了门不让别人进去。我在门外和他商量了好久，反复承诺不告诉任何人他在干什么之后，他才打开了门。眼前的情景让我有些吃惊，原来瓜瓜把核桃一件漂亮的纱裙拿到了卫生间，正对着镜子努力地往身上穿！

　　"你想穿姐姐的裙子?"我努力快速地让自己的惊讶归于平静。

　　瓜瓜看了我一眼，点点头，脸上显出羞涩的神情。

　　"你想像姐姐一样漂亮吗?"

　　"嗯。"瓜瓜又点点头，很轻声地应了一下。

　　"来！妈妈帮你穿！"

　　我的反应让瓜瓜有些吃惊，但旋即就开心起来，顺从着"伸胳膊""抬头"等全部指令。穿好裙子，我把瓜瓜抱到洗面池的台子上。

　　"来！照镜子看看，多漂亮的小女孩!"我压低了声音说。

　　兴奋的瓜瓜对着镜子，左照照右照照，很是满足。

　　"等一下，想不想穿穿姐姐的长丝袜?"

瓜瓜眼睛里的惊喜立刻又提高了两个等级，用力地点了点头。

"你先在这里等妈妈一下——"因为害怕瓜瓜在台子上站不稳，我把他抱下来放到地上。然后快速走进房间，拿来了核桃的连裤袜，顺便带来一副刚刚给核桃买的新辫绳。

重新把瓜瓜抱到台子上，让他坐稳当以后，我开始帮他穿连裤袜。因为是第一次穿这种袜子，瓜瓜不知道该怎样配合，费了好些力气才穿好。之后，我又给瓜瓜梳了一个小小的朝天椒辫子，扎上了新辫绳。瓜瓜开心极了！对着镜子里的自己笑个不停……①

第二节　指向幼儿与成人关系的社会性发展关键经验

指向幼儿与成人关系的社会性发展关键经验包括两部分：一是幼儿必须掌握的社交礼仪以及维持人际关系所需要的道歉行为与意识；二是幼儿在与成人打交道时需要表现出的对成人的尊敬和关心，想当成人小帮手的助人感，以及希望获得成人平等对待的公平感。

一、社交礼仪

基本的社交礼仪是幼儿必须掌握的关键经验。社交礼仪是人们通过长期的生活和交往而形成的一种约定俗成的与他人交往的行为和言语规范。中国是礼仪之邦，拥有悠久的讲究礼仪规范的历史。原始社会人们以"跪拜礼"的方式表示友好，早在西周时期统治者已将"礼"作为一种相对完善系统的

---

① 刘晶波. 共同的梦想 [J]. 幼儿教育（父母孩子），2013（9）：10-11.

制度确立下来，以维护国家的长治久安。礼也是一直影响中国几千年文化的五经之一。当然，文明礼貌因是一定社会中人们所形成的规范，它也会因社会的不同而有所差异。随着社会文化的变迁，文明礼貌的行为以及其背后的意义也在不断变化。但无论如何变化，行为礼仪总是建立在人们相互尊重的基础之上。

从语言方面来看，行为礼仪体现在礼貌用语、语气上。从动作方面来看，文明礼貌表现在姿势、体态、表情等方面。从不同场合来看，有餐桌礼仪、待客礼仪、公共场所礼仪等。幼儿在家庭生活中最早开始接触文明礼貌的社会性行为。比如，在礼貌用语方面，家长提示孩子主动用"你好"或叫他人的称谓和他人打招呼，经常在合适的场合使用"谢谢""不客气""对不起"等语言。另外，家长也会明令禁止一些不文明的用语，譬如脏话、咒骂别人的话和不吉利的话。在餐桌礼仪方面，家长需要引导孩子养成正确的吃饭姿势，戒掉身体的各种小动作，等等。在待客礼仪方面，家长引导孩子学习热情主动地迎接、招待、欢送客人等行为。在公共场合，家长引导孩子注意养成不大声喧哗打闹、不乱摸和乱动公共物品等文明行为习惯。

二、道歉

学会道歉是幼儿在与他人互动时必须学会的一项关键经验，是维持人际关系的重要途径。幼儿常常会因情绪情感的易冲动性、社会认知和社会技能的限制而与他人发生冲突，容易破坏物品和环境的秩序。当发生伤害他人的行为或损坏物品时，幼儿需要知道如何适当地表达自己的内疚与歉意，如对他人说一声"对不起"。帮助幼儿把道歉表达出来，实质上是帮助幼儿为自己的行为负责，让幼儿知道自己不恰当的行为会给别人带来伤害，并需要自己去补偿和修复给他人带来的不便、麻烦与伤害，避免日后再发生伤害他人的行为。古语云"过而能改，善莫大焉"，而这个知错能改的过程则包括认识到自己的错误、向他人表示歉意、改正自己的行为、避免再犯此类错误等一系列行为。

在日常生活中，养育者往往会以"孩子还小"为由，不要求幼儿在做错事后表达内疚与歉意，这并不是一个好的做法。因为这会让幼儿感受不到行为的前因后果，会让幼儿不知道当伤害性的事情发生时，自己应该负有什么样的责任，应该如何行动，如何减轻自己对他人带来的不便与伤害。正确的做法是：告诉幼儿他们给别人带来不便的行为是不适宜的，应该向他人表达出自己真诚的歉意，并获得对方的原谅。

三、尊敬

中国传统社会文化是一种"后喻文化"，文化的传递方式从老一代人传递到年轻一代人，长者既是文化知识、社会经验的创造者和掌控者，也是政治、文化权力的拥有者。因此中国自古以长者为尊，在家庭中，"三纲五常"的伦理规范体现出父母的权威地位。在学校教育中，教师同样拥有权威的地位。晚辈对父母等长辈的孝是衡量一个人道德品质的重要标准之一，所谓"百善孝为先"。对长辈的尊敬是孝的重要体现，成人要在生活中引导幼儿学会尊敬长辈，譬如主动问候长辈，给老人让座。通过不断地表达对长辈的尊重和关心，幼儿慢慢克服自我中心的心理特点，从"被爱"学会"爱别人"和"创造爱"。

四、关心

关心在家庭里、在社会上都是一种非常重要的美德，也是幼儿在社会生活中需要获得的一项关键经验。学会关心可以让幼儿认为自己是个重要的人，是个能主动向他人付出自己的爱和能量的有能力的人。但关心这一重要行为品质的培养并不是一蹴而就的，它需要长期的练习，并需要成人予以配合。如当幼儿和成人分享手中的食物时，成人应该欣然接受，而不要对幼儿说："我不吃，留给宝宝自己吃。"成人认为只要感受到幼儿的这份心意就足够，久而久之，幼儿会误认为成人总是留给自己吃而不再与成人分享了。因为成人的这种意图上的接受而行为上的拒绝忽略了一点，即只有言语和行动上都接受幼儿的关心才能让幼儿看见他们自己付出的关心行为被成人接受了，才能让幼儿知道关心行为需要实质性的表达。

关心他人，顾虑别人的举动，人不能生而知之。"小孩子有好吃的只知自己吃，有好穿的只知自己穿，要哭就哭，要笑就笑，并不能十分顾虑到什么父母、兄弟、姊妹等的安宁和幸福。做父母的在这个时候，应当教以关心、顾虑他人的安宁，使孩子慢慢知道顾己顾人之道。"[1] 家庭里没有关心行为，孩子得不到父母的关爱，父母亲不珍视自己的孩子，家庭就不能称为家庭。若社会里没有关心行为，则人人自利，尔虞我诈，社会也便不适宜人类生存了。

五、帮助

帮助他人是幼儿需要获得的一项重要的关键经验。幼儿除了需要接受他人帮助之外，他们也乐于给予他人帮助。帮助不仅能让幼儿察觉到他人的需要，也能增进幼儿的劳动意识与能力。幼儿在帮助成人做事的过程中能够真切地体验到自己是一个重要的、有能力的、有价值的、有责任感的人，是一个被成人所看中的人，并进而获得深深的成就感和自豪感。

在生活中，我们不难发现幼儿特别喜欢参与成人的活动，做成人的小帮手，比如，喜欢到厨房去帮大人添水、换水、择菜、洗菜，甚至还想帮大人切菜，喜欢在妈妈洗衣服的时候在旁边有模有样地帮忙洗小手帕、小袜子等。除了受他们也想像大人一样能干的心理需要驱动之外，幼儿更喜欢和家人分享靠自己的努力做成的事情（如由自己帮忙做成的饭菜），喜欢成人看见并肯定他们的帮助。

但是幼儿有时候难免会帮倒忙，如洗菜时弄得满地都是水，帮忙洗衣服时弄湿自己的衣服，磕鸡蛋时不小心磕得满地都是，发碗筷时不小心摔了碗筷，等等。家长应该珍视孩子愿意帮助大人的意愿和美好品质，而不要轻易以后果来评判孩子，更不要因为帮倒忙而禁止孩子再帮忙。

六、公平公正

公平既是法律所追求的基本价值之一，也是社会道德重要的标准之一。

---

① 陈鹤琴. 家庭教育［M］. 上海：华东师范大学出版社，2006：139.

一项对加拿大的成年人道德品质调查表明，成年人普遍认为道德成熟包括六个方面，而公正则是其中的维度之一。① 在幼儿与同伴交往的过程中，他们不可避免地遇到公平分配的问题，公平是建立和维持良好同伴关系的重要条件。② 对幼儿而言，公平公正意味着他们希望和其他人或事物一样重要，希望获得平等的对待。家庭中的公平行为更多地体现在多子女家庭中，父母公平地对待每一个子女，不偏不倚，如对物品和机会进行平均分配，平等地关爱每个孩子。父母对子女公平地对待能够让子女获得自己应得的一份爱，同时学会公平公正的社会规则。在幼儿园，公平公正是教师对待全班幼儿的重要原则。由于班级中的幼儿较多，教师难以照顾到每个幼儿，这容易让被忽视的幼儿产生对教师公平性的质疑并因失去教师关爱而产生愤怒的消极情绪，而那些得到教师"关照"的个别幼儿则容易产生骄傲和炫耀的心理。因此，教师的公平公正关乎每个幼儿的成长。

第三节　指向幼儿与环境关系的社会性发展关键经验

幼儿所生活的环境包括人际环境和物质环境两个方面，指向幼儿与环境关系的社会性发展关键经验也可以从这两个方面进行划分。

一、家庭成员角色认知

认识家庭成员是指向人际环境的社会性发展中的一项关键经验，有助于幼儿形成对家庭的归属感和对家庭成员的接纳感。对家庭成员角色的认知包括认识自己在家庭中的地位、爸爸妈妈在家庭中的地位和角色、祖辈父母在

---

① 戴维·谢弗. 社会性与人格发展（第5版）[M]. 陈会昌，等译. 北京：人民邮电出版社，2012：355.
② 张亮，张莉.5—6岁幼儿公平分配行为及其认知研究[J]. 教育研究与实验，2014（6）：92-96.

家庭中的地位和角色，以及认识亲戚关系。

幼儿是家里的宝宝，他们需要确认自己被养育者所喜欢，确认自己在家里是能干的，有时候他们也想让自己变得像大人一样，希望快快长大。爸爸在幼儿心中的形象是高大的、智慧的、好玩的、有趣的、威严的、忙碌的，妈妈在幼儿心中的形象是心灵手巧的、勤劳的、能干的、美丽的。祖辈父母在幼儿眼里是家里的老人，是所有人都需要尊敬与敬重的人。父亲家族的亲戚称叔、伯、姑、堂兄妹，母亲家族的亲戚称舅、姨、表兄妹。幼儿对家庭成员的认识，不需要养护者花费过多的时间来教，他们很自然就会获得这些认识。但对亲戚关系的认识，幼儿有时候会分不清楚称谓，这与幼儿处于前运算阶段不可逆、不守恒的思维方式有关。随着年龄的增长，幼儿很快会对家庭成员建立起准确的社会认知。

二、做客与待客

做客与待客是幼儿在人际环境中必须有的社会生活经历，也是他们作为社会人所必须获得的关键经验。去别人家做客与在自己家接待客人，需要幼儿表现出规范、得体、礼貌的做客之道与待客之道。去别人家做小客人，幼儿不仅需要意识到在别人家和在自己家不一样，还需要知道如何做个小客人。家长要给孩子讲解做客的规矩，使孩子懂得一定的行为规范，比如，进门前先要敲门，见到主人要问好，进门要脱鞋并摆放好，不乱摸、乱拿主人家的物品，离开时要和主人道别，等等。

除了教如何做客人之外，家长还要教孩子如何接待客人。比如，亲友来访时，听到敲门声要说"请进"，按称谓主动亲切问好，然后给客人拿拖鞋、让座；如果大人之间有事要谈，就要主动回避，不在一旁插话、缠着父母；有小客人来，主动拿出玩具给小客人玩；进餐时，客人未完全入席时，不得动餐具自己先吃；客人离开时说"再见"，并欢迎客人再来。

但是，幼儿在有亲友客人来访时，容易过度兴奋，变得"人来疯"。此时的幼儿就像换了个人，跑来跑去，又吵又闹，一味地表现自己，大人说话也不听，甚至会让家长和客人都下不了台，甚为尴尬。实际上，幼儿并非有意去做这些事情，他们只是不知道适宜的待客之道，不了解待客的礼仪规范。

此时家长不要当着客人的面批评、斥责孩子，警告孩子。正确的做法是教给孩子待人接物的礼仪规范，告诉孩子哪些是适宜的文明的礼仪行为，应该坚持，哪些是不宜的粗俗行为，必须改正。

三、爱惜物品

幼儿的社会性发展不仅仅体现在与人交往中，也体现在他们对待物质环境的态度中。成人常常通过对幼儿破坏性行为的禁止来教导幼儿爱惜物品①，帮助他们习得这一关键经验。幼儿破坏物品行为的背后有不同的动机。首先，强烈的好奇心驱使他们对物品进行探索，他们常常因专注于了解事物的构造而产生所谓的破坏行为，比如把玩具摔烂、拆开，把植物连根拔起，等等。其次，由于身体控制能力有限造成一些无意的破坏行为，比如不小心把饭碗打碎在地，把水和泥巴弄在衣服上。再次，幼儿在破坏物品过程中能即刻通过感官体验到自身行为的效果，能够迅速获得另外一种"成就感"和"满足的体验"，比如幼儿喜欢撕纸，并满足于撕纸的声音。

成人在引导幼儿学习爱惜物品的关键经验之时，要首先了解他们破坏物品的原因，给他们提供探索和发现的空间和机会。"受到人们珍爱的物件实际上由于亲近的感情而得到新生。比起人们毫不在意的东西，这些物件具有更高的真实性，这些物件摆放在那里不只是有序的，而且具有条理的一致性，在房间的物品之间，主妇的关照织就了联系遥远过去和未来岁月的纽带。"② 物品并不仅仅是一种物质性的存在，爱惜物品能够培养幼儿一种持久的关心和呵护的情感，物品蕴含着人们的回忆以及美好的期待。我们也会发现幼儿会自发地收藏一些"宝贝"，譬如邮票、石头、糖纸和叶子。这些看似不起眼地的东西倾注了幼儿的情感。另外，对物品的整理和收藏也能够培养幼儿的秩序感和生活自理能力。

---

① 刘为影. 农村家庭亲子互动过程中的幼儿规则教育个案研究 [D]. 南京：南京师范大学，2010.

② 内尔·诺丁斯. 始于家庭：关怀与社会政策 [M]. 侯晶晶，译. 北京：教育科学出版社，2006：159.

四、爱护环境

人的成长和生活离不开身处的自然环境和社会环境。幼儿主要的生活环境是家庭和幼儿园。家庭环境是人所生活的环境中最基本的单位，一个温馨舒适的家庭环境是幼儿健康成长的基本保障。家对我们的重要性是不言而喻的。"这是我们的第一宇宙，地地道道的一个真实的宇宙。当我们亲密地看着自己的家，再简陋的住所也是美的。"① 幼儿通过探索和了解自身所居住的家、社区环境，获得最初的归属感和自豪感。

幼儿园是幼儿从家庭进入社会集体环境中的第一次体验。幼儿通过与教师和同伴的长期相处，从最初的惧怕和陌生到熟悉和热爱。成人对幼儿爱护生活环境的引导不仅能够提升幼儿社会生活的品质，而且会促使幼儿产生更加积极的社会情感。当幼儿懂得了要去爱护自己的生存环境，爱护大自然、幼儿园和班集体的，爱护自己所居住的小区以及城市环境，他们的社会责任感与荣誉感便会逐渐获得增长，这两方面是幼儿未来作为一个健康文明的社会公民所必须具备的基本素养。

---

① 内尔·诺丁斯．始于家庭：关怀与社会政策 [M]．侯晶晶，译．北京：教育科学出版社，2006：158.

第六章

幼儿社会性发展的关键经验（三）：在与同伴的关系中

同伴是影响幼儿社会性发展的关键因素。根据对幼儿在同伴交往过程中行为的观察研究，我们发现，幼儿在与同伴的关系中获得的社会性发展的关键经验包括分享、合作、谦让、攻击、嬉戏、"我也"、嫉妒、告状、求助和安慰等。

第一节 分　　享

分享行为是人类的一种重要的亲社会行为，学会分享对于幼儿社会性的发展具有重要价值，培养幼儿的分享意识，促进其分享行为的发展是我国幼儿园社会领域教育的重要内容。

一、什么是分享行为

分享行为指幼儿主动、自愿与同伴共享某种资源，并从中获得愉悦体验和心理满足的一种社会行为。主动、自愿与他人共享和内心产生愉悦的情感体验是幼儿分享行为的重要特征。幼儿愿意与同伴共同使用、共同享受或者共同拥有自己的物品，主动与他人共享，使双方共享物品所有者的资源并使双方受益。分享行为的最终结果是资源的双方真正共有，而非把资源的所有权简单地转让给另一方。① 幼儿的分享行为主要包括分享玩具、食物、机会和空间等。

二、分享行为的发生前提

分享行为的发生受多种因素的影响，如幼儿的年龄特点、性别特征，以及期望拥有某种资源的意愿等，还有成人的指导和环境、资源。其中，幼儿意识到自己所拥有的"稀缺"资源，以及别人对拥有该资源的期待，可视为分享行为发生的重要前提。

幼儿园内幼儿可以接触到的资源除了幼儿园共有的资源，如班级内的玩具、图书，室外大型运动器械，以及使用这些资源的机会和占有的空间之外，还包括幼儿从家里带来的玩具、图书、动植物及它们的使用权。资源的有限性决定了必然有一部分幼儿临时占有资源，另一部分幼儿则无法拥有。幼儿能否意识到自己正在拥有的正是别人匮乏并且期望拥有的，决定了此情此景下幼儿分享意识和分享行为的发生。分享行为的发生既可能是幼儿主动发现并发起的，也可能是在同伴或教师的提示下发起的。

三、分享行为的特点

我们从年龄和性别两方面来看幼儿分享行为的特点。

（一）分享行为的年龄特点

幼儿的分享行为是什么时候出现的？不同的研究者有不同的看法。皮亚杰在 1932 年所做的观察记录中发现 8—12 个月的婴儿就已具有分享倾向。② 还有人对 12 个月的婴儿进行观察，发现婴儿会把物品、玩具放在人们的手上

---

① 嵇珺，刘晶波．幼儿分享教育的价值与实践改进 [J]．学前教育研究，2011（12）：52-57.
② 王文江．3—5 岁儿童分享行为发展现状及家庭培养 [D]．西安：陕西师范大学，2009：6.

或腿上，然后继续操纵这个物体，这被认为是分享行为的萌芽。但是，由于婴幼儿自我意识水平比较低，许多研究者认为他们不可能具备真正意义上的亲社会行为。普遍被研究者接受的观点是：儿童在 2—3 岁才会表现出亲社会行为。总体上来讲，儿童的分享行为是随着年龄的增长而日渐成熟的。

（二）分享行为的性别特点

男孩和女孩有相同的亲社会能力，但是，在亲社会行为的发生上，男孩和女孩存在细微的差异。[1] 人们通常认为，女孩比男孩更（或逐渐变得更）爱帮助人、慷慨和富有同情心。有研究表明，儿童作为利益主体的利他性分享行为存在显著的性别差异，女孩比男孩表现出更多的利他性[2]，女孩有时比男孩表现出更多的面部表情（表达同情）。但是，更多的实验或调查研究缺乏支持这个论点的证据。我们可以说，关于分享意识和分享行为的发展有没有性别差异尚无定论。

四、分享行为的功能

分享行为是幼儿在克服以自我为中心的心理的基础上，把快乐分给其他人、与他人共享自己的东西的行为。这种行为对提高幼儿自身素质、解决人际冲突、建设和谐的班级环境都有重要的价值。

（一）对个体发展的功能

分享行为意味着个体开始摆脱自我中心意识，接受他人可以与"我"共有某物的事实。随着分享行为的出现，个体心中不再仅仅有自我，而能够意识到他人的存在；不再只想到满足自己的需要，也能考虑到他人的需要。这恰恰证明了个体心智日趋成熟，内心不断强大，人格日益完善。分享行为是个体社会化的重要指标，是儿童社会性成长趋于成熟的重要标志。

① 马乔里·J. 克斯特尔尼克等. 儿童社会性发展指南：理论到实践 [M]. 邹晓燕，等译. 4 版. 北京：人民教育出版社，2008：514.
② 李德显. 幼儿分享意识、分享行为发展研究 [J]. 学前教育研究，2003（12）：16-18.

（二）对同伴关系的功能

分享行为意味着人的群体性和对他人的承认。通过分享，个体获得群体的认可和喜爱，被纳入群体之中，与群体建立起良好的情感联系。分享行为为幼儿赢得同伴的友善，得到更多同伴交往的机会。同时，不管作为分享行为主体的幼儿，还是作为分享行为对象的幼儿，在分享行为发生的具体过程中，都伴随着喜悦和兴奋的情感特征，有助于同伴之间更加友好、亲密。

第二节　合　　作

人的本质是社会的人，社会性是人的本质属性。人要在社会中生存和发展，就必须与他人合作。合作是一种社会互动和学习的主要形式与途径，是幼儿社会性发展的重要内容，是否具备良好的合作意识及能力将决定幼儿能否顺利融入同伴群体之中。

一、什么是合作行为

合作行为是指幼儿在与同伴互动过程中，两个或两个以上幼儿为了达到共同的目标与同伴相互配合和协调，试图实现共同目标的行为过程。需要指出的是，多个幼儿一起进行活动，并不一定就有合作行为发生，拥有共同的、既有利于自己又有利于他人的行为目标是幼儿合作行为的最主要特征。判断合作行为发生的基本标准是幼儿为实现共同的目标做出努力，而不只是在物理空间上集合在一起。

二、合作行为的发生和发展

梁欣洁通过观察法和访谈法对幼儿园幼儿合作行为进行质性研究，归纳出不同年龄阶段幼儿合作行为的发展特点。小班幼儿合作水平较低，目标不太明确，动机不太确定；合作过程缺乏同伴协商，需成人给予引导和帮助；活动策略单一；合作的时间相对较短。中班幼儿已经具备了一定的合作能力，合作动机强，合作行为较小班增多；合作过程中逐渐产生"小领袖"；合作策略增多，能用多种分工策略协调小组内部矛盾。大班幼儿合作意识逐渐增强，合作动机强烈，但幼儿合作行为发展不明显；合作过程可能出现任务分工与协商结果不一致的情况；合作策略多样化，合作行为的发生受同伴关系的影响。[1] 这与已有研究中幼儿合作行为和能力随年龄增加而逐渐增强的结论具有一致性。

三、合作行为的类型

已有研究对幼儿同伴合作行为的类型进行了细致的划分。综合已有研究，以下将从合作行为的策略和水平两个方面对同伴合作行为类型进行划分。

(一) 单向—控制型合作和双向—分享型合作行为[2]

这是根据幼儿同伴合作中运用的策略进行划分。单向—控制型合作行为指在合作过程中，幼儿通过命令指挥、威胁利诱策略企图改变对方的意愿和行为，或者使用主动搭讪、请求策略主动调整自己的观点和行为，以实现合作的意图和目标。

双向—分享型合作行为是指幼儿在合作过程中，能够考虑到合作双方，使用能够同时满足双方利益或者分工协作的策略达到合作的意图和目标。如遇到材料不够时，幼儿能够进行分享或者交换，以确保双方利益的满足，实现既定目标。

(二) 意向性合作、目标化合作、适应性协同和组织化合作[3]

这是根据同伴合作水平进行划分。意向性合作中的幼儿均表现出明显的

① 梁欣洁. 幼儿合作行为的发展与培养研究 [D]. 武汉：华中师范大学，2013：14-22.
② 王晓娟. 幼儿同伴合作类型研究 [D]. 长春：东北师范大学，2006：19.
③ 喻小琴. 幼儿同伴合作行为研究 [D]. 西安：陕西师范大学，2007：31.

合作愿望或意向，但合作意图不明，目标不明确，没有具体的合作行为，幼儿之间仍是一种独立平行的关系。确切地说，还称不上是一种合作行为。

在目标化合作过程中，幼儿的语言交流具有明显的针对性和计划性，产生了明确的合作意图和统一的合作目标，并围绕合作目标解决一些相关问题，但是组织性差。

适应性协同指合作双方具有了适应性相互反应，行为协调，体现出一定的序列性，语言交流明显具有针对性和计划性；已经显示出初步的合作技能，能领会对方的意图，并按照一定的程序去行动，做到相互配合，协调一致。

组织化合作指幼儿之间相互配合，以集体目标为中心，明确分工，合作进程显示出一定的组织性，这类合作是较高水平的同伴合作。

第三节 谦   让

谦让是中华民族的传统美德，是文明之礼。谦让行为作为一种亲社会性行为，是幼儿社会性发展研究领域中的一个重要课题。

一、什么是谦让行为

谦让行为指当幼儿之间因某种共同喜欢或需要的物品、角色、空间等资源而产生冲突时，一方主动让给他人的亲社会行为。[①] 要判定一个具体的谦让行为事件，必须具备以下三个条件。[②]

首先，事件主体即行为双方要同时在场，并且一方的行为要直接影响到另一方的行为而不需要借助中介环节。如果其中一方不在，则没有谦让，也不会有谦让行为事件的发生。

---

① 王任梅.5—7岁幼儿谦让行为研究［D］.南京：南京师范大学，2007：11.
② 刘晶波，王任梅.5—7岁幼儿谦让行为的界定及其总体特征分析［J］.早期教育（教育教学），2007（10）：7-9.

其次，互动双方彼此拥有共同利益或意愿，而在当时情境下只能有一个人先满足意愿，其中一方做出让别人先满足或者满足的行为，此时作为行为的施动者，表现出了谦让的行动，意味着此时不能满足需要或者必须延迟满足，另一方为行为的受动者，可以先满足需要。

最后，谦让行为事件是一次独立的互动过程，即在一次事件中，双方角色地位即行为施动者、行为受动者的角色是明确的，同时也有核心的互动主题，一旦互动主题改变，或互动角色发生了转换，就意味着另一次互动的开启。

二、谦让行为的类型[①]

按照不同的划分标准，幼儿谦让行为可以划分出不同的类型。

（一）功利型谦让和非功利型谦让

根据幼儿做出谦让行为的目的或动机，可以将幼儿谦让行为分为功利型谦让和非功利型谦让。功利型谦让是指谦让行为的主体做出谦让行为是有其他目的或者动机的，如为了得到老师的赞许或同伴的认可等。功利型谦让主要有以下几种情况：获得奖励或避免惩罚，以维护自己在老师心中的形象；维护自己在同伴心中的形象；满足自己最初的意愿。功利型谦让在本质上是一种"伪谦让"。

非功利型谦让行为是指谦让行为的主体没有其他目的或动机，是发自内心的真心实意的谦让。

（二）物质资源的谦让和非物质资源的谦让

根据幼儿谦让的主题，可以将谦让行为分为物质资源的谦让和非物资源的谦让。幼儿谦让行为的主题是一个谦让行为事件的核心，反映了谦让行为的施动者与受动者的共同利益或意愿，也反映了谦让的施动者所谦让的资源。

---

① 王任梅.5—7岁幼儿谦让行为的类型、特征及由此引发的思考［J］.幼儿教育（教育科学），2007（10）：41-44.

同伴互动中幼儿谦让行为的资源主要包括六类：物品、角色、空间、机会、玩伴和权利。

所谓物质资源谦让，是指幼儿之间的谦让涉及物质的使用或占有，如物品。所谓非物质资源谦让，是指幼儿之间的谦让涉及物质以外的其他资源的使用和占有，如角色、空间、机会、玩伴和权利等。

三、谦让行为的功能[①]

谦让行为对幼儿自身发展的功能既有正向的，也有负向的。

（一）正向功能

幼儿谦让行为对自身发展的正向功能主要表现在三个方面。

1. 人际功能

谦让行为能发挥润滑剂的作用，将同伴关系的不和谐因素扼杀于萌芽状态，从而有利于幼儿双方当前活动的顺利进行。

2. 心理功能

谦让行为事件的双方在谦让行为的具体进行过程中都突出地表现平和与兴奋的情感特征，尤其当谦让的行为对象显露出明显的高兴与满足的神情时，作为谦让行为主体的幼儿更会表现出由衷的愉悦。

3. 社会功能

谦让行为能帮助幼儿克服自我中心倾向，使幼儿敏感地意识到他人的需要，这是谦让对于作为个体的人的一种功能。

（二）负向功能

教师应警惕谦让行为的负向功能对幼儿成长和发展可能带来的消极影响。

1. 幼儿忽视自身权利

当同伴之间因某种共同喜欢或需要的物品、角色、空间等资源而产生冲

---

① 王任梅，刘晶波. 5岁~7岁幼儿谦让行为的功能及其发生机制分析［J］. 早期教育（教育教学），2007（10）：10-12.

突时，为了表现自己是个"好孩子"，或者为了得到老师的表扬，个别幼儿选择隐藏自己的真实想法，放弃争取自己应该得到的权益。

2. 幼儿丧失自我

有些成人常常用表扬来"贿赂"幼儿做出谦让行为，但是这种谦让行为只是为了投成人所好、使成人高兴并获得表扬的"伪谦让"。

3. 加剧经常接受谦让的幼儿的"自我中心"

合理的谦让能够抵制自我中心倾向带来的"唯我独尊"的心理，使谦让者意识到他人的需要，接受谦让者理解对方的好意。但是，过度的谦让，会使接受谦让者逐渐理所应当地得到自己喜欢的东西，从而加剧其自我中心倾向。

第四节　攻　　击

攻击行为是幼儿比较常见的一种社会性行为，是个体社会性发展的一个重要方面，也是个体社会化的一个重要指标。为了维护活动规则和保护人身健康，幼儿的攻击行为往往需要得到控制。但是，需要明确的是，攻击行为不等于反社会行为。

一、什么是攻击行为

目前，关于攻击行为的定义还没有统一的认识，不同观点之间争论的核心是：以伤害意图，还是以行为的方式或者行为的结果来下定义？综合已有观点，攻击行为指有意伤害他人（包括身体伤害或心理伤害）的行为或倾向，其核心特征为有意伤害性，同时，攻击通常还会涉及愤恨或想要伤害他人的情绪或内部心理状态。

二、攻击行为的类型

根据不同划分标准，可以划分出不同的攻击行为类型。

（一）工具性攻击和敌意性攻击

根据行为的动机不同，哈吐普（W. Hartup）把攻击行为分为工具性攻击和敌意性攻击。① 所谓工具性攻击，是指儿童为了获得某个物品而做出抢夺、推搡等动作，如一个幼儿为了得到玩具而把另一个幼儿推倒。这类攻击行为不是故意给对方造成伤害，而是为了争夺某个物品，把攻击作为手段或工具。敌意性攻击则是指向人的，其根本目的是打击、伤害他人。

（二）反应性攻击和主动性攻击

根据行为的起因不同，可以把攻击行为分为反应性攻击和主动性攻击。反应性攻击是对威胁、伤害或挫折的反应，是行为者在受到他人的推搡、辱骂等后做出的愤怒的、敌意的攻击性行为，如一个幼儿对殴打或辱骂过他的同伴采取敌意的、报复性的行为。主动性攻击指行动者在未受到伤害的情况下主动发起的攻击性行为，主要为了获得物品、社会权利或欺负。

（三）直接攻击和关系攻击

根据行为表现形式的不同，可以把攻击行为分为直接攻击和间接攻击。直接攻击包括身体攻击和言语攻击两种类型。身体攻击是指包括通过击打、推搡、直戳、抓、掐、咬或射击等方式对他人造成身心伤害。言语攻击则是指使用语言给他人造成伤害，如辱骂、嘲笑、羞辱、起外号和取笑等。②

关系攻击是指将他人排斥出社会群体，恶意操纵或破坏他们的社会关系，或是破坏他人的社会地位。通常关系攻击是通过第三方来实施攻击行为，包括散布谣言、唆使打人、游戏活动排斥等。

---

① 张文新. 儿童社会性发展 [M]. 北京：北京师范大学出版社，1999：337.

② 罗斯·D. 帕克，阿莉森·克拉克-斯图尔特. 社会性发展 [M]. 俞国良，郑璞，译. 北京：中国人民大学出版社，2014：302.

表 6-1　幼儿攻击行为类型一览表

攻击行为	动机	工具性攻击	为了获得某个物品而做出抢夺、推搡等动作
		敌意性攻击	打击、伤害他人
	起因	反应性攻击	对威胁、伤害或挫折做出的愤怒的、敌意性反应
		主动性攻击	为了获得物品、社会权利，欺负
	表现形式	直接攻击	身体攻击：击打、推搡、直戳、抓、掐、咬或射击
			言语攻击：辱骂、嘲笑、羞辱、起外号、取笑
		关系攻击	散布谣言、唆使打人、游戏活动排斥

三、欺负行为

欺负（bullying）是攻击行为的一种特殊表现，这种攻击方式表现为在某种关系中反复滥用其权力。欺负行为与一般攻击行为相比具有以下三个特征：①激惹性（有意性）；②重复发生性；③欺负者和被欺负者之间力量的不均衡性。[①] 在形式上，欺负行为可以分为直接欺负（打、踢、推搡、威胁、嘲弄、辱骂、起外号）和间接欺负（散布流言、全体排斥）两种类型。欺负会给欺负者和被欺负者都带来负面的影响。欺负者可能产生行为问题，形成攻击型人格，而被欺负者则可能遭到其他同伴的排斥，导致较低的自尊心和自信心。虽然欺负行为在幼儿身上很少见，但是在幼儿园中确实存在欺负行为，教师需要时刻关注。

四、攻击行为的发展特点

（一）攻击行为的性别特点

性别是攻击行为差异的一个重要因素。在幼儿阶段，男孩比女孩更具有挑衅性，参与直接人身攻击活动（如击打、推搡和绊倒别人，辱骂、嘲弄、威胁别人）的可能性更大。男孩比女孩更"热衷"于进行直接的身体攻击，

---

① 张文新. 儿童社会性发展 ［M］. 北京：北京师范大学出版社，1999：366.

这一结论得到跨文化研究的证明。女孩更可能对攻击行为持否定态度，倾向于采取具体、简单的关系攻击，如排斥、忽视等。即使如此，女孩的关系攻击频率并不是远远高于男生，而是相差无几。

（二）个体攻击行为差异的稳定性

男孩和女孩的攻击行为都非常稳定。一个在幼儿阶段就被评定为具有高攻击性的人，长大后很可能同样如此，并更可能在成年后触犯法律。但是，只是很少一部分人在童年早期极具攻击性，并持续一生。

五、攻击行为的价值

攻击行为常常伴随着激烈的身体接触，极有可能对攻击行为事件的双方造成不可估量的身体和心理伤害。因此，在幼儿园教育情境中，攻击行为是不被允许并且被教师极力制止的行为。但是，这并不意味着幼儿的攻击行为没有任何社会性价值。同伴之间的冲突不仅有助于幼儿了解如何有效地发动和终止相互攻击，而且这些经验还为幼儿提供了有关社会秩序的信息，其中包括社会成员与他们的财产之间关系的信息。

第五节　嬉　戏

嬉戏行为可以追溯到动物界中动物的嬉戏。"所有的动物都是喜欢角力、相互追逐、相互捕捉、相互戏弄等游戏的。许多游戏可说是教育小动物在长大时应当采取的适当行为的学校……"①

---

① 克鲁泡特金. 互助论 [M]. 李平沤, 译. 北京：商务印书馆, 1963：60.

一、什么是嬉戏行为

同伴嬉戏行为是指幼儿借助语言、身体动作、面部表情和外界物体与同伴之间进行的一种社会性游戏。该种行为没有什么规则，不涉及角色分工，彼此以对方为娱乐对象，带有幽默、玩笑、逗乐的性质。参与者都能感受到身心的愉悦，情景上具有随意性，时间上具有即时性、短时性，除了活动本身以外没有明显的外在目的。[①] 需要注意的是，只有当互动双方都感受到身心的愉悦时，他们之间的互动才能被界定为嬉戏行为。

二、嬉戏行为的起因

嬉戏行为得以发生的关键刺激是"笑点"，其在幼儿的愉悦体验中起着关键的作用。

（一）禁忌话题

幼儿之间在进行嬉戏时常涉及一些关于社会、身体的禁忌话题，如身体发出的声音、排泄物、脏话，以及起外号、讽刺他等其他侵犯行为。

与日常行为规范相悖的新鲜刺激、对有关禁忌行为的有意尝试、关于身体的禁忌话题都易给幼儿带来兴奋的情绪和愉快的反应。另外，幼儿喜欢"攻击""嘲笑"他人的原因还与幼儿的自我中心有关，幼儿常常毫不掩饰地直接嘲笑别人样子的怪异、说错的话等。

（二）对外物感性特征和标记的曲解、发挥

根据皮亚杰的认知发展理论，幼儿的思维处于前运算阶段，以表象性思维为主，主要是用感官来感知周围的事物。因此，不协调的现象、胡言乱语、怪声、夸张的动作及称呼的变换都会令幼儿发笑。

[①] 高丽.4—6岁幼儿同伴嬉戏行为研究 ［D］.南京：南京师范大学，2005：11.

（三）　游戏本身的乐趣

幼儿嬉戏行为从属于游戏范畴，因此，某些幼儿之间的嬉戏行为是游戏本身的乐趣在吸引他们。游戏是幼儿最喜欢的活动，同伴之间的某些嬉戏行为可以说是最纯粹的游戏，幼儿将自己投入其中，对某一主题进行即兴的发挥，不为外在目的所制约，只是单纯地享受游戏本身带来的快乐。

（四）　以身体接触为主要特征的相互逗引

在以身体接触为主要特征的同伴嬉戏行为中，对方的反应是幼儿获得快乐体验的源泉。行为的发出者在心中对对方的反应有模糊的估计，也有一个期待，对方的反应不管是否和自己的估计、期望相符合都能给幼儿带来快乐。如果符合，可以给幼儿带来成功的快乐；如果不符合，则带来了新奇刺激。

三、嬉戏行为的功能

（一）　嬉戏行为的幽默功能

众多有关幽默的研究强调最多的就是不协调——与现实不协调、与期望不协调、与常规不协调等。而幼儿在他们的胡言乱语、做鬼脸及对禁忌话题的幻想处理中首先感受到的就是不协调，当幼儿认识到这种不协调只是发生在自己的幻想、目前的玩笑情境中时，就能从对这些不协调的思索中领会出幽默来。

（二）　嬉戏行为的生理功能

所有人在成长的过程中都会遇到忧虑和苦恼。带有逗乐、玩笑性质的同伴嬉戏行为可以帮助幼儿放松压力，缓解紧张和忧虑。幼儿在面对严格的一日常规、教师的权威、同伴的排斥以及无聊的等待和内心的焦虑时，借助嬉戏行为可以放松心情，不会因为负面情绪的过多积累而造成状态的失衡，从而有利于幼儿身心健康成长。

（三）嬉戏行为的人际功能

幼儿同伴之间的嬉戏行为有利于他们之间建立平等、亲密、友好的关系。同伴嬉戏行为积极的、正向的情感特征可以迅速拉近幼儿之间的距离，形成亲密关系，从而营造安全、舒适的感觉，进一步促进人际交往。另外，幼儿同伴嬉戏行为还可起到润滑的作用，减少、解决同伴之间的矛盾冲突。

（四）嬉戏行为的审美功能

席勒认为，游戏的过程就是审美的过程。我们同样可以说，嬉戏作为一种最纯粹、最本质的游戏，把幼儿从物质和精神的束缚中解脱出来，其创造性和愉悦性使幼儿体验自由意志的实现带来的美。

第六节 "我也"

根据马斯洛的需要层次理论，幼儿具有归属的需要和被同伴群体接受的需要。幼儿发出"我也"行为，大都是为了在同伴那里塑造良好的形象，表示想与别人建立一种有意义的关系，想加入同伴群体。

一、什么是"我也"行为

在一个互动事件中，当出现一个幼儿在与其他幼儿互动的过程中说"我也……""我家也……""我的也……"等语言行为时，我们将这一事件判定为"我也"行为事件。[①]

---

① 孙永霞.幼儿"我也"行为研究［D］.南京：南京师范大学，2008：14.

二、"我也"行为的类型

幼儿的"我也"行为在日常生活中出现得比较多。以动机和内容为标准，幼儿的"我也"行为可以划分为不同类型。

（一）求同型、认同型、炫耀型和攀比型

每一个人的交往活动都由一定的交往动机所引起，并指向一定的目标。因此，动机是一个"我也"行为事件的核心，是划分不同"我也"行为事件的基本尺度。

1. 求同型"我也"行为

所谓求同型"我也"行为，指幼儿发出"我也"行为是为了表达自己想要或将要和别人有同样的想法、物件或能力。

求同型"我也"行为主要包括以下几种情形。①

（1）表达意愿

这是幼儿为了加入其他幼儿正在进行的游戏或活动而表达自己想法的一种行为。这种类型的"我也"行为主要有以下几种情况：因想加入游戏而发出的"我也"行为，因想占有同样的资源而发出的"我也"行为，因想改变自己的状况而发出的"我也"行为，对未来的计划进行安排而发出的"我也"行为。

（2）赌气

此类"我也"行为中，幼儿发出"我也"行为是因为和对方赌气，是对对方语言行为的一种条件性反应。在这类"我也"行为事件中，双方并没有什么不愉快的事情发生，"我也"行为是一种条件性反射，只不过是一种语言上的回击，是为了获得心理上的平衡，目的是维护自己的尊严。

（3）寻求关注

某一幼儿希望自己和别人一样得到教师或他人的关注而发出"我也"行为，具体包括为寻求同伴的关注而发出"我也"行为，为寻求教师的关注而

---

① 孙永霞．幼儿"我也"行为研究［D］．南京：南京师范大学，2008：14-28.

发出"我也"行为。

2. 认同型"我也"行为

认同型"我也"行为指幼儿因认可和赞同别人态度和行为而发出的"我也"行为。这一类型的"我也"行为主要分为因认同别人的态度而发出的"我也"行为、因自己想法与对方不谋而合而发出的"我也"行为。

3. 炫耀型"我也"行为

炫耀型"我也"行为指幼儿看到某一实物而向同伴炫耀自己也拥有同样的东西的一种行为，如看到同伴拿了一辆崭新的赛车，幼儿纷纷说"我也有赛车"。

4. 攀比型"我也"行为

攀比型"我也"行为指当幼儿听到其他小朋友有某样东西或者某种能力后，说自己也同样有相同或是更多的东西或能力的一种行为，主要有两种情形，即因物质比较而发出的"我也"行为和因能力比较而发出的"我也"行为。

（二）其他类型

按照"我也"所包含的具体内容是肯定还是否定，可以将幼儿"我也"行为划分为肯定型"我也"行为和否定型"我也"行为。按照教师是否在场，可以将幼儿"我也"行为划分为教师在场型"我也"行为和教师不在场型"我也"行为。

表6-2 "我也"行为类型一览表

"我也"行为	动机	求同型	表达意愿型
			赌气型
			寻求关注型
		认同型	
		炫耀型	
		攀比型	
	内容	肯定型	
		否定型	
	教师是否在场	教师在场型	
		教师不在场型	

三、"我也"行为的特点

"我也"行为从内容、事件过程和表现看具有不同的特点。

（一）从"我也"行为内容来看

"我也"内容具有丰富性。幼儿的"我也"行为几乎无时不在，游戏时间、集体教学时间、过渡时间，只要有同伴互动的地方，就有可能出现幼儿"我也"行为。而且，"我也"内容丰富多样，涉及生活和学习的方方面面，如"我家也有……""我也是……"等。另外，肯定型"我也"多于否定型"我也"。

（二）从"我也"行为事件过程来看

幼儿的"我也"行为常常受到情境的左右，当情境变化时，幼儿的"我也"行为也会改变。"我也"行为过程往往容易导致攀比，当幼儿发现自己在某个领域或某个方面比不过对方时，会选择新的比较维度来维护自我，这就需要幼儿根据情境来不断调整策略。

（三）从幼儿在"我也"行为事件中的表现来看

幼儿的"我也"行为具有较大的从众性，容易受到其他幼儿或在同伴中具有权威性的幼儿的影响，缺乏明确的目标，顺从他人意志。幼儿的自我意识逐渐发展，向同伴展示自我，炫耀自己的物品、知识、能力，是其自我发展的需要。

第七节 嫉 妒

许多成人认为，幼儿之间没有成人社会的攀比、竞争，不该有嫉妒心理。

但是研究资料显示，当不满周岁的婴儿看到母亲给其他婴儿哺乳时，会出现心律加速、面色潮红等不安反应，甚至会哭闹起来。随着年龄的增长，幼儿的嫉妒情绪会更加明显。

一、什么是嫉妒行为

幼儿嫉妒行为是指幼儿把自己与其他小朋友作比较而产生的消极情感体验，指当幼儿看到他人在某些能力、受欢迎程度、与教师和好朋友的亲密程度比自己强，自己却无法拥有或胜过时所产生的一种不安、烦恼、痛苦、焦虑、怨恨，并企图破坏他人优越状况的行为。

二、嫉妒行为的类型

划分嫉妒类型有利于我们更深入地了解幼儿的嫉妒行为。结合幼儿园教育情境和相关理论，幼儿嫉妒行为可以分为社会比较嫉妒和关系嫉妒两大类。

（一）社会比较嫉妒

社会比较嫉妒是个体与他人比较，发现自己在才能、名誉、地位或境遇等方面不如他人而产生的一种由羞愧、愤怒、怨恨等组成的复杂情绪状态。[1] 在社会比较嫉妒中，幼儿体验到了自尊威胁，面临竞争者拥有自己想拥有却没有的东西，产生消极的情感及行为。

（二）社会关系嫉妒

社会关系嫉妒指的是一个人与另一个人之间已有的某种重要关系面临丧失，而被第三者（通常是人）得到时个体所体验到的情绪。[2] 在社会关系嫉妒中，幼儿体验到了关系威胁，因面临失去有价值的关系而产生消极的情感及行为。

---

[1] 徐焕璟，张金荣.5~6岁幼儿公平理解对其嫉妒发展的影响 [J].未来英才，2015 (7)：1-3.
[2] 徐焕璟，张金荣.5~6岁幼儿公平理解对其嫉妒发展的影响 [J].未来英才，2015 (7)：1-3.

📚 **案例**

"你是不是我兄弟？"①

阅读时间，冬冬、王子和小雪坐在一起看书，三人不时地交流自己图书上的内容。冬冬拿着自己的迷宫图书站起来，让坐在他对面的小雪看自己图书上的迷宫。冬冬一边指着迷宫一边和小雪嘻嘻地笑着。王子也想看，并试图把书往他的方向拉，但是冬冬总是躲着不让王子看到。王子努力了几次后停下来，看着冬冬生气地说："你是不是我兄弟？"冬冬愣了一下，把书摊在桌子上，三人一起看了起来。

案例中冬冬和王子是好朋友，当冬冬和小雪一起看书而忽视甚至有点排斥王子后，王子很生气。在这个过程中，王子体验到了和冬冬的好朋友关系受到了威胁，并质问冬冬"是不是我兄弟"。进入幼儿园后，同伴关系和师幼关系已经成为继亲子关系之后对幼儿来说非常重要的两对关系。在亲子关系中，幼儿体验到的是无条件的关注。而在幼儿园中，幼儿要面临的是和其他同伴共享教师和好朋友的关注，更有可能体会到由关系威胁而带来的嫉妒。

三、嫉妒行为的影响因素

在幼儿园中，同伴之间因嫉妒而引发冲突的情况非常普遍，这种情感如果蔓延或激化，幼儿就很难协调同伴关系，很难在生活中保持心情愉悦，并会增多烦恼与痛苦。了解嫉妒产生的原因，有利于教师理解幼儿的嫉妒心理并正确对待幼儿嫉妒行为。

---

① 案例来自张平观察记录.

（一）幼儿的年龄特点

每个人都会有嫉妒心理。幼儿的思维具有自我中心性，情绪反应强，自控能力差，缺乏理性思考的能力，从而更容易将嫉妒心理外显为嫉妒行为，如希望独占教师和好朋友的关注，希望拥有他人不具备或无法拥有的东西。

（二）家庭教养方式

家庭是幼儿社会生活的第一站，亲子关系在幼儿的社会性发展中扮演着重要角色。在"四二一"家庭结构下，溺爱是当今很多家庭教育中存在的问题。然而，溺爱不利于幼儿自我的形成，容易使其形成"唯我独尊"的心理，使幼儿不能理解别人的需要，独占欲强，以为没有自己得不到的东西。一旦出现别人有某种东西而自己没有，或者父母和教师对别人的关注多于自己，就会产生嫉妒心理。

（三）教师的教育困境

在幼儿园中，教师是促进幼儿社会性发展的重要他人，教师对幼儿能力、努力和行为表现的肯定是幼儿建立自尊、正确认识自我的重要条件。但是，过低的师幼比给幼儿园教师的工作带来了极大的挑战，其中最主要的一点就是教师无法公平地关注每个幼儿。当教师这个"天平"出现倾斜的时候，幼儿的嫉妒心理就容易产生。

第八节　告　　状

一、什么是告状行为

告状行为是指幼儿在他们自己认为受到同伴的侵犯或者发现同伴的某种行为与幼儿园的集体规则、教师的某项要求不相符合时，向教师发起的一种互动行为，突出的目的是要借助教师权威的力量影响、约束、改变、阻止同伴的行为。[①]

二、告状行为的发生前提

通常情况下，告状行为的发生要具备三个基本条件：其一，必须有三方主体即"原告""仲裁人""被告"存在；其二，"被告"必须对"原告"直接实施某种侵犯性行为，或者间接地对"原告"的某种利益造成了不良影响，比如影响了"原告"的生活环境或者是生活秩序等；其三，"仲裁人"对于"原告"和"被告"具有绝对的权威，也就是说"仲裁人"的仲裁必须能够得到"原告"和"被告"的认同。只有满足了这三个基本条件，告状行为才能得以发生。

三、告状行为的类型[②]

（一）行为冲突困境告状和价值冲突困境告状

就滋生告状行为的情境来说，我们把幼儿的告状行为分为行为冲突困境

---

① 杨翠美.4—7岁幼儿告状行为研究［D］.南京：南京师范大学，2007：12.
② 杨翠美.4—7岁幼儿告状行为研究［D］.南京：南京师范大学，2007：17-26.

告状和价值冲突困境告状。

1. 行为冲突困境告状

指幼儿在自身的安全与利益受到同伴行为威胁的情境下发生的，旨在使受侵犯幼儿本身摆脱困境的告状行为，如桌面游戏中发生抢夺玩具材料的时候，幼儿到教师面前说："老师，××拿走了我的雪花片。"这是"原告"和"被告"之间由于资源占有不均引发行为冲突而产生的告状行为。

2. 价值冲突困境告状

幼儿告状并非因为自己的利益受到直接的侵犯，而是同伴的做法与自己所认同的行为规范或是价值取向相背离，旨在维护规则，如向老师揭发小朋友浪费食物的行为，是出于对规则、规范或与自己认同的价值的维护而引发的告状。

（二）求助型告状、求赏型告状、求罚型告状、试探型告状和陈述型告状

幼儿告状行为的动机是一个幼儿告状行为事件的核心，是划分不同告状行为事件的基本尺度。

1. 求助型告状

这是幼儿为了求得教师公正解决纠纷或请求保护而产生的告状行为，它在幼儿的告状行为中占有很大比例。在集体活动中，幼儿之间可能出现意见不合、争夺玩具、互相冲撞、以强凌弱等纠纷。当这些纠纷发展到一定程度时，一方或双方就会向教师告状。

2. 求赏型告状

求赏心理是幼儿较为常见的一种心理，尤其是当同伴出现"违规行为"时，大多数幼儿一旦发现就会迫不及待地向教师告状。这是幼儿为了让教师关注自己的表现而产生的告状行为。

3. 求罚型告状

在此类告状行为中，幼儿告状的动机是告发、报复或嫉妒对方，告状的目的是希望教师"主持公道"，借助于教师的权威去惩罚对方，表现为一种以"批评对方"或"罚"对方为满足的心理状态。

4. 试探型告状

这是幼儿为了试探教师的态度而产生的告状行为。有时幼儿并未和谁发生冲突，却告某人发生了某一行为，其目的是想试探一下教师对这一行为的态度。假如教师对此不否定，那么，告状的幼儿也会马上做出类似的行为来。

5. 陈述型告状

指幼儿处于某一种情境中，能根据教师的言语或行为对当时的情境进行判断，及时向教师告状，陈述一种事实或对同伴的行为进行评价（多采用消极评价）。这类告状的目的并不是让教师惩罚对方，也不是与对方有利害冲突，只是希望教师能够意识到或者明白对方的错误行为。

四、告状行为的价值

幼儿告状行为的本质在于维护、保护自己，同时"削弱"他人（主要指同伴）。无论是希望获得教师的奖赏，还是希望教师惩罚侵犯自己的人或是惹起自己消极情绪的人，其根本都是在保护自己，它是幼儿保护自我不受侵犯的一种最为快捷、最为有效的方式。

告状行为还有助于幼儿的自我表现，有助于满足他们"对赞扬和认可的需要"。科尔伯格发现，人类早期的道德发展阶段之一是好孩子定向阶段。幼儿的良好行为是为了获得赞许并维持与他人的良好关系。通过告状行为可以使自己的行为不违规，而告发或陈述他人的（消极）行为是为了增加教师对他人的坏印象，从根本上凸显自己，让自己在教师的眼中看起来是"好的"，让其他人在教师的眼中看起来是"坏的"。这是由幼儿受"对赞扬与认可"的需要驱使而表现出的好孩子倾向。

第九节　求　　助

一、什么是求助行为

求助行为是幼儿在面对自我困境时向他人寻求帮助的行为策略。[1] 幼儿在幼儿园一日生活中会遇到在其解决问题能力范围之外的困境，这会给个体的心理造成不同程度的压力，使其产生一定的情绪反应。幼儿可以通过向外界求助来摆脱困境。

二、求助行为的类型

言语和非言语的动作、眼神、哭喊都是人与人之间交流的工具，幼儿正是凭借这些工具向他人传达着求助的意愿。

（一）言语求助

发出求助行为的幼儿用言语的形式表达自己所处的困境或者渴望获得他人帮助的愿望。根据幼儿使用言语表达求助愿望时语气的不同，可以进一步把言语求助分为以下三类。[2]

1. 陈述式

幼儿以陈述句的形式告诉求助对象自己当下面临的困境，并不明确表达自己渴望得到对方帮助的想法，但有时为了较快地摆脱困境造成的紧张感，他们也会以哀求的语气试图唤起求助对象的同情或怜悯，希望自己的这种表达方式能打动对方，最终获得对方的帮助。如在娃娃家游戏中，幼儿诚恳地

① 魏蕾. 幼儿求助行为研究［D］. 南京：南京师范大学，2005：5.
② 魏蕾. 幼儿求助行为研究［D］. 南京：南京师范大学，2005：13.

向同伴请求借用一下炒菜用的锅。

2. 疑问式

幼儿以疑问句的形式向求助对象表达自己当下所处的困境，暗示倾听者帮助自己，或者直接以恳求的态度询问求助对象能不能、可不可以帮助自己。这种疑问句中带有商量的语气，如："哎呀，我的积木用完了，有谁能给我一些呀？"

3. 喊叫式

幼儿用大声呼唤的形式引起求助对象的注意，在这种情况下，一般求助对象会循声而来，尤其是幼儿呼唤教师的时候，教师随之会询问具体的情况，也会做进一步的解释。有时，幼儿喊叫式求助会起到震慑"侵犯者"的作用。

（二）非言语求助

幼儿以言语之外的方式表达求助意图，主要有眼神式求助、动作式求助、哭喊式求助。

1. 眼神式

幼儿以求助甚至是哀求的眼光注视着求助对象，渴望对方能读懂自己眼神里求助的意思。这种求助方式需要求助对象有较强的敏感性，因此，一般是教师对这种求助做出回应。

2. 动作式

幼儿以动作如推、拉、碰等方式表达自己的求助意愿。教师和幼儿在长期的接触中，十分熟悉彼此的动作和眼神所蕴含的意义，因此幼儿通过动作表达求助意愿能够得到教师的理解和回应。

3. 哭喊式

幼儿以哭喊的方式向求助方发出类似请求支援的信号。由于教师承担着照料幼儿在园生活和安全的职责，所以教师对这种求助方式特别关注，幼儿一哭就证明事态比较严重，教师会立即做出反应。

三、求助行为的功能

具体到幼儿现实求助行为中，幼儿良好的社会性及个性的发展体现为对社会规则的掌握、人际交往技能的获得、自我保护意识的建立，以及良好个性的形成。

（一） 有助于幼儿对必需知识和操作技能的掌握

由于幼儿个体差异的存在，个别幼儿在学习知识和掌握技能的过程中遇到困难并出现求助行为，将有助于教师调整教学方式，有针对性地对幼儿进行个别辅导和帮助，从而使每个幼儿都能获得必需的知识和技能，不会落后于整个班集体。

（二） 有助于幼儿交往技能的提高

求助是幼儿处于自身无法解决的困境时向他人寻求帮助的行为，而求助对象愿不愿意帮助在很大程度上取决于求助幼儿的交往技巧，即使用怎样的求助方式，能最终赢得求助对象的同情和帮助。幼儿在不断的尝试性求助过程中会主动调整交往技巧。

（三） 有助于幼儿对社会规则的掌握

幼儿有时会选择以告状的形式向他人求助，如："老师，××抢走了我的雪花片。"这类求助基本上是由幼儿自身利益受到侵犯引起的，这说明幼儿在与同伴的交往过程中，对于一些必须遵守的社会规则还没有完全领会或自觉遵守。教师在积极地处理这一类求助事件时，对于侵犯者的幼儿，可以明确必须遵守的社会规则，减少侵犯他人的行为；对于被侵犯的幼儿，可以帮助其树立正确的维权意识。

（四） 有助于幼儿之间亲密关系的建立

幼儿在向同伴发出求助行为时，倾向于选择与自己关系密切的伙伴，如午休起床时，无法独立穿上外套的幼儿走到自己的好朋友身边，说："你能帮我拉一下袖子吗?"穿好衣服，两人低头很开心地说着笑着。这一方面说明了幼儿之间的友谊开始萌芽，另一方面，由于作为求助方的幼儿更容易从亲密伙伴那里获得帮助，从而增强了幼儿之间的亲密关系。

第十节　安　　慰

一、什么是安慰行为

安慰行为是指幼儿觉察到同伴的消极情绪状态，如烦恼、忧伤和痛苦等，并试图通过语言、行动或物品使同伴消除消极情绪状态，变得高兴起来的亲社会行为。我们通常认为，幼儿是被呵护和被保护的对象，其实，他们天生就有一颗关心他人的心，随着年龄的增长，幼儿愿意、也能够安慰和关心他人。

二、安慰行为的发生前提

安慰行为的发生需要具备以下两个要素：第一，知觉到同伴的消极情绪；第二，通过一定的技巧使他人的消极情绪得到改善。

根据皮亚杰的理论，幼儿是以自我为中心的，他们很少站在别人的角度思考问题，很少去体会别人的感受，除非同伴通过比较明显的方式表达自己的情绪，如哭泣。

具备一定的安慰技巧是幼儿安慰行为有效缓解同伴消极情绪的重要保证。幼儿通常使用语言、身体动作或以给予物品的方式安慰同伴。

三、安慰行为的类型

根据幼儿安慰同伴的方式，我们把幼儿安慰行为分为语言安慰行为、动作安慰行为和物品安慰行为。

（一）语言安慰行为

语言安慰行为是指当幼儿觉察到同伴的消极情绪时，试图通过语言劝告、询问情况、转移注意力等方式，帮助同伴摆脱消极情绪，重新快乐起来。

劝告是幼儿最常见的安慰方式，通过说"别哭了""不要这么不开心"等话语来安慰同伴，使同伴停止哭泣。不哭了就代表不再难过，这是幼儿的思维模式。

询问情况是指幼儿通过问同伴"你怎么了""你怎么哭了""你发生什么事儿了"来安慰同伴。幼儿询问同伴"你怎么了"并不是真的了解同伴消极情绪发生的原因，而是幼儿心理理论发展的表现，即幼儿开始认识到哭只是伤心的表现，一定有什么事情使他这么难过。

转移注意力是幼儿通过向不开心的幼儿说一件搞笑的事情、邀请同伴一起游戏等方式使同伴从消极情绪中走出来。

（二）动作安慰行为

动作安慰行为是指当幼儿觉察到同伴的消极情绪时，通过拥抱、拉手、擦眼泪、逗引等方式表示关心，以使同伴高兴起来。语言安慰和动作安慰有时会同时发生，即幼儿在说"别哭了""你怎么了"的同时，拉住同伴的手或者给予拥抱、帮助擦拭眼泪。有时，幼儿也会什么都不说，默默地站在同伴身边。幼儿也会因为同伴的伤心和哭泣而出现焦虑的情绪，这时他们也会去逗引同伴，让同伴发笑，从而使同伴和自己同时摆脱消极情绪。

（三）物品安慰行为

物品安慰行为是指当幼儿觉察到同伴的消极情绪时，通过给予同伴喜爱的玩具、食物的方式使同伴摆脱消极情绪。小班幼儿在通过物品安慰同伴时，会把自己喜欢的物品给同伴，很少考虑到这个物品同伴是否喜欢。虽然这一行为显示出幼儿的自我中心，但是幼儿为了安慰同伴愿意舍弃自己喜欢的物品，恰恰说明了他们对同伴的关心。

四、安慰行为的功能

安慰行为是幼儿自发的对同伴表示关心的一种亲社会行为，但是相比于分享、合作等亲社会行为，安慰行为得到的关注显然不足。一方面是因为幼儿安慰行为较少出现，另一方面，由于安慰行为发生的隐蔽性和即时性，教师无法及时捕捉并强化幼儿的安慰行为。但是，安慰行为对幼儿社会性发展具有重大价值。

安慰行为有助于幼儿与同伴建立亲密联系，促进同伴交往。安慰行为的发出者富有爱心和同情心，安慰行为的接受者也能感觉到同伴对自己的关心并做出回应，同伴交往双方在安慰行为事件中体验彼此的关心，拉近彼此间的心理距离。另外，同伴之间发生的安慰行为可以有效调节幼儿情绪，使教师从"眼观六路，耳听八方"的压力中稍微解放出来。

第七章

幼儿社会性发展的关键经验（四）：在社会文化中

幼儿社会性发展是在文化传递过程中进行的，幼儿必须在特定的社会与文化环境中形成适应社会与文化的人格，掌握社会所公认的行为方式。社会文化涉及幼儿生活的方方面面，影响着幼儿社会性的发展，也蕴含着大量社会性发展的关键经验。

第一节　社会机构

从幼儿的生活活动空间来看，与他生活息息相关的各个社会机构和机构中的各种角色构成了幼儿社会生活的重要组成部分，同时影响着幼儿社会性发展的关键经验。陶行知认为，人们生活的空间就是他受教育的场所，"马路、弄堂、乡村、工厂、店铺、监牢、战场，凡是生活的场所，都是我们教育自己的场所"①。各个场所中的职业角色则代表着一套有关职业行为的社会标准，体现着职业自身的内在要求和社会赋予的角色期望，是社会文化的体现。

---

① 陶行知全集（3）[M]. 长沙：湖南教育出版社，1985：27.

一、社会机构的分类

张宗麟先生将幼儿社会课程的内容分为七类活动，其中一类为"关于生活卫生、家庭邻里、商店邮局以及其他公共设施和名胜古迹等方面"[①]。陈鹤琴在《幼稚园课程标准》中也指出，儿童对家庭、邻里、商铺、邮局、救火组织、公园和交通机关等社会组织的观察研究和当地的名胜古迹的游览是幼儿社会和常识的主要内容[②]。根据社会机构与幼儿生活联系的紧密度，我们把社会机构分为三类。

（一）和幼儿日常衣食住行相关的社会机构

在日常生活中，幼儿经常能够接触到各种各样的社会机构，如医院、银行、超市、理发店、小吃店和汽车站等，还有这类社会机构的从业者，如医生、柜员、售货员、理发师……。这些社会机构和职业角色与幼儿的日常生活联系比较紧密，如幼儿在医院里出生，定期去医院接种疫苗。幼儿会经常随父母或其他养育者出入这些社会机构，他们对这类社会机构和职业角色比较熟悉。

（二）和幼儿学习、娱乐相关的社会机构

在学习、娱乐生活中，幼儿经常能够接触到诸如图书馆、科技馆、博物馆、展览馆、新华书店、电影院和儿童乐园等社会机构。这些社会机构主要倾向于对幼儿学习兴趣和娱乐需求的满足。随着现代家庭社会经济水平的提高，这类社会机构在幼儿的日常生活中已经占据着越来越重要的地位。和第一类社会机构相比，这类社会机构对进入其中的人都有相应的行为规范，如在图书馆不能大声喧哗、不能在图书上乱涂乱画等。

（三）幼儿较少接触但与其生活密切相关的社会机构

这类机构包括消防队、养老院、气象站、地震局和公安局等。这类机构

---

① 杨卫卫. 张宗麟幼稚园社会课程研究 [D]. 南京：南京师范大学，2006.
② 唐淑. 我国幼儿园社会领域教育初创阶段研究略述 [J]. 学前教育研究，2006（2）：8-10.

尽管实际上也与幼儿的生活关系密切，但是由于这类机构工作性质的特殊性，幼儿在平时相对难以接触到。

二、社会机构与幼儿社会性发展的关系

作为社会性的人，幼儿在生活中无时无刻不与周围环境中的机构和人产生互动。在参与社会生活的过程中，幼儿认识有关社会机构和职业角色，了解相关机构和职业，并逐渐萌发对各类职业的尊重，学会在机构中做出适宜的行为。

（一）了解不同社会机构和职业角色

不同的社会机构具有不同的名称、社会功能、标识或特殊的求助方式和从业者，不同的职业角色有不同的服装和工作要求。在日常生活中，幼儿通过参与相关机构的活动，逐步知道这些机构的名称、基本功能，如知道气象局是报告天气情况的，消防队可以灭火；认识一些机构特有的标识，如医院的标识、银行的标识和交通标识；知道一些重要机构的求助方式，如110报警电话、119消防电话、120急救电话；理解社会机构中的一些基本行为规则，如公共场所不能大声喧哗；了解不同职业角色的职责，如医生救死扶伤。

（二）尊重不同职业角色的劳动成果

幼儿通过了解不同社会机构的运行方式和不同职业角色的工作职责，认识到这些机构和角色与自己的生活息息相关——人们的衣食住行离不开这些工作者的辛勤劳动和无私奉献，如消防员、警察、厨师和快递员等；每种职业都为人们的生活提供方便、带来保障，让人们生活得更好。让幼儿逐渐懂得，应该尊重人们的劳动成果，知道所有的工作都是平等的，学会尊敬和感激这些机构和工作者为我们提供的一切。

（三）遵守行为规范

不同的社会机构和职业角色都有一套相应的行为规范，幼儿通过自己的

切身体会认识到这些行为规范，并在自己的日常生活中践行，如在超市结账时要排队，公共场合不能大声喧哗，外出时遵守交通规则，等等。幼儿既是社会活动的参与者，也是社会规范的践行者。

三、利用社会机构促进幼儿社会性发展

社会机构不仅为幼儿社会性发展和教育提供了大量丰富的社区物质资源，同时也提供了各类社区机构中所蕴含的多样化的人力资源和文化资源，对幼儿社会性发展有着重要影响。

（一）增加幼儿社会认知和社会规则的学习

社会认知主要是指对自己的认知、对他人的认知、对社会环境和社会活动的认知、对社会行为规范的认知以及对社会文化的认知。[①] 将社会机构作为幼儿社会教育的资源，可以充分利用它所带来的丰富资源拓展幼儿对社会环境的认识。

在利用社会机构促进幼儿社会性发展的活动中，幼儿园可以请不同社会机构的工作人员进入幼儿园，如请解放军叔叔讲讲他们平时的部队生活，表演走正步、敬礼等活动；请消防员叔叔来园讲述自己平时的工作，并带来灭火工具，现场表演如何灭火；等等。幼儿园组织这样"请进来"的社会活动，不仅能够大大拓展幼儿社会教育的课程资源，而且也让幼儿在与真实的社会机构工作人员的互动中获得丰富的社会认知。同时，社会机构融入幼儿的社会教育，也为幼儿了解和掌握一些基本的社会规则提供了空间。例如，幼儿园可以带幼儿去超市购物或博物馆参观，帮助幼儿在真实的社会环境中观察、模仿，体验如何有序排队，学习公共场合需要遵守的社会规则等。

教师可以将社会机构中的社会教育资源，通过幼儿园的角色游戏渗透到对幼儿的社会教育中。角色游戏要求幼儿按照自己所能理解的社会需要承担角色，并把某种社会角色最主要的品质加以形象化，在游戏中生动地再现各

---

① 冯淑娟. 幼儿园利用社区资源进行社会领域教育的研究［D］. 上海：华东师范大学，2007.

种不同角色行为，表现对角色及其规范的认同，并且逐渐将这种社会角色规范由外部规范内化为内在品格。例如，扮演火车上的乘务员，检票，报站，打扫卫生，帮助乘客找座位或提东西；扮演教师带领小朋友上课、洗手、吃饭、午睡、联系家长等；扮演警察，救火、抓小偷、指挥交通；扮演咨询台的护士耐心地告诉病人，他要去的科室在哪；扮演售货员找零。① 正是在这样的角色游戏中，幼儿模仿各种职业角色的行为，增强职业角色意识，学习相应的角色规范，实现自身的社会性发展。

（二）培养幼儿的社会情感和适宜的社会交往技能

人与人的情感是在与他人互动中逐渐萌生和形成的。幼儿的学习与生活是一个整体，脱离了生活的、僵死的教育只会抹杀幼儿对身边人和物的热情。瑞吉欧的教育就以关系为基础，超越了教育机构本身，将社会中有价值的资源纳入教育体系中，并通过他们与其他系统的沟通交流，使得教育不仅体现了对幼儿成长和发展的意义，同时也充分体现了教育对家庭和社会发展的辐射功能以及借助教育追求一种民主社会的意义。瑞吉欧的教育超越了传统中对幼儿教育的工具性定位。

社会机构中的生活使得幼儿的生活与学习自然融为一体，让幼儿从小置身于一种自然的、直观的、社会化的情境当中，能够有机会在真实的生活中与多样化的他人互动，对于培养幼儿积极的社会性情感、提高幼儿社会化水平具有潜移默化的作用。为此，教师应主动带着幼儿走出去，例如让幼儿走进敬老院，通过让幼儿给爷爷奶奶表演节目、分享自己喜欢的事物、听爷爷奶奶讲故事等方式，学习与老人的交流方式。这种活动不仅可以拉近幼儿与陌生老人的距离，还能够激发幼儿关心自己身边老人的意识，培养幼儿尊老、爱老、助老、敬老的良好品德。

角色游戏是集体游戏，需要以幼儿的合作能力为基础。幼儿在角色扮演中要保持一定的合作，只有角色协调一致，游戏才能顺利进行。如有教师就有学生，有医生就需要病人或护士，有服务员或厨师就要有顾客……，只有各个角色各尽其职，才能形成共同游戏。在这一过程中，幼儿相互协调配合，

---

① 刘瑛. 儿童社会化教育中的角色游戏 [J]. 新疆教育学院学报，2003（3）：34-37.

共同发展。角色游戏是社会的缩影，反映社会实践内容。在角色游戏中，幼儿模仿成人的交往方式、交往内容和交往艺术，正是在这一过程中，幼儿获得了更多的社会行为基本准则。在很大程度上，幼儿是通过同伴交往，首先学到个人拥有什么，和别人分享什么，如何请求别人的允许，以及轮流等概念。[①] 通过角色游戏，幼儿学习人与人交往的技能，练习处理人际关系，发展自主性，逐渐适应社会生活。

第二节　人生仪式：婚丧寿庆

社会文化赋予个体生命成长的每个阶段以特殊的象征意义，通过举行人生仪式，个体与他人都能够感受生命的成长和意义并获得不同的情绪情感体验。幼儿在生活中不可避免地会作为主角或作为观者参与人生仪式的过程。成人可以利用人生仪式对幼儿进行社会教育，促进幼儿社会性发展。

一、人生仪式：婚丧寿庆的习俗

个体从出生到衰老的生命成长历程常常被划分为几个具有鲜明特征的年龄阶段，如儿童、少年、青年、壮年和老年等。从心理学的视角来看，人的发展是持续终生的，"人的一生经历一系列的发展阶段，每个阶段都具有各自的特点。阶段意味着发展的特定时期思维、情感及行为发生的质变"[②]。从文化社会学的视角来看，人每个成长阶段的转折点都被赋予浓厚的社会文化意义。仪式承载着社会文化所规定的价值和意义，并通过形式内化社会规范。不同的社会文化通过人生仪式赋予个体成长的重要转变一种象征意义。学者

---

① 华爱华. 幼儿游戏理论 [M]. 上海：上海教育出版社，1998：202.
② 伯克. 伯克毕生发展心理学：从0岁到青少年（第4版）[M]. 陈会昌，等译. 北京：中国人民大学出版社，2013：8.

盖涅普（Arnold van Gennep，1873—1957）将人生仪式称为"通过仪式"①，意味着用仪式来见证个体经历旧的阶段到达某个新的阶段。

　　不同社会文化中的人生仪式各有差异，在中国传统文化中具有普遍性的人生仪式有寿诞礼、婚礼和丧礼。而在现代社会中，也有因个体成长中某些重大事件所延伸出来的以年为周期的纪念日，如恋爱纪念日、毕业纪念日和结婚纪念日等。中国自古以来就讲究礼仪规范，早在上古伏羲时代，五礼就初步形成。② 五礼指"吉礼、凶礼、军礼、宾礼和嘉礼"③，其中与个人生命成长密切相关的婚礼和寿诞礼属于"嘉礼"，而丧礼则是"凶礼"。

　　作为汉族传统文化精粹之一的婚礼习俗，源于几千年的文化积累。婚礼在古代中国称为"昏礼"，因为古人认为黄昏是吉时，所以会在黄昏行娶妻之礼。《仪礼·士昏礼》中规定结婚礼仪为"六礼"，从求婚到订婚再到迎亲需要经历六个程序：纳采、问名、纳吉、纳征、请期和亲迎。④ 中国的传统婚礼一般以红色调为主，红色是吉祥和喜庆的象征，而婚礼上祝福和孝敬也渗透在每一项仪式中。现代由于受到西方文化的影响，很多婚礼中的色调以白色为主，象征着纯洁和美好的祝福。

　　世界上众多民族都有对个体成长到某一年龄阶段进行庆祝的仪式，以一年作为周期对诞辰的纪念表达了人们对生命的热爱和珍惜，以及对生命历程的回溯和反思。诞生礼是对母亲从育儿状态到生育子女状态的一个重大转折的纪念，也是对新生命的祝福。由于中国传统重男轻女的性别观，《诗经·小雅》中描绘生了男孩，"载寝之床，载衣之裳，载弄之璋"，用以表示尊贵和有德；生了女孩，"载寝之地，载衣之裼，载弄之瓦"，用以表示卑顺。宋代产后行"落脐炙囟"的仪礼，以表示完全脱离孕期残余，正式进入婴儿期。诞生礼的过渡期礼仪很多，满月、百天，直至周岁，大体为一段落，这期间要行剃发礼、认舅礼、命名礼（乳名）和抓周礼等。抓周后，每年要用五色线束古铜钱制锁，行挂锁礼，又称"锁关"，以求结实、平安，直至十

① 夏征农，陈至立.大辞海：民族卷［M］.上海：上海辞书出版社，2012：506.
② 胡大军.伏羲密码：九千年中华文明源头新探［M］.上海：上海社会科学院出版社，2013：221.
③ 谢谦.国学词典［M］.北京：中国人民大学出版社，2011：127.
④ 李衡眉.先秦史论集［M］.济南：齐鲁书社，1999：208.

二岁方才解锁"开关"。^①在中国古代，从童年进入到成年阶段也是重要的转折，中国古代的男子成人礼称为冠礼，女子成人礼称为笄礼。在氏族社会，男女青年发育成熟时都要参加"成丁礼"，然后才能成为本氏族的正式成员。"礼始于冠，本于昏，重于丧、祭，尊于朝、聘，和于射、乡。"^②中国文化有尊老的传统，对于老人的生日格外重视。一般老人的生日称为"做寿"，寿即年龄大的意思。《尚书·洪苑》提出五福为寿、福、康宁、修好德、考终命，把寿摆在第一位。在寿庆中，子女和亲朋好友会为老人送去贺礼以示祝福，因此寿庆也是传统的敬老习俗。

对生命的诞生和新成长阶段的纪念是一种令人感到愉悦的喜庆活动；对生命死亡的纪念令人体悟到"失去"和"终结"是生命必经的阶段，个体因此感受到身心的痛苦。丧葬习俗是与死亡相关的人类创造的社群活动中多种特质文化的复合体。不同的民族、不同的地域丧葬仪式不同，例如丧葬形式有土葬、火葬、天葬和水葬等。但是无论哪种丧葬习俗，都共同体现出生者对死者的尊重、哀悼和怀念，体悟生命和生活的意义。

二、人生仪式与幼儿社会性发展的关系

幼儿的教育是与他们的生活融合在一起的，中国传统民俗中的人生习俗也因此成了幼儿生活中的一个重要部分。幼儿在日常生活中通过参与身边亲人或者邻居的婚丧寿庆，获得了对这些习俗初步的社会认知和情感体验，这种认知和情感体验进而延伸到儿童日常生活的其他方面，并以儿童特有的活动方式体现出来，影响着儿童的社会性发展。

幼儿所经历的人生仪式有诞生礼及由生命诞生延伸出来的九天、百天、周岁和生日的纪念等。虽然幼儿自身亲历的人生仪式并不多，但幼儿生活在由成人主导的复杂多样的文化社会环境中，可以通过观察和参与身边成人的人生仪式，获得对于人生命成长和文化风俗习惯的认知，获得不同仪式带来的情绪情感的体验。

---

① 乌丙安.民俗学丛话［M］.长春：长春出版社，2014：100.
② 杨华.楚国礼仪制度研究［M］.武汉：湖北教育出版社，2012：1.

（一） 作为人生仪式主角的幼儿

幼儿的认知发展处于感知运动阶段，语言也处于发展的早期阶段，成人对其进行的人生仪式，如诞生礼、百天和周岁纪念等，具有浓厚的社会文化意义，表达成人对生育和生命的祝福和期盼。幼儿虽然是人生仪式的主角，但自身并不能够认知和体验这种人生仪式的意义。过生日的仪式对幼儿自我意识的发展有促进作用，幼儿在过生日时感受到亲人对自己的关爱、父母和自己对成长的祝福和期待，获得幸福快乐的积极情绪体验。另外，每一年的生日都能够不断丰富幼儿对成长和生活的认识，使其获得一种成长的成就感和自信。

（二） 作为人生仪式参与者的幼儿

幼儿自身作为主角的人生仪式并不太多，但是幼儿身边生活着不同年龄阶段的人们，他们各种各样的人生仪式都成为幼儿学习社会文化的契机。譬如中国汉民族传统结婚仪式中，新郎去女方家迎亲，备好的轿子中要坐一个小男孩来"压轿"，这个男孩叫作"压轿童子"。在西方婚礼上，新人走入婚姻殿堂时，一般会有儿童撒花祝福，这是儿童作为主要参与者来体验结婚仪式。结婚需要宴请亲朋好友，幼儿常常跟随长辈参与婚宴，并观看婚礼的过程。在中国的结婚仪式中，人们会通过楹联表达祝福，使用枣、栗子、花生、筷子和鱼等象征物预祝新娘新郎早生贵子，延续生命。幼儿通过这样的习俗仪式会初步感受到一个生命的个体最初是如何来的，初步感知自己的生命与父母的关系。

在长寿礼仪中，人们因为个体生命的活力和持续而表现出浓郁的祝福和感恩情结，无不让幼儿感受到生命的活力给人带来的幸福，进而初步意识到生命存在带给人的力量。这种生命意识不仅会让幼儿朦胧感受到生命的意义，同时也会使其更加珍惜生命。

丧葬意味着个体生物性生命的终结，即死亡。死亡是每个个体生命必然要经历的一个阶段，但是由于人们对于死亡的恐惧心理而往往会让死亡话题成为一个禁忌，尤其是对儿童。儿童对死亡概念和过程的认识与其发展水平相关。儿童体会到的悲伤与成人有很大的不同，他们能否理解死亡基于以下五个要点：永久性、必然性、终止性、适用性与因果性。死亡的永久性是指生命死去就不再活过来。死亡的必然性是指所有有生命的东西最终都要死亡。死亡的终止性是指所有的生命功能，包括移动、机体过程、思想和情感都会因死亡而停止。死亡的适用性是指死亡只适用于有生命的东西。死亡的因果性是指死亡是因为机体功能的破坏。① 有研究者发现，儿童对死亡过程的理解要经历三个明显的阶段。3—5 岁为第一阶段，这一阶段儿童认为死亡仅仅是死者离开了"这个"地方，但他仍在"其他"地方活着。5—9 岁为第二阶段，这一阶段的儿童相信死亡是完全可以避免的，是不会发生在自己身上的。9—10 岁为第三阶段，这一阶段的儿童已理解到死亡是永久的、不可避免的，所有的生物都会如此。② 儿童由于对死亡的认知水平低，相比成人情绪调节能力差，面对身边的死亡尤其是自己亲人的死亡，往往会表现出长时间的焦虑、烦躁等不安情绪，严重的甚至出现行为倒退，并且持续产生期待死亡亲人回归的心态。事实上，丧葬礼仪给儿童提供了比较好的社会教育契机，儿童通过参与或观看邻居或者非父母这样至亲的丧葬礼仪，可以亲身感受死亡也是生命发展的必然阶段，从而理解个体生命发展的规律。

通过人生仪式习俗，幼儿不仅能初步感受个体生命的开始，也体验到个体生命持续所带来的力量以及个体生命终结的必然性，这种初步完整的生命意识对于幼儿理解自我、理解他人和事物具有不可忽视的价值。

三、利用人生仪式促进幼儿社会性发展

张宗麟在《幼稚园的社会》中指出，婚丧寿庆是幼稚园儿童社会教育的好时机。他认为用社会学的眼光评论起来，实在都不应该有什么隆重的举动。因为婚姻是法律问题，丧是纪念先人，寿更是微不足道，除非活了七十岁以上的老人还能健康生活才值得庆贺，其他四十、五十实在不应该庆贺。不过现代中国社会习尚竟以此三者最为隆重的举动，于是影响到孩子。我们常常可以看到孩子在朝阳的檐下，女的戴花做新娘，男的做新官人等结婚游戏。

---

① 伯克. 伯克毕生发展心理学：从青年到老年（第 4 版）［M］. 陈会昌，等译. 北京：中国人民大学出版社，2013：233.

② NAGY M. The child's theory concerning death ［J］. *Journal of Genetic Psychology*，1948（73）.

倘若遇到什么小鸡死了，他们也会替它出殡，安葬。[1] 社会发展至今，幼儿玩结婚游戏，自己喜欢的小动物死了后很伤心地给它安葬等场景依旧常见，这些无不体现出人生仪式习俗对幼儿社会性发展的影响。人生仪式为成人引导幼儿认识民族文化、人的生命和自我，获得情感体验创造了条件。成人可以利用人生仪式促进幼儿在社会认知和社会情感方面的发展。

（一） 促进幼儿对人生仪式的认知

在举行仪式期间，成人可以给幼儿讲述关于人生仪式的习俗知识，如中国传统文化中的结婚、祝寿的礼俗，以满足幼儿的好奇心，丰富幼儿的见识。在幼儿园中，教师不仅可以通过课程来让幼儿全面地了解人生仪式，也可以为幼儿提供关于人生仪式的角色游戏材料，如过生日中的生日蛋糕、蜡烛，男孩女孩扮演新郎和新娘结婚的角色游戏材料。幼儿通过结婚游戏，能够体会到父母的社会角色，感知父母和个体生命之间的关联，并通过游戏中的角色分工感受责任和关怀。

（二） 促进幼儿对人生仪式的情感体验

人生仪式作为民俗和个体生活中的重要仪式，一般是和某个具体事件相结合，该事件往往又会使人产生某种积极或者消极的情绪体验。人生仪式恰好可以给个体内部情绪的调节提供契机。民俗文化是潜藏在人的心理深处的调节机制，使人能反视自己行为的动机，自觉地调节自己的行为。[2] 而且，人生仪式为人们创造了许多外部的调节方式，如：在婚庆中，人们通过欢笑和游戏等传递幸福、愉悦的情绪和对爱的表达，从而宣泄多余的能量，使自身内部达到相对平衡的状态；在丧葬礼仪中，人们往往通过哭泣等方式表达对逝者的哀悼和怀念，仪式过程中体现出极大的悲伤情绪。同时，人类不是个体的存在，他需要自身所在的族群对自己有认同感，需要和族群的其他人进行交流和沟通。人生仪式为人们分享共同的地域习俗模式、生存方式提供了途径，并在共情宣泄中达到彼此的认同，产生归属感。

---

① 张宗麟. 幼稚园的社会 [M]. 北京：海豚出版社，2012：91.
② 柴楠. 中国民俗文化的宣泄功能研究 [D]. 沈阳：辽宁大学，2006.

在参与人生仪式习俗的过程中，成人在这些习俗中的情感表达不仅可以帮助幼儿提高对多元环境的情感理解，而且为幼儿的情绪表达提供了榜样行为，也使幼儿在与他人分享共同地域的人生仪式习俗中找到归属感和满足感。

第三节 节　　日

节日指纪念日和传统的庆祝或祭祀的日子。[①] 节日作为人类文化活动中的重要组成部分，成为社会学或文化学层面内在生活周期中反复出现的集中展现、承袭某种文化内涵的特殊的精神、理念、记忆与符号。[②] 可以说，节日是文化的重要载体和表现形式，传递着某一社会的价值规范，塑造着个体成为某一社会的成员。

一、节日的分类

节日总体上可以分为传统节日、新型节日和外来节日，每种节日又可有多种分类。[③]

（一）传统节日

传统节日是一个民族文化经过长期历史沉淀而形成的一年中有特定时间的重要日子。根据节日主题不同大致可分为三类。

祭祀、祈福类传统节日。这类传统节日以祭奠祖先、祭祀神灵和祈福祛灾等仪式习俗为标志，承载着人们对祖先的敬畏及对未来生活的美好憧憬，如清明节、端午节、七夕节、中秋节和重阳节等，其中最典型的就是清明节、

---

① 中国社会科学院语言研究所词典编辑室. 现代汉语词典 [M]. 6 版. 北京：商务印书馆，2012：661.

② 赵娅婷. 西方节日本土化中的国人文化心理分析 [J]. 剑南文学（经典教苑），2011（4）：226.

③ 徐新博. 节日的教育功能 [D]. 济南：山东师范大学，2014.

端午节、中秋节和重阳节。如：在清明时节插柳条、扫墓等都属于对祖先等的祭祀活动；端午节包粽子，南方地区有赛龙舟的活动；中秋节吃月饼、赏月，期盼家人团圆；重阳节与家人登高、插茱萸以求多福。

庆祝、娱乐类传统节日。这类传统节日以庆贺、娱乐活动为标志，通过各种娱乐活动放松身心，加强情感交流，促进社会群体的认同感，如春节、元宵节等。春节是全家团圆的日子，吃饺子、守岁、穿新衣、拜年、走亲访友；元宵节有灯会、地方特色的文艺演出、踩高跷舞龙舞狮等，到处弥漫着喜悦的气氛。

纪念日。这类传统节日多以重大政治事件为标志，带有鲜明的政治色彩和思想教育性，如妇女节、劳动节、建党节、国庆节、名人的诞辰或逝世纪念日等。这类节日有助于人们树立国家意识，增强民族责任心、自信心等爱国情感。

(二) 新型节日

新型节日突破了传统节日必须在特定的时间内举行的框架，根据需要，自主设定时间、主题内容、仪式等。[①] 新型节日主要是以地方特色、地域名称、名胜古迹、物产资源为主要特征形成的节日，如××蔬菜节、××聊斋节、××戏剧节、陶瓷艺术节和孔子文化节等。

(三) 外来节日

外来节日是指在我国流行开来的一些西方节日，如万圣节、感恩节、圣诞节、父亲节和母亲节等。

二、节日与幼儿社会性发展的关系

节日作为幼儿园社会领域教育内容的重要组成部分，无疑能够促进幼儿社会性的发展。节日对幼儿的社会性发展的影响，主要表现在有关节日的认知、情绪情感、行为规范三个方面。

---

① 徐新博. 节日的教育功能 [D]. 济南：山东师范大学，2014.

（一）认知

节日中包含着丰富的历史文化故事、神话传说和风俗习惯等民族文化，能够促进幼儿社会认知的发展。

首先，节日的起源丰富幼儿的社会认知。节日的起源有历史传说起源、农事活动起源、宗教祭祀起源和原始崇拜起源等[①]，这其中包含着丰富的历史故事、神话传说，有助于丰富幼儿对民族文化历史的认知，对国家与个人、个人与集体之间关系的认知，对中华民族优秀传统中艰苦奋斗、勇敢等优秀品质的认知。其次，节日角色定位丰富幼儿的认知发展。从节日结构看，节日就是人与自身、人与他人、人与群体的关系性的存在[②]，包含着丰富的节日角色认知。因此，节日能丰富幼儿对自我、身边的重要他人及相互关系的感知与理解，如：儿童节能够认识到自己很能干；母亲节能够认识到妈妈爱我，妈妈很辛苦；重阳节则能加深对爷爷奶奶、外公外婆的了解等。最后，节日中的节日习俗丰富着幼儿的社会认知，如春节要扫尘、拜年、吃团圆饭，端午划龙舟、吃粽子等。

（二）情绪情感

节日能够促进幼儿情绪情感的发展。情绪情感是幼儿社会性发展中重要内容。[③] 情绪是情感的基础，情绪往往指喜、怒、哀、惧等短暂的和爆发性情感；而情感具有稳定、持久的特征，如爱、认同感、感恩等。[④] 德国文化学家皮柏认为节日的本质是爱[⑤]，换句话说，节日在承载社会文化的同时，更是爱——情绪情感的集中表达。

首先，节日中充斥着欢乐、悲伤等情绪，能够丰富幼儿的情绪体验。如：春节中热闹喜庆的节日氛围，能够使幼儿产生愉快、喜悦、乐观等情绪体验[⑥]；清明节中庄严、悲伤的节日氛围，能够使幼儿体验到严肃、伤心等情

---

① 何静. 幼儿传统节庆文化教育的价值与途径探究 [D]. 济南：山东师范大学，2011.
② 廖冬梅. 节日的教育功能探析 [D]. 重庆：西南大学，2006.
③ 张文新. 儿童社会性发展 [M]. 北京：北京师范大学出版社，1999：49.
④ 何静. 幼儿传统节庆文化教育的价值与途径探究 [D]. 济南：山东师范大学，2011：21.
⑤ 皮柏. 节庆、休闲与文化 [M]. 黄藿，译. 北京：生活·读书·新知三联书店，1991：28-31.
⑥ 徐粉. 传统节日启蒙教育对幼儿非智力因素培养的研究 [D]. 济南：山东师范大学，2012：22-23.

绪，从而帮助幼儿认识、理解和处理情绪，促进幼儿社会性发展。其次，节日人伦帮助幼儿情感表达。传统节日往往重视协调人伦关系，如祭祀祖先、走亲访友、朋友聚会（如十月朝暖炉会）、敬拜师长等①，幼儿能够感受到家庭生活的温馨和谐、邻里之间的互尊互敬，学会处理与长辈等他人之间的关系，学会与他人进行情感的交流、沟通与表达。如：母亲节，会自己做小礼物送给妈妈表达自己的爱，跟妈妈说"我爱你"；重阳节，通过自己做力所能及的事情、帮爷爷奶奶做事情，表达对爷爷奶奶的爱；等等。最后，节日能够促进幼儿高级社会情感的发展，如：重阳节时社区给老年人送福利，商家给老年人优惠，年轻人给老年人礼物，这种尊老的氛围，让幼儿在无形中萌发了尊敬老人的情感；春节时合家团圆，亲人团聚，幼儿更能体会到自己是家庭中一员，产生认同感和归属感。

（三）行为规范

节日能够促进幼儿行为规范的习得。一般认为行为规范是在日常生活和工作中用来协调人们言行的社会基本规范、法律规定的总和。② 节日中包含有非常多的行为规范、礼仪要求，如中国古代非常复杂的礼仪要求是集中体现在节日民俗活动之中的，幼儿正是在年复一年周期性的重复中，习得了社会所要求的行为规范。

首先，节日要素中最重要的节日仪式有助于幼儿形成良好的社会行为习惯。③ 节日仪式是在特定的文化中被人们认同的文化，体现着群体成员的共有价值观、行为规范和生活方式，在人们心中具有无形的约束力。如春节中给长辈拜年，说吉祥话、磕头，幼儿会不自觉地学习、模仿节日仪式，潜移默化地掌握了本民族的生活方式、行为习惯和价值观念，并内化为自觉遵守的集体规范，进而约束和规范幼儿行为，实现社会化。其次，节日中的禁忌帮助幼儿习得本民族的社会行为规范，如春节时不许说不好听的话，要说吉祥话"过年好"等。幼儿在各种禁忌之中，学会了为本民族文化所接受的社会规范，从而发展了社会性。

① 马福贞. 节日与教化：古代岁时俗信性质和社会化教育功能研究 [D]. 开封：河南大学，2009：96.

② 田园. 大学生行为规范现状研究 [D]. 太原：中北大学，2014.

③ 李峰. 节日的功能及其社会学隐喻 [J]. 河南社会科学，2008（7）：115-117.

三、利用节日促进幼儿社会性发展

节日具有促进幼儿社会性发展的重要价值，那么在幼儿园中教师是如何利用节日来促进幼儿社会性发展的呢？下面以中班"春节"主题活动为案例具体说明。①

案例

中班主题活动：春节

目标

1. 了解、体验民风民俗，亲历庆祝活动的各个环节。

2. 进一步了解有关春节、元宵节的各种庆祝方式。

3. 了解属相的传说，知道十二生肖的顺序。

4. 能以积极愉快的情绪和一定方式参与节日活动过程，如找"福"、扫尘等。

5. 加深对春节、元宵节的体验。

教学计划

第一周活动	第二周活动
活动一：新年传说	活动一：大拜年
活动二：新年到了	活动二：扫尘
活动三：剪窗花	活动三："福"到了
活动四：属相的故事	
第三周活动	第四周活动
活动一：花灯谣	热热闹闹的元宵节
活动二：欣赏自制的花灯	
活动三：大家来看灯	注：该活动为全园性的大活动
活动四：热闹的元宵节	

---

① 蔡萍，丁卫丽．幼儿园节日课程［M］．南京：凤凰出版传媒集团，江苏教育出版社，2010.

（一）节日认知

在第一周活动一"新年传说"、活动二"新年到了"和活动四"属相的故事"中，教师通过讲故事、播放有关春节民俗的录像资料等方式，引导幼儿了解春节的有关历史传说、民俗习惯等。

（二）情绪情感

在最后的高潮活动"热热闹闹的元宵节"中，采取庆祝活动的方式，邀请爸爸妈妈到幼儿园一起过节，在欢快愉悦的气氛中促进幼儿情绪情感的发展。比如在"元宵宴""练习拉歌""玩民间游戏""扭秧歌"等环节，以游戏、艺术表现等幼儿喜欢的方式，让其感受到节日的快乐，体会到与爸爸妈妈、教师、小朋友一起过节的欢乐，从而引发出幼儿对中国传统节日的喜欢和认同，逐渐由情绪的萌发到情感表达再到情感的升华，促进幼儿社会性情感的发展。

（三）行为规范

在"扫尘""剪窗花""大拜年"等活动中，幼儿都是以亲身体验的方式践行着节日行为规范，如：在"大拜年"活动中，幼儿分别向幼儿园里的小朋友、教师和其他工作人员拜年，并学说吉祥话；"扫尘"活动中，幼儿参与幼儿园的扫灰尘活动，并且在"剪窗花""'福'到了"等活动中，以艺术表现的方式学习春节期间的各种民俗习惯，促进了幼儿对社会行为规范的认知。

第四节　民族文化

一、民族文化的分类

中华民族是由 56 个民族组成的共存共荣的民族，每个民族在其发展历史中都形成了各自独特的民族文化。每个民族的文化都具有本民族鲜明的特色、风格，表现着本民族特有的认知和情感等；从中华民族整体来看，各个民族又具有中华民族统一的民族特征。[①] 56 个民族承载的丰富多彩的文化表现了各个民族不同的文化表达方式、生活方式、思想方式等，共同构成中华民族文化丰富的内涵。

（一）饮食文化

在饮食文化方面，不同民族之间存在差异。从食物来看，如维吾尔族、塔塔尔族、乌孜别克族等喜食拉面、馕和抓饭，满族喜食萨其马、蜂糕等。[②] 从饮食礼仪来看，不同的民族也表现出不同的礼仪文化。例如，朝鲜族吃饭时要以老人为先，老人举匙开始吃了，全家才能吃饭。如果有美味，必须要等老人回来一起吃。再如蒙古族和尊贵的客人见面时，礼节十分隆重，主人会为客人准备美酒和奶制品并且在地界处等候迎接，见面时主人还会给客人敬酒和献哈达，表达主人对客人的热情和真诚。离别时，主人也要到地界处送行，并要敬酒献歌。通过这些礼仪要求，可以培养幼儿良好的行为习惯。

（二）服饰文化

通常，不同的民族有不同的民族服饰。民族服饰具有区域性和标志性的特性，它不仅体现着民族的物质文化，而且反映着民族的精神文化，与其生活习惯、色彩喜好和审美情绪等有关。例如，少数民族服饰从款式上来看，大体上可以分为长袍和短衣两类。穿袍子的民族一般会戴帽子、穿靴子，而袍子形式也多种多样。穿短衣的民族多会缠帕着履，如傣族男性上身为无领对襟或大襟小袖短衫，下面穿净色长裤，多用白色、青色布包头。另外，民族服饰和其生活环境也有密切关联。如蒙古族、藏族等多以牲畜皮毛为材质，他们服装的风格是宽袍大袖、厚实庄重。南方少数民族地区则主要以自织麻布和土布为材料，衣裙多短窄轻薄、生动活泼。总之，风格的多种多样体现着少数民族服饰文化的特点。

[①] 邓菲菲. 幼儿园中华文化启蒙教育课程内容的选择与分类研究 [D]. 济南：山东师范大学，2012：16.

[②] 赵海燕. 学前教育民俗文化课程研究 [D]. 重庆：西南大学，2012：142.

（三）建筑文化

不同的民族根据各自所在地区的气候条件和经济水平等建造了不同格局和不同风格的房屋，例如蒙古族住的蒙古包、藏族的碉房、傣族的竹楼等。这些房屋的形状以及房屋上的装饰等各有特色，从不同角度折射出民族文化的多样性，是各个民族文化象征的重要内容。

（四）节日庆典

节日庆典的形成过程也是一个民族文化不断凝结的过程。不同的少数民族由于其生活习俗、精神信仰等历史文化的不同，所庆祝的节日以及节日礼仪都有差异，节日庆典往往具有极强的地域性和民族性。例如，侗族的播种节是为播种顺利、秧苗易长、秋天丰收而过；在傣族的泼水节上，人们用清水相互泼洒，祈求洗去过去一年的不顺。不同民族节日庆典中的文化内涵以及文化礼仪都是民族文化多元性的充分体现，成为幼儿了解其他民族文化的载体。

（五）艺术表现

艺术是民族文化的精华。不同的民族在艺术形式上都各有特色，例如：铜鼓舞和八音坐唱是布依族的艺术文化特色；蒙古族民间常用乐器为马头琴、四胡等，筷子舞、盅碗舞等以欢快的节奏和轻盈的舞步将蒙古人民热情淳朴的气质展现出来；维吾尔族是一个能歌善舞的民族，舞蹈形式有赛乃姆、多朗、萨玛舞、纳孜尔库姆、盘子舞等，而赛乃姆则是最普遍的舞蹈，常用的乐器有都塔尔、弹拨尔等。这些艺术资源都充分体现了我们民族文化的深厚历史，幼儿对这些民族文化艺术的了解有助于增进其民族自信心。

（六）游戏

游戏是儿童的天性所需，各个民族的儿童基于不同环境也形成了各具特色的游戏活动。例如，蒙古族儿童喜欢玩击髀石的游戏。髀石是我国古代北方少数民族的狩猎用具，儿童常用它作为一种游戏工具。这种骨制游戏工具四面凹凸不平，形状各异，但重量较轻，适合游牧民族儿童在搬迁过程中携带。汉族通过长期的文化积淀，也形成了丰富的传统游戏，除了丢手绢、打沙包之外，跳皮筋、跳房子、挑花线等都是非常有趣且对儿童发展有重要意义的游戏种类。幼儿通过了解其他民族和本民族儿童的游戏活动，可以感知文化的多样性和差异性。

（七）语言

语言是文化的主要载体，各个少数民族在其历史发展过程中积淀了不同的故事、传说、儿歌和童谣等，它体现各个民族的性格与精神、风尚与习俗，透过这些内容可以让幼儿感受各个民族丰富的文化元素和价值观。故事中主要人物所具有的或者暗含的对待生活与周围世界的情感态度和处理方式，一般都是这个民族希望传承和发扬的民族精神和民族文化。例如，苗族故事《孔雀和她的尾巴》赞美了谦虚和坦诚，而这又恰恰是苗族人道德意识和生活观念的一种幻化体现。[①] 蒙古族民间童话故事《金鹰》讲述了兄弟俩在母亲要求下为了治理家乡的干旱而出去寻找金鹰的故事。[②] 另外，各民族的文字语言和口头语言也存在差异，这些都是各个民族文化积淀的成果，蕴含着丰富的文化内涵。让幼儿了解本民族语言文化，知道我们国家除本民族语言外还存在多种语言形式，也是幼儿社会化发展的重要内容。

二、民族文化与幼儿社会性发展的关系

（一）了解多元民族文化，促进幼儿的文化认知

中华民族文化多元性体现在各民族不同的衣食住行、语言文化、游戏活动、节日庆典和艺术表现等方面。人类学家兰德曼告诉我们："由于人有漫长的童年期，所以文化的掌握乃是一件非常困难的事情，他在漫长的、必要

---

① 张锦贻.民族儿童故事：民族文化的独特积淀与独特符号［J］.内蒙古大学学报（哲学社会科学版），1994（3）：77-84.

② 张伶.蒙古族民间童话的道德教育价值论［J］.语文学刊（高等教育版），2015（2）：67-68.

的时间中，不仅必须及早接触文化，而且需要不断地接触文化。"① 因此，幼儿的文化认知以及由此带来的民族认同和民族情感要及早培养。《指南》明确指出要让幼儿知道自己的民族，知道中国是一个多民族的大家庭，各民族之间要互相尊重、团结友爱，培养幼儿初步的归属感。因此，让幼儿初步了解中华民族文化的多元性，促进幼儿的文化认知是幼儿园社会性教育的重要内容。

（二）提升文化认同，培养幼儿的文化归属

民族文化是一个国家文化的重要组成部分，民族文化中的乡土、乡情、乡音、乡风等传递着各个民族深厚的思想情感和丰富艺术情趣，融合和体现了中华民族特有的团结统一、勤劳勇敢、自强不息的伟大民族精神，共同构成了中华民族特有的文化美。文化认同是社会成员对本民族文化的认知和感情依附。各个民族的文化由于受地域环境、生活方式、宗教信仰等的影响，带有强烈的民族精神属性，幼儿通过对自己文化中各类习俗和礼仪等的学习，不仅能够深切感受到自己民族文化的丰富性并产生积极的文化认同感和群体归属感，而且这种情感还会迁移到对其他民族的文化认同中。同时，幼儿通过了解不同民族文化在衣食住行、语言文化、游戏活动、节日庆典和艺术表现等方面的差异，可以感受到我们国家 56 个民族文化的丰富性，从而逐渐形成对不同文化的包容意识，在这种情感的引领下逐渐萌发对整个中华民族的认同感和积极的爱国情感。

（三）幼儿的社会化过程是文化性的过程

露丝·本尼迪克指出，个体生活历史首先是适应由他的社区代代相传下来的生活模式和标准。从他出生之时起，他生于其中的风俗就在塑造着他的经验和行为。到他能说话时，他就成了自己文化的小小创造物，而当他长成大人并能参加这种文化的活动时，其文化的习惯就是他的习惯，其文化的信仰就是他的信仰，其文化的不可能性亦就是他的不可

---

① M. 兰德曼. 哲学人类学 [M]. 2 版. 阎嘉，译. 贵阳：贵州人民出版社，2006：174.

能性。①

人正是在这种文化认同中进行着社会化发展，人的社会化过程就是人文化性的过程。幼儿作为人类社会成员，其文化性就意味着幼儿在日常生活中的一言一行无时无刻不在体现和反映着本民族的文化，幼儿的发展与文化存在着天然的联系。

三、利用民族文化促进幼儿社会性发展

认识和了解民族文化、形成对民族文化的认同是幼儿社会性教育的重要内容。幼儿园教师利用民族文化中适宜的内容，多形式、多角度地让幼儿感知民族文化，萌发对民族文化的兴趣，具有非常重要的价值。

（一）通过有针对性的集体活动引导幼儿了解多元的民族文化

集体活动是幼儿了解多元民族文化的重要途径。教师可以选择本民族和其他民族文化中适宜的内容设计教学活动，例如在故事教学中可以选取典型适宜的民族文学作品让幼儿学习，在谈话活动中可以围绕某个民族的服饰或其他文化资源进行交流，在艺术活动中可以让幼儿学唱其他民族的儿童歌曲或学跳民族舞蹈来认识各民族的特点。通过集体活动让幼儿认识民族文化，教师必须要注重动态的参与性认知。

（二）创设丰富的环境让幼儿感受多元的民族文化

环境具有潜移默化的影响。教师可以在环境布置中渗透民族文化元素，例如，巧妙利用活动室内外门窗、墙面、走廊等空间位置，分阶段、分层次地为幼儿提供大量易于接受的、色彩鲜艳的、能够充分体现民族文化特色的图片和各种手工作品。教师在环境布置时，要考虑到幼儿的认知兴趣，同时也要与幼儿的其他活动相互联系，为幼儿认识和感受多元民族文化提供一个丰富而且相互融合的环境。

---

① 露丝·本尼迪克. 文化模式 [M].何锡章，黄欢，译. 北京：华夏出版社，1987：2.

（三）开展多样化的区角活动让幼儿体验多元的民族文化

　　丰富多彩的区角活动是幼儿接触和了解多元民族文化的重要方式。为此，教师可以充分利用各类区角空间，让幼儿在玩玩、做做中感受文化的多样性。例如在"服装店"的角色区中，教师可以放入藏族、维吾尔族、蒙古族等民族的服饰，让幼儿在穿一穿、玩一玩中感受不同的民族服饰。另外，在手工区也可以让幼儿以做一做或者画一画的方式来认识不同民族的文化，如画不同民族的房屋、服饰、乐器等。多样化的活动形式可以让幼儿多感官参与，从而有助于他们从多个维度认识和感受民族文化。

第八章

幼儿社会教育的目标、内容与原则

教育目标是教育的根本指向和核心内容，是教育活动的关键。幼儿社会教育要将幼儿培养成什么样的人，目标起到了指向和引领作用。近年来，我国为了确保幼儿教育的规范性、科学性，出台了一系列相关的文件，如《纲要》《指南》等，对幼儿教育各领域提出了目标和内容要求。

第一节 幼儿社会教育的目标

社会教育作为幼儿教育五大领域的内容之一，其教育目标是指人们对社会教育活动给幼儿身心发展带来变化的标准与要求的预期规定。[①] 该目标引领着幼儿社会教育的方向，因此在制定过程中要从多个维度考虑，不仅要立足幼儿发展的规律与需要，同时也要考虑到幼儿所在社会的需要。从幼儿发展的规律与需要来看，幼儿社会教育目标要充分体现幼儿的年龄特征，这些特征决定了幼儿社会性发展的年龄差异和个体差异，从而决定了教育目标应该具有层次性与较强的弹性和张力。从社会需要来看，社会教育的目标要体

---

① 甘剑梅. 学前儿童社会教育 [M]. 北京：中央电视广播大学出版社，2007：94.

现引导幼儿对历史文化的了解和传承，体现对幼儿价值观的奠基和引领作用，促进幼儿自我管理、人际交往能力和社会适应能力的发展等。

《纲要》对社会教育的领域目标作了明确规定，提出要培养幼儿能主动参与各项活动，有自信心；乐意与人交往，学习互助、合作和分享，有同情心；理解并遵守日常生活中基本的社会行为规范；能努力做好力所能及的事，不怕困难，有初步的责任感；爱父母长辈、老师和同伴，爱集体、爱家乡、爱祖国。

幼儿生活在一个社会关系网络中，其社会化教育的过程其实就是一个关系化的过程。《纲要》中关于社会性发展的目标同样也体现了以社会关系建构为维度的内容取向，这种关系包括三个维度：指向自我、指向他人与指向社会环境。指向自我层面包括"能主动参与各项活动，有自信心；能努力做好力所能及的事，不怕困难，有初步的责任感"；指向他人层面包括"乐意与人交往，学习互助、合作和分享，有同情心；爱父母长辈、老师和同伴"；指向社会环境层面包括"理解并遵守日常生活中基本的社会行为规范；爱集体、爱家乡、爱祖国"。

《指南》在社会教育目标的每个指向上都作了相应的补充：在指向自我层面，明确提出"发展自信和自尊"；在指向他人层面上，追加了"让幼儿在积极健康的人际关系中获得安全感和信任感"；在指向社会环境层面上，增加了"形成基本的认同感和归属感"。

第二节 幼儿社会教育的内容

幼儿社会性发展沿着立足于自我，不断地向外界与他人和社会文化环境建立联系的轨迹发展，社会教育的内容也要相应地从自我、人际交往和社会环境三个方面展开。在本书中，社会教育内容的选择主要参考了《纲要》、《指南》、《幼儿园教保活动课程暂行大纲》（中国台湾）、《作品取样系统——教室里的真实性表现评价》（美国）中关于社会领域的教育内容，按指向自我、指向他人和指向社会文化三个方面进行组织。

一、指向幼儿自我的社会教育内容

自我管理是个体通过自我意识来审查自己言行、进行自我教育的行为过程，是个体充分发挥主观能动性把行为规范内化为自觉行动的过程，是自我发展的表现。[①] 指向幼儿自我的社会教育内容主要以自我为轴心，具体体现在身体管理、情绪管理、物品管理和学习品质四个方面。

（一）身体管理

幼儿身体管理主要是指幼儿能够对自己的身体有基本的了解，在此基础上正确认识自己和他人的主要身体特征，既知道如何照顾和控制自己的身体，具有初步的自我服务能力、身体保护能力和协调能力，也知道自己的身体和别人身体有区别。

表 8-1 指向幼儿身体管理的教育内容

小 班	中 班	大 班
1. 了解自己身体的基本外部特征	1. 知道自己的身高、体重与外貌特征	1. 了解自己身体与外貌变化的原因，了解自己的特征
2. 能从性别和外形等特征上初步比较自己与他人	2. 了解自己的兴趣爱好	2. 认识自己与他人在身体特征与性别上的异同
3. 表达自己身体的基本需要	3. 采用适当的方式表达自己的生理或心理需要	3. 表达自己的身体状况及其发生的原因
4. 初步具有自我保护意识	4. 调整和形成适宜的照顾自我的行为	4. 知道一些自我保护常识，并能够初步采用适宜的方式照顾和保护自己
5. 学习日常的生活自理技能	5. 具有一定的自我保护能力	

---

① 刘萍. 试论在教育生态视野下幼儿自我管理能力提升策略 [D]. 苏州：苏州大学，2011：5.

人有胖有瘦①

　　早操过后，隔壁中二班的飞飞跑到刘老师面前好奇地问："老师，为什么你们班上的秋秋小朋友长得这么胖啊？"他边问还边用手比画了一下。刘老师本能地想回应"不许你在他面前说他胖"，但转念一想，这样说反而会让飞飞认为胖是不好的。于是，刘老师对飞飞说："人，有长得高一点的，也有长得矮一点的，有长得瘦一点的，也有长得胖一点的，没有什么不一样，而且他长大以后也有可能像你们一样瘦。"

（二）情绪管理

　　幼儿的情绪管理能力主要包括对自己和他人情绪的辨识与觉察、理解和调节，对情绪的适宜性表达和控制，等等。幼儿在情绪方面的学习多从自己开始，再逐渐扩展到他人及环境中的事物。幼儿对自己和他人情绪的感知可以帮助幼儿正确识别和理解情绪，知道不同的表情表达了不同的心情，在此基础上幼儿可以逐渐掌握在不同的情境中如何表现出适宜的情绪，提高情绪的控制和调节能力等。幼儿对自身情绪的管理是其自我意识和自我控制能力的发展，同时也是幼儿与他人交往和社会适应中的重要成分。

---

① 案例来自彭辉的观察记录.

表 8-2 指向幼儿情绪管理的教育内容

小 班	中 班	大 班
1. 知道自己常出现的正负向情绪	1. 辨认自己常出现的复杂情绪	1. 辨认自己常出现的复杂情绪
2. 运用动作或表情来表达自己的情绪	2. 运用动作、表情、语言表达自己的情绪	2. 以符合社会文化的方式来表达自己的情绪
3. 知道自己情绪出现的原因	3. 知道自己复杂情绪出现的原因	3. 知道自己在同一事件中产生多种情绪的原因
4. 处理自己常出现的负向情绪	4. 运用等待或改变想法的策略调节自己的情绪	4. 运用多种策略调节自己的情绪

案例

你害怕吗?[①]

5 岁的于波是个淘气的孩子。有一次他闹着要玩电脑,可是妈妈正在用电脑,叫于波先等一下。于波等了一会还是耐不住,就搬来凳子跪在凳子上抢鼠标,把妈妈折腾得没办法工作。由于玩得太投入了,于波跪在凳子的腿滑下来了都没发觉,一个不小心,于波从凳子上跌了下来,而且是仰面跌在地上的。妈妈的第一反应是"活该,自己不小心摔倒了吧",可转而一想,孩子此时根本不需要责备,他需要的是快速缓解自己的疼痛和由于突然摔倒带来的不安与恐惧感。于是,妈妈弯下腰抱起于波说:"你害怕吗?"听到妈妈关切而非责备的话语,于波眼中的眼泪顿时收起了,并用哭中带笑的语气说:"不怕。"

---

① 案例来自席海燕观察记录.

（三）物品管理

物品管理能力是指幼儿能够合理管理身边的一些日常物品，包括对自己的生活、学习、游戏物品进行分类，并按要求归放、整理等能力。[①] 物品管理不仅包括对自己物品的管理，也包括对班集体物品的管理。对幼儿物品管理能力的培养应渗透在一日生活中。《纲要》指出要让"幼儿努力做一些力所能及的事，不怕困难，有初步的责任感"。管理自己的物品是幼儿力所能及的事情，是对幼儿秩序感的培养，可以发展幼儿的自我服务能力和集体意识，提高幼儿的自我意识和责任意识，如在午睡前将自己的衣服叠放整齐，玩具或其他学习用品使用后放在固定位置等。

表 8-3　指向幼儿物品管理的教育内容

小　班	中　班	大　班
1. 在教师提醒下能主动将自己的物品放在指定的位置 2. 能根据教师的要求将用过的材料放回指定地方 3. 喜欢承担一些物品管理的小任务，有初步的责任意识	1. 能主动将个人物品放在固定的位置 2. 能有意识地将用过的材料进行初步分类并归放 3. 知道生活、学习或游戏物品拿取、归放和整理的基本规则和要求 4. 喜欢承担班级物品整理中力所能及的任务，有一定的责任意识	1. 明确知道个人物品和材料归放的位置，活动结束后能够主动分类和整理 2. 有明确的秩序感和物品使用规则意识 3. 能主动承担班级中的任务，并能与同伴合作完成物品的归放和整理，有明确的责任意识

（四）学习品质

幼儿在活动过程中表现出的积极态度和良好行为倾向是个体社会性发展的重要内容，也是其终身学习与发展所必需的宝贵品质，其中表现出来的独立性、主动性、专注性、计划性和灵活性等都是学习品质的重要内容，也是幼儿园社会教育的重要内容。

[①] 孙彩霞. 培养幼儿物品管理的能力 [J]. 福建教育，2013（1、2）：72-74.

表8-4　指向幼儿学习品质的教育内容

小　　班	中　　班	大　　班
1. 对事物有好奇心 2. 短暂地专注做一件事（5—10分钟），遇到问题时会寻求帮助 3. 有目的地摆弄与探索材料 4. 能主动适应教室内一些简单的例行性转换 5. 能独立从事活动，觉得自己很能干	1. 对感兴趣的事物提出问题，喜欢问"为什么" 2. 能持续专注地做一件事（10—20分钟），遇到问题时会寻求帮助 3. 能运用多种材料 4. 能顺利适应大部分活动的转换 5. 能独立从事活动并展现自信	1. 探索感兴趣的事物 2. 即使遇到问题也能持续专注地做一件事情（20—30分钟） 3. 能灵活地使用多种材料 4. 能适应与接受活动上的改变 5. 主动寻求并开展活动，有自豪感

案例

一定要扎好气球①

　　幼儿园十周年纪念日快到了，教师组织小班幼儿帮忙装饰班级。路路对吹气球很感兴趣。在吹气球的过程中，他发现有的同伴能扎好气球，于是也尝试着扎气球。他先吹好气球，然后把气球口拧紧，转动着气球扎起来。他扎了几次都没成功，而且每次稍一松手气就跑光了。见路路很专心地练习扎气球，教师便没有上前主动教路路扎气球的方法。半个小时过后，失败了十几次的路路终于把气球口扎好了，而且还扎成了蝴蝶结的样子。

---

① 案例来自席海燕观察记录.

二、指向他人的社会教育内容

幼儿的成长是在与他人如父母、教师、同伴等的互动中进行的，因此，幼儿指向他人的社会性行为是其社会性活动成长和社会化过程的重要表现，也是幼儿社会教育的重要内容。其中，人际交往是指向他人的社会教育内容的核心，包括人际认知、人际情感和人际交往能力。人际认知侧重于幼儿对他人与自己关系的基本认识，如认识自己与同伴和教师的关系等。人际情感强调的是与他人交往的兴趣、积极性和主动性等。人际交往技能则指向的是幼儿与他人（包括与教师、同伴等）交往中应该掌握的交往技巧、交往礼仪等。

（一）人际认知

人际认知主要包括对生活环境中他人的了解，对自己与他人关系的了解，区分自己与他人的不同，等等。

表8-5　指向幼儿人际认知的教育内容

小　班	中　班	大　班
1. 认识幼儿园中的同伴和教师 2. 初步了解自己与他们的关系	1. 知道自己和同伴的不同，了解好朋友的主要兴趣爱好 2. 知道教师和父母的不同	1. 知道自己的班级和中小班的不同 2. 认识到自己是幼儿园里的哥哥姐姐

（二）人际情感

人际情感主要指幼儿在与他人交往时表现出来的情感、态度倾向，包括对他人情绪情感的辨识、觉察与表达，以及了解他人情绪产生的原因。

表 8-6　指向幼儿人际情感的教育内容

小　班	中　班	大　班
1. 觉察与辨识常接触的人的情绪 2. 适当地表达生活环境中他人的情绪 3. 理解常接触的人及其情绪产生的原因	1. 辨识各种故事和文本中主角的情绪 2. 以表情和肢体动作表达家人、朋友或动物的情绪 3. 理解生活环境中他人情绪产生的原因	1. 从事件脉络中辨识他人的情绪 2. 适时地用语言或非语言的形式表达生活环境中他人的情绪 3. 理解生活环境中的他人和故事中主要角色情绪产生的原因

（三）人际交往能力

幼儿的人际交往能力是指幼儿在与他人（主要是家长、教师和同伴）共同生活和活动过程中表现出的能力。它强调幼儿对人际交往规则的掌握，要求幼儿能够根据他人的需要和行为调整自己的行为。

表 8-7　指向幼儿人际交往能力的教育内容

小　班	中　班	大　班
1. 想加入同伴的游戏时，能友好地提出请求 2. 在成人指导下，不争抢、不独霸玩具 3. 与同伴发生冲突时，能听从成人的劝解 4. 长辈讲话时能认真听，并能听从长辈的要求	1. 会运用介绍自己、交换玩具等简单技巧加入同伴游戏 2. 对大家都喜欢的东西能轮流、分享 3. 与同伴发生冲突时能在他人帮助下和平解决 4. 活动时愿意接受同伴的意见和建议 5. 会用礼貌的方式向长辈表达自己的要求和想法	1. 能想办法吸引同伴和自己一起游戏 2. 活动时能与同伴分工合作，遇到困难能一起克服 3. 与同伴发生冲突时能自己协商解决 4. 接纳、尊重与自己生活方式或习惯不同的人 5. 能有礼貌地与人交往

抢　材　料①

　　游戏时间，铮铮和空空因为一块刻有"金"字的积木争抢了起来，双方都想拿到这块积木，都希望自己拥有最多的"能量"。从旁边经过的牛牛说："你们抢吧抢吧，游戏都快结束了，老师马上就要来收玩具了。"两人一听游戏时间快结束了就放弃了争抢，赶紧搭建自己的金字塔。

三、指向社会文化的社会教育内容

　　幼儿的成长离不开与他息息相关的社会文化，使幼儿了解生活其中的社会文化、萌发对社会文化的情感并产生归宿感是幼儿社会教育的重要内容。幼儿对社会文化的基本认知包括了解基本的社会规则、社会规范等，社会情感则包括幼儿对自己生活的环境如幼儿园、社区等所组织的活动的参与兴趣和意愿等。积极的情感是幼儿良好社会适应的动力。幼儿对社会的基本认知和积极的社会情感将促使幼儿形成积极的社会归属感——对幼儿园的归属感、对家庭和社区的归属感，以及对民族和国家的归属感。

（一）社会认知

　　社会认知是指对社会性客体及其之间的关系，如对他人、人际关系、社会群体、社会角色、社会规范和社会生活事件的认识，以及对这种认知与人的社会行为之间关系的理解和推断。② 幼儿社会认知的内容主要集中在对幼儿园常规和公共场所规则、对社会机构和对为自己提供帮助和服务的社会劳

---

① 案例来自席海燕观察记录.
② 但菲. 幼儿社会性发展与教育活动设计 [M]. 北京：高等教育出版社，2008：33-34.

动者的基本认识。

表8-8　指向幼儿社会认知的教育内容

小　班	中　班	大　班
1. 了解集体生活中的基本规则，了解一日生活中主要环节的要求 2. 理解幼儿园日常生活中教师发出的规则性信号 3. 认识基本的社会机构 4. 了解为自己服务和帮助自己的人	1. 了解幼儿园各种集体规则，有一定的规则意识 2. 了解简单的公共规则，并自觉遵守 3. 进一步了解周围的社会机构 4. 感知与了解自己的生活与他人劳动的关系，尊重劳动者	1. 理解规则的意义，了解基本的社会规范 2. 熟悉周围社会机构的标志 3. 了解周围生活环境中各行业劳动者的工作，尊重他们的劳动

有教师在开展"认识我们的城市"活动之前，事先调查幼儿认为什么地方最重要——他们大多数认为自己的家、自己的卧室是最重要的。在活动开展过程中，他们有机会了解了一些主要的社会机构和重要的社会工作者，并在教师的组织下参与规划、设计自己所在的城市。在活动之后，教师再调查幼儿认为最重要的地方，答案变化很大。他们现在认为社会机构（如交通部门、政府、警察局）很重要，认识到这些机构对于维护城市安全和稳定发展有重大意义，不再认为自己的家或卧室是最重要的。

（二）社会情感

社会情感是幼儿面对社会生活的人和事物而产生的态度体验，它是在一定社会认知基础上产生的。幼儿的社会情感是他们在与他人交往、参与社会活动中形成与表现的社会兴趣。

表 8-9　指向幼儿社会情感的教育内容

小　班	中　班	大　班
1. 对群体活动有兴趣 2. 对幼儿园的生活好奇，喜欢上幼儿园	1. 愿意并主动参加群体活动 2. 愿意与家长一起参加社区的一些群体活动	1. 在群体活动中积极、快乐 2. 对小学生活好奇并产生向往之情

📚 案例

我还想再看看幼儿园①

毕业典礼举行完了，大班的幼儿们就要离园了。一天吃完晚饭后，瓜瓜向妈妈请求："我能回幼儿园看看吗?"妈妈说："可是幼儿园都放学了，不开门了，老师和你的同学也都不在了。"瓜瓜回答说："我知道，可我就是想回去看一下。"于是妈妈陪着瓜瓜再回到幼儿园。瓜瓜抱住幼儿园的大门，沉默了几分钟，然后就和妈妈离开了。妈妈知道，瓜瓜是割舍不下对幼儿园的感情，还有曾经一起欢闹过的小伙伴们。

（三）社会归属感

归属感是指个体对某一组织和集体的认同程度，并对这些组织和集体发生关联的密切程度，它强调的是个体对群体或组织的依恋与忠诚。幼儿的社会归属感主要表现在对家庭、对幼儿园、对民族和国家的基本归属感。

---

① 案例来自刘晶波观察记录.

表8-10 指向幼儿社会归属感的教育内容

小 班	中 班	大 班
1. 逐步熟悉幼儿园的环境 2. 知道和自己一起生活的家庭成员及与自己的关系，体会到自己是家庭的一员 3. 了解我国主要民间传统节日的名称及庆祝方式，参与节日庆祝，感受节日的快乐	1. 积极参加集体活动，能为班级做一些力所能及的事，形成初步的集体意识 2. 能感受到家庭生活的温暖，爱父母，亲近与信赖长辈 3. 知道当地有代表性的景观 4. 在成人的引导下，积极参与民间传统节日的庆祝	1. 了解自己所在的幼儿园，愿意为集体做事，有初步的集体荣誉感和责任感 2. 了解当地的人文风俗，萌发爱家乡的情感 3. 初步感知我国优秀的民间艺术和优秀的传统文化 4. 知道自己的民族，知道中国是一个多民族的大家庭

📚 **案例**

我们是大二班的①

上下楼梯时，李老师发现有一个班的幼儿上下楼梯非常有秩序，不拥挤，不在楼梯上追逐打闹，也不在楼梯上跳来跳去，便问道："为什么你们会这么整齐呢？"只听见几个幼儿异口同声地回答说："因为我们是大二班的，我们大二班很团结，很遵守规则。"

---

① 案例来自席海燕观察记录.

第三节 幼儿社会教育的原则

幼儿社会教育受到教育对象的身心特点以及社会需要等多方面因素的影响，在实施过程中要充分体现其有效性，就必须遵循以下几个原则。

一、伦理性原则

幼儿社会性教育的目的是促进幼儿的发展，因此，遵循保护和尊重幼儿在生理尤其是心理上不受伤害的伦理性原则就具有重要意义。

（一）教师要尊重每个幼儿的人格

尊重每个幼儿的人格，这是最基本的伦理原则，它意味着在幼儿社会教育中，教师要将每个幼儿作为一个独立的个体来看待，倾听幼儿的需要，理解幼儿的经验。教师只有把幼儿看作一个独立的人，一个有自己想法、应该被尊重的人，才能够意识到在和幼儿的互动中应该给幼儿充分表达的权利、选择的权利和行动的权利，而不是将幼儿看作一个需要被驯服和管理的人。教师尊重每个幼儿的人格，还意味着教师要关注和尊重每个幼儿，要用欣赏的眼光来对待每个幼儿。教师对幼儿人格的充分尊重不仅会带来幼儿对自己的认同，促进幼儿自信心的发展，提高幼儿与他人交往的兴趣和能力，同时也会为同伴间的相互尊重和相互接纳提供榜样，提高每个幼儿在集体中的安全感和归属感。例如，教师要善待幼儿的"错误"，避免语言暴力（如"你总是欺负别人，我最讨厌你"）或者心理暴力（如在全班面前展示幼儿的"不良行为"）。教师要学会多视角理解幼儿的行为，对他们多一些宽容和接纳——也许一个幼儿打翻了水杯是为了帮助另一个同伴拿东西。相反，一个成长在总是被教师忽视甚至否定环境中的幼儿，往往也会被同伴拒绝，从而变得不自信，在人际交往中容易出现退缩行为，导致缺乏安全感和归属感。

（二） 教师要保护每个幼儿的个人隐私

每个幼儿都是不同的，都有自己独特的生理特点、心理需求和独特的行为方式与家庭环境，这些独特性大部分通常都不会给幼儿的心理带来伤害。但是，有些独特性应该被看作幼儿的隐私。幼儿的隐私主要包括幼儿的家庭隐私和幼儿自己的生理、心理以及行为上的隐私。这些隐私信息的传播或者公开会给幼儿和家长带来一定的伤害，如果教师不注意保护，可能就会伤害到幼儿的心理，引发幼儿消极的社会行为。例如，有的幼儿父母因为一些原因被判刑，教师在了解这些信息之后，必须要保护这一家庭隐私，一方面不要用异样的态度和不恰当的语言来对待这些幼儿，同时也不应该将这些信息在班级其他幼儿和家长中间传播，以免增加幼儿的压力。教师要用恰当的方式，在保护幼儿隐私的基础上给予更多的理解和关爱，积极鼓励其和同伴交往，使幼儿能够在集体中得到更多的安全感和归属感，弥补幼儿因父母角色的缺失带来的伤害。对于幼儿自己的生理、心理以及行为上的隐私，教师同样要给予理解、尊重和保护。社会性教育首先要让每个幼儿悦纳自己，而教师对每个幼儿隐私的保护无疑为幼儿接纳自己、满足爱和安全的需要给予了保障。

（三） 教师要倡导积极的社会行为规范

幼儿社会教育的一个重要目的是让幼儿能够掌握社会基本规范和要求，并成为社会所认可和接纳的人，这也就意味着教师要选择有价值的内容，向幼儿传递积极的社会行为规范。《纲要》对幼儿社会教育的领域目标做出了明确规定，《指南》中对幼儿的社会性发展也提出了明确要求。因此，在幼儿社会教育中，教师在基于幼儿身心发展特点的基础上，要根据《纲要》和《指南》精神向幼儿传递正向的社会价值，培养幼儿遵守社会规范。

二、一致性原则

一致性原则是指对幼儿进行社会教育时，教师要根据教育目标组织和协调各方面的影响，为幼儿提供一个连续、统一的教育影响。幼儿社会性发展是一个长期、复杂的过程，在这个过程中幼儿会受到来自家庭和机构等多方面的影响。同时，幼儿具有比较强的模仿性，很容易受到身边环境的影响。所以，稳定的、一致性的教育环境对幼儿良好行为习惯的养成非常重要。幼儿教育机构内部的教师和其他工作人员、家长等必须统一地发挥作用，形成合力，给幼儿一致的影响，促进他们的社会性健康发展。

（一）教师要保持教育态度的一致性

教师教育态度的一致性体现在教师要求前后的一致性和教师行为的一致性两个方面。教师对幼儿教育态度前后一致，可以让幼儿在日常行动中有比较明确和统一的认识和行为标准，有助于幼儿养成良好的行为习惯。如果教师对幼儿的行为要求前后不一致，容易引发幼儿在认识和行为上的混乱，使幼儿无所适从。同时，因为教师要求前后不一致，使得幼儿的正确行为不能得到恰当的强化，消极行为也不能及时被制止，逐渐导致幼儿对教师要求的漠视，幼儿良好的社会行为习惯就很难养成。

教师行为的一致性意味着教师在日常和幼儿的接触中必须要做到言行一致，对幼儿提出的要求教师自己首先要做到，而且教师要保持行为的一贯性，给幼儿提供良好的学习榜样。对幼儿来说，教师的身教要重于言教。如果教师在日常生活中言行不一或者行为前后不一，幼儿很容易模仿教师的行为，并且很难遵循教师提出的合理要求，教育效果会大大降低。如果教师要求幼儿不要说脏话或者不礼貌的语言，但是自己在批评幼儿时却会使用一些不恰当的语言，如"你简直笨得跟猪一样"，则其教育效果可想而知。培养幼儿积极的社会行为，教师不仅要"言传"，更要"身教"。因为幼儿不仅要听教师怎么说，更重要的是看教师怎么做，教师言行不一致会使幼儿内心充满对教师的怀疑和不信任。所以，在对幼儿进行社会性培养时，教师一定要言传身教，表里如一。

（二）幼儿教育机构内部各方面的教育力量的一致性

幼儿教育机构内部的所有人员包括机构领导、教师、保安、食堂工作人员等可能都会对幼儿的社会性发展产生直接或者间接的影响，因此教师要能够协调和充分利用这些资源。教育机构中所有的人员都要相互配合，给幼儿提供积极的榜样行为，充分发挥对幼儿的积极影响。例如，教师引导幼儿在入园时要和门口的保安叔叔打招呼问好，保安人员也应当在幼儿热情问候时给予积极的回应。只有当幼儿教育机构各方面的教育力量保持一致时，才能够给幼儿潜移默化的积极影响，同时也能够给幼儿提供实践积极行为的机会，大大提高教育效果。反之，如果幼儿教育机构内部人员的言行与教师对幼儿的要求不一致甚至完全相反，那会容易引起幼儿认识上的混乱，使其不知道到底该怎么做。

（三）幼儿教育机构教育和家庭教育的一致性

幼儿教育机构和家庭是幼儿在成长中非常重要的两个环境。在幼儿社会性教育中，两个环境对幼儿的社会性发展要求和步调必须要一致，这样才能给幼儿提供一个稳定的、连续的行为环境，有利于幼儿行为规范的养成。如果家庭和幼儿教育机构的要求不一致，幼儿在幼儿园和在家庭里的行为表现得到的评价不一致，容易引发幼儿认识上的混乱和行为上的矛盾，教育的效果就会降低。我们经常听到有教师说幼儿在家待几天后返回幼儿园时，行为完全变了，其中一个重要的原因可能就是家庭教育要求和幼儿园不一致。例如，幼儿园教师要求幼儿把用过的玩具、文具放到一定的位置，要求幼儿学会整理，但是有的家长在家里却允许幼儿将玩过的玩具、看过的图书随便乱扔，整理工作都由家长代替完成。这种不一致在很大程度上削弱甚至抵消了教师在幼儿社会性发展过程中所做的努力。因此，教师一定要经常和家长相互沟通交流，就幼儿社会性发展的目标和要求与家长共同探讨，共同寻求积极的途径来促进幼儿的社会性发展。这样不仅可以让家长更多地了解幼儿教育机构对幼儿社会性发展的要求而积极与教师配合，同时也可以提高家庭内部在幼儿社会性教育上的一致性。

三、适宜性原则

发展适宜性原则意味着教师对幼儿的社会性教育要与幼儿的发展相适应，教师要能够充分考虑到幼儿的生理和心理特点以及社会文化发展需要。幼儿的社会性发展任务包括行为规范社会化，形成社会背景下的认同感，开始形成道德感并发展自我控制，开始认识自己在世界中的位置。① 这些发展任务的完成都需要教师为幼儿提供适宜的支持。发展适宜性原则要求教师了解幼儿是如何发展和学习的，幼儿个体的优点、需要和兴趣是什么，幼儿生活于其中的社会和文化环境什么样。这些可以帮助教师确定对幼儿社会性发展的教育是否适宜。教师对幼儿的社会性教育中所提供的活动的适宜性原则主要体现在三个方面。

（一）年龄适宜性

学前期是儿童成长过程中相对时间较长的发展阶段。这一阶段的儿童有其发展的特点。埃里克森提出学前期儿童的心理社会性发展任务是形成一种与内疚感相对的主动感。主动指形成自己作为一个行为者的意识——有能力，充满想法和能量，有热情探索更大的世界。② 随着这些能量和力量的增加，幼儿尝试着发起自己的活动并且显得有目的性，成人如果不允许幼儿按照他们自己的意识去行事，幼儿可能就会出现内疚感。同时，这个阶段不同年龄段幼儿的心理发展需求不同，并且发生的变化非常显著。因此，教师必须要理解幼儿的年龄特点，并根据这些特点提供适宜的活动。如教师为 3 岁幼儿提供的同伴游戏活动和为 4 岁幼儿提供的同伴游戏活动，无论是在目标还是活动材料上都应该有区别，前者更多的是平行游戏，后者可以和同伴开始合作性游戏。年龄作为一个有用的标尺，可以允许我们对在幼儿生命的不同时期什么是安全的、有趣的、能完成的和有挑战性的东西做出合理的假设。③幼儿的社会性发展受到与年龄相关的变量的影响，并且不同年龄的幼儿会表现出不同的社会理解和技能水平。

（二）个体适宜性

教师在促进幼儿社会性发展时，不仅要考虑到对全体幼儿的适宜性，同

---

① 卡罗尔·格斯特维奇. 发展适宜性实践：早期教育课程与发展［M］. 霍力岩，等译. 北京：教育科学出版社，2011：122.
② 卡罗尔·格斯特维奇. 发展适宜性实践：早期教育课程与发展［M］. 霍力岩，等译. 北京：教育科学出版社，2011：122.
③ 马乔里·J. 克斯特尔尼克等. 儿童社会性发展指南：理论到实践［M］. 邹晓燕，等译. 北京：人民教育出版社，2009：27.

时更要关注到个体适宜性。每个幼儿来到这个世界上都是一个独特的个体，遗传基因不同，气质也表现出不同。这些生物学上的差异被环境因素所补充，使人与人之间的差异进一步加大。例如，有的生来就比较外向，喜欢与人交往；有的生来就比较内向，喜欢一些相对安静的环境和活动；等等。幼儿的这些特点对他们的社交行为会产生影响。同时，生活在不同家庭环境中的幼儿所积累的经历、抚养模式也不一样，这些会导致幼儿获得经验的数量、质量不同，让幼儿产生不同的心理需求，出现对事件不同的理解和不同的行为方式。个体适宜性原则要求教师公平地对待每个幼儿，关注每个个体的需求，这样教师对幼儿的社会性发展才能有的放矢，给予有针对性的支持。

（三）社会和文化适宜性

在幼儿社会性发展的适宜性原则中，除了要考虑到幼儿的年龄适宜性和个体适宜性，还必须要考虑到幼儿的家庭、社会和文化环境，为他们社会性发展提供可提供的有效支持。

幼儿所处的家庭和社会为幼儿提供的文化环境不一样，父母不同的抚养方式、社区文化氛围等让幼儿所获得的经验和人际交往能力等都存在差异，使每个幼儿带有文化独特性。例如，在有些家庭中，幼儿所接受的教导是在成人面前要眼光向下，尤其是当成人斥责他们时。如果不这么做，则会被认为是对成人的不尊重。如果教师能够考虑到幼儿所面临的这些家庭和社区文化，可能对正确理解幼儿的行为、情绪和需要，采用更加恰当的方式与幼儿互动更有帮助。相反，如果教师忽视了幼儿生活的文化环境，就失去了了解幼儿从家庭和社会中所带来的丰富的生活背景的机会，进而容易造成教师对幼儿行为的简单否定或者给幼儿贴标签，传达他们不受欢迎或者是他们不如其他幼儿的消极信息。因此，教师必须要了解幼儿周围的社会环境，以理解和欣赏的方式与幼儿以及所在的家庭和社区相互作用，这样才能真正理解并拉近与幼儿和家长的距离，为幼儿社会性发展提供适宜性的教育。

四、家庭、社区和幼儿园共育原则

《纲要》指出："社会学习是一个漫长的积累过程，需要幼儿园、家庭和社会密切合作，协调一致，共同促进幼儿良好社会性品质的形成。"《指南》同样指出："家庭、幼儿园和社会应共同努力，为幼儿创设温暖、关爱、平等的家庭和集体生活氛围，建立良好的亲子关系、师生关系和同伴关系，让幼儿在积极健康的人际关系中获得安全感和信任感，发展自信和自尊，在良好的社会环境及文化的熏陶中学会遵守规则，形成基本的认同感和归属感。"幼儿的生活环境包括家庭、幼儿园和其生活的社区环境，每个环境对幼儿的社会性发展都会产生影响。因此，家庭、社区和幼儿园共育原则就成为幼儿社会性教育必须要遵循的一个重要原则。家庭、社区和幼儿园共育原则意味着幼儿社会教育必须首先要与他们的生活密切关联，同时这个过程应该是一个实践性过程。

（一）充分利用家庭、社区和幼儿园的环境，体现幼儿社会教育的生活性

幼儿园教育的一个重要特质就是教育的生活性，这是由幼儿的特点所决定的。社会性教育作为幼儿园教育的一个重要领域，其目的是培养幼儿自我管理能力、人际交往能力和社会适应能力，这一领域本身就是基于幼儿的日常生活来培养幼儿更好地与他人交往，更好地适应社会。从交往主体来看，父母、幼儿园中的教师和同伴以及社区中的他人都是与幼儿关系密切的重要他人。从环境来看，家庭环境、幼儿园环境以及社区环境都是幼儿接触的主要社会环境，幼儿正是在这些他们所熟悉的社会环境的熏陶和浸润下不断获得和积累社会性经验，学习成为一个社会人。家庭、社区和幼儿园共育原则充分发挥了幼儿社会教育生活化的特质，这些重要的生活环境为幼儿学习自我管理、人际交往等提供了广阔的教育资源，并且时刻发挥着潜移默化的影响。例如在社会规范学习方面，在家做力所能及的家务、整理自己的物品等生活内容，在幼儿园独立进餐、如厕、盥洗等，在社区中与他人的互动，这些生活资源都是幼儿社会教育的重要途径。只有家庭、社区和幼儿园共同以幼儿的生活为轴心发生关联并且形成一致性的、渗透性的教育影响，让幼儿在家庭、幼儿园和社区生活中的社会教育具有连续性，才能够使幼儿社会教育达到事半功倍的效果。

（二）充分激发家庭、社区和幼儿园的参与性，体现幼儿社会教育的实践性

幼儿天生好动，他们社会性发展的过程是一个动态的、实践化的，而非静止的、理论化的经验积累的过程。例如幼儿的自我中心思维，使得他们并不是天生就喜欢与人分享，因此需要家庭、社区和幼儿园共同参与，让幼儿在其熟悉的整体性的生活环境中，通过实践来学习分享、谦让，并体验分享、谦让等行为所带来的快乐。再如，在幼儿行为礼仪的养成中，幼儿园要求每个幼儿在如厕或洗手等日常活动中遵守秩序，不插队或者相互推搡，家庭中父母也要在日常生活中，如乘坐公交车、购物或过马路时让幼儿遵守公共秩序等，来培养他们积极的社会行为。同样，社区作为与幼儿有密切关联的一个系统，其成员应该在日常交往中给幼儿营造尊老爱幼、友好相处的榜样行为，潜移默化地塑造幼儿积极的社会行为。

幼儿社会性发展是一个经验积累的过程，它离不开幼儿的生活环境，但这些经验是在生活中通过实践和活动而获得的。只有这样，家庭、社区和幼儿园为幼儿提供的环境才能发挥教育力量而变得有意义。

第九章

幼儿社会教育活动类型与方法

　　把握幼儿社会性发展的关键经验，为他们提供适宜的社会教育是一个长期的、复杂的过程，需要教师付出极大的心血，做出很多创造性的工作。社会教育活动的类型和方法作为教育过程的重要组成部分，是将教育目标和内容诉诸实践的一个复杂的动态过程。活动类型和方法的选择直接决定了教育目标的达成效果、教育内容的实施情况。因此，必须对幼儿社会教育活动的类型和方法进行专门的讨论。

第一节　幼儿社会教育活动的类型

　　《纲要》指出，幼儿园的教育活动，是教师以多种形式有目的、有计划地引导幼儿生动、活泼、主动活动的教育过程……教育活动的组织形式应根据需要合理安排，因时、因地、因内容、因材料灵活地运用。

　　幼儿社会教育的内容往往是通过一定的活动类型来组织和实施的。幼儿从一个自然人向一个社会人转变的过程，会受到来自教师、家长、同伴、社区和媒体等多方面的影响，因此，幼儿社会教育活动的类型也是多种多样的。目前，幼儿园教育实践中常见的社会教育活动可分为：专门的和随机的社会教育活动；集体化和个别化的社会教育活动；分科的和综合的社会教育活动；领域的和渗透的社会教育活动等。

在对当前幼儿社会教育已有理论和实践进行分析和归纳的基础上，我们依据教育活动的目标、内容、组织形式等，将幼儿园的社会教育活动类型归纳为专门化的和随机的社会教育活动、串联的和并联的社会教育活动。

一、专门化的和随机的社会教育活动

根据幼儿社会教育活动目标是否明确、活动内容是否有计划性以及活动开展的具体情境，可以把社会教育活动分为专门化的社会教育活动和随机的社会教育活动。

（一）专门化的社会教育活动

专门化的社会教育活动是指那些有专门的主题、详细的活动设计方案、明确的活动实施步骤，甚至配备了相应的活动效果评估的集体化教育活动。它是幼儿园教师根据社会教育目标和本班幼儿的身心发展规律和特点，选择适宜的教育内容，采取合适的教育方式和方法，在集体教学活动中对幼儿进行社会教育。专门化的社会教育活动具有比较明确的目标和计划性，内容也比较系统和集中，教师对幼儿的组织和指导作用更加直接、更加明确，也更有针对性。[①]

专门化的社会教育活动多指向全班幼儿的集体教学活动，也就是全班幼儿在同一时间内、同一空间内接受基本相同的教育活动，活动过程以教师引导和组织为主。这种社会教育形式最大的优点是效率高，幼儿园教师在特定的时间里将精心组织的教育内容准确地集中传达给幼儿，省时、省力，并且有利于培养幼儿的集体感和纪律感。在专门化社会教育活动中，活动内容多定位于促进幼儿社会认知的发展和社会规范的习得。[②] 例如，为了让幼儿了解中国传统文化，教师可以设计"我爱爷爷奶奶"（重阳节）、"快乐新年"（春节）、"五彩端午节"等教育活动，帮助幼儿了解传统节日的来源及节日

---

① 周梅林. 幼儿社会教育活动指导 [M]. 上海：复旦大学出版社，2009：64.
② 刘晶波. 不知不觉的偏离：关于当前幼儿园社会教育活动困境的解析 [J]. 幼儿教育（教育科学），2013（10）.

的习俗；为了使小班幼儿快速融入幼儿园教育环境中来，教师可以组织"我上幼儿园""幼儿园里的标志""哥哥姐姐本领大"等活动，使幼儿从心底里喜欢上幼儿园，对幼儿园产生归属感并且渴望在幼儿园里学本领等。

（二）随机的社会教育活动

随机的社会教育活动是指那些缘起于幼儿即时的行为表现，随机发生于幼儿园一日活动的场景中，教师对之没有事先的设计与准备，只是单纯地遵循"根据幼儿的具体情况，发现并及时解决问题"的思路灵活给予指导与帮助的教育活动。[①] 幼儿园教师通过对幼儿在生活活动、游戏活动、其他领域的教育活动和意外发生事件中行为和情绪的即时关注，随机对幼儿进行社会教育。这种随机性的社会教育可以随时随地发生，没有事先细致的教育活动设计，直接指向幼儿当下的行为和情绪，如争抢玩具或材料和哭闹等。其主要特征是即时性，教育效果要求立竿见影。随机性的社会教育要求教师认真观察，时刻掌握班里幼儿的动向，能够机智地对幼儿的需求做出回应。

随机的社会教育活动多指向个别幼儿的教育，是教师针对幼儿的个别行为进行即时的、有针对性的指导，使幼儿养成某种良好的行为习惯，获得识别和表达情绪的能力。在幼儿个别活动时，教师通过描述其行为、接纳其情绪、与幼儿发生直接互动而达到教育效果，其最大的价值在于它是针对每个幼儿独特特征与需要进行的有针对性的指导。在随机的社会教育活动中，活动内容多聚焦于幼儿个别化的社会性发展特点，活动目标多侧重于幼儿个体自我意识的发展、适宜社会行为的养成以及社会情绪情感的识别与管理能力的培养等方面。例如，当幼儿把同伴的嬉戏误解为挑衅而导致双方发生冲突时，教师应及时制止，以防止冲突行为进一步升级，在了解事情的具体经过后，帮助双方了解自己和同伴的情绪状态，给幼儿提供合理的表达意愿和情感的方式。这种教育活动形式需要教师有极强的随机应变能力，能够根据具体事件提供有针对性的指导，是教师创造性劳动的体现。

---

① 刘晶波. 不知不觉的偏离：关于当前幼儿园社会教育活动困境的解析 [J]. 幼儿教育（教育科学），2013（10）：16-17.

案例

"我想和你玩"①

小班自主游戏时间，蛋蛋坐在椅子上看书，齐磊在玩桌面游戏，两人离得很近。齐磊拿起手中的积木逗引蛋蛋，并在蛋蛋肩膀上拍了拍。蛋蛋皱了皱眉，没做反应。齐磊嘻嘻地笑了一下，又拿积木拍了拍蛋蛋，蛋蛋皱着眉噌地一下站起来，双手用力把齐磊往后推了一下。齐磊跌倒在地上，两人扭打在一起。王老师看到后马上制止了他们，并把他们叫到身边，询问事情发生的原因。

"我在看书，他一直搞我。"蛋蛋怯怯地看着王老师小声地说。

"我是跟他玩的。"齐磊马上解释。

王老师让蛋蛋先回去，然后问齐磊："你能告诉我你刚才做了什么吗?"

"我，我想让蛋蛋一起玩，就用积木戳了他几下。"齐磊低着头小声地说。

"他没有理你，你又戳了他几下，对吗?"王老师问。

齐磊点了点头没有出声。

"那我现在想让你跟我一起玩，我这样搞，告诉我你是什么感觉?"王老师边说边用手轻轻地戳戳齐磊的肩膀和腰。

"不舒服。"齐磊看了看王老师，又看了看已经坐回去的蛋蛋。

"对呀。蛋蛋不知道你这是要跟他玩，你又一直在打扰他，那他会不会生气呢?"

"会。"

"所以呢，想要跟小朋友玩的时候，我们要怎么样呀?"王老师亲切地询问齐磊。

---

① 案例来自张平观察记录.

"说。"

"对了！那请你帮我把蛋蛋请过来好吗?"

齐磊"嗯"了一声走了回去。蛋蛋有点胆怯地走到王老师身边。王老师微笑着看着蛋蛋，并用手轻轻地戳戳蛋蛋的肩膀，蛋蛋被逗乐了，笑了起来。

"我们两个在玩，对不对? 刚才齐磊也是这样跟你打招呼，你为什么生气了呢?"王老师一边逗乐一边问蛋蛋。

"我不知道他，他……"蛋蛋有点紧张。

"你不知道他在跟你玩，对不对?"王老师帮他说下去。

"嗯。"蛋蛋用力地点点头。

"那以后我们多多注意，好不好?"王老师边说边在蛋蛋身上搔了几下痒，两人都开心地笑起来。

二、串联的和并联的社会教育活动

根据幼儿社会教育开展过程中各个活动的连续性和独立性特点，我们将社会教育活动划分为串联的社会教育活动和并联的社会教育活动。"串联"和"并联"来自于物理学中串联电路和并联电路的概念。串联电路只有一条途径，任何一处的断路就会出现全线断路，各电器之间相互影响。并联电路是指各个电器并列连接在电路中，电路有若干条通道，各个电器之间相互无影响。串联和并联的概念可以帮助我们有效区分两种不同类型的社会教育活动。

（一）串联的社会教育活动

串联的社会教育活动是指那些聚焦于一定的社会教育目标的、持续的、递进的、旨在使幼儿获得连续经验的教育活动。它是幼儿园教师依据社会教育目标和幼儿身心发展特点，开展在内容上连续的、在程度上递进的、在时间上持续的社会教育活动。串联的社会教育活动之间相互影响，任何一个活动的缺失都会导致整条教育线索的中断。

在串联的社会教育活动中，幼儿的经验是连续的、不断递进的。例如，在引导幼儿了解自己生活的社区活动中，以幼儿最为熟悉的超市作为活动的切入点，通过探索"超市是一个什么样的地方""我们为什么要去超市"等一系列问题，使幼儿了解超市是社区的一个组成部分。随着活动深入，教师可逐渐深化活动的内容，如："超市中都有什么？""超市里的东西从哪里来的？""商品下面都有一个小标签是什么？""怎么能够最快地找到我想买的东西？"最后，通过"如果没有超市""我来设计超市"等一系列的话题使幼儿认识到超市是社区生活的重要组成部分，与日常生活息息相关。在上述活动中，幼儿由浅入深、循序渐进地了解超市，不断了解自己生活的社区，产生对社区的归属感。

（二）并联的社会教育活动

并联的社会教育活动是指幼儿园教师根据主题线索设计并实施的彼此之间相对独立的、可以齐头并进的、旨在使幼儿获得较为全面的经验的教育活动。并联的社会教育活动对于实现教育目标同等重要，同时又相对独立，一个活动开展与否以及活动效果如何，不影响其他活动的组织和实施，所有的活动组合在一起，共同服务于幼儿社会教育。

在并联的社会教育活动中，幼儿的经验是丰富的、多样的。以上述了解社区生活为例，社区包括超市、银行、邮局和餐厅等多个组成部分，认识和了解超市的活动与认识和了解银行的活动彼此相对独立，互不影响。超市活动的开展不是为了给银行活动的开展做铺垫和准备，超市活动的开展与否并不影响银行活动的设计和实施。认识超市和认识银行的活动"并联"地存在于主题线索之中，都为了使幼儿了解自己生活的社会，热爱自己生活的环境。

需要指出的是，上述关于幼儿社会教育活动类型的划分是人为地对教育活动类型进行分类。但是，在幼儿园实际教育情境中，它们并不是截然分开的。专门的社会教育活动也可能来源于幼儿一日生活中的突发事件，教师针对这一事件随机设计一个社会教育活动。串联的社会教育活动在持续时间上可能是串联的，但在活动的开展过程中，也可能是与其他活动并联的。所以说，活动类型的划分只是为了让人们更清楚地了解教师在实施社会教育活动时所采取的形式，各活动并不是非此即彼、水火不容的关系。教师在教育实践中应该灵活把握这几种活动类型，最终高效地促进幼儿社会性发展。

第二节　幼儿社会教育的方法

任何教育活动目标的实现和内容的实施都是通过一定的方法和形式实现的。教育方法是实施教育内容、实现教育目标的纽带。幼儿社会教育受到多方面因素影响，幼儿的身心发展特点、家庭教育氛围、幼儿园教学活动、幼儿园一日生活、教师、同伴和社区都影响着幼儿社会教育的实施。幼儿社会教育的特殊性决定了其方法的独特性，我们在这里主要介绍以下几种教育方法：榜样示范法、环境熏陶法、共情体验法、鼓励法和行为训练法。

一、榜样示范法

榜样示范法是指在幼儿社会教育活动中，教师用自身或他人的好思想、好行为或英雄事迹去影响和教育幼儿形成良好品质的方法。[①] 社会学习理论代表人物班杜拉认为，除了以偶然强化为中介的直接学习以外，通过对榜样行为的观察和模仿来学习是幼儿习得社会行为的另一重要途径。班杜拉的经典实验——攻击波波玩偶实验证实了这一观点。幼儿的思维特点具有直观形象性，谈话、说理等方法虽然对促进其社会性发展有一定的效果，但是亲眼看见实际行为的发生更起作用。

在幼儿园里，教师和同伴都是幼儿观察和模仿的对象。虽然每个人都有成为幼儿学习榜样的可能，但是特定的人物更有可能被模仿，这受榜样者自身特点、观察者与榜样者之间的关系及榜样行为的明确程度等因素的影响。

---

① 周梅林. 幼儿社会教育活动指导［M］. 2 版. 上海：复旦大学出版社，2009：59.

教师的权威性和幼儿的向师性决定了教师成为幼儿心中的榜样和主要模仿对象。当然，亲切的、温柔的、公正的教师更容易被幼儿所喜爱，其一言一行也更容易成为幼儿学习的榜样。幼儿通过观察教师如何解决社会冲突、承认错误、产生共情和承担情感风险来学习适宜行为。通过对教师榜样行为进行观察可以使幼儿掌握社会知识和技能，教师明确自己的行为更能够提高幼儿的社会学习，如教师说明自己如何认真倾听每一个幼儿在小组活动和集体讨论中的发言，怎样整理物品。

另外，有能力的同伴也是幼儿的学习榜样和模仿的重要对象。同伴模仿存在很大的风险，幼儿自身无法判断行为的适宜性，新奇、好玩、刺激都可能成为幼儿模仿同伴行为的原因。因此，教师需要树立同伴榜样，引导幼儿的适宜行为。教师可以通过以下几种方式树立同伴榜样：①明确描述幼儿的某种行为，如谦让、分享等，并说明此种行为的可接受性；②表扬和赞赏幼儿的亲社会行为，并具体说明表扬的原因；③通过情景故事再现适宜行为的发生场景，明确榜样行为。

通过树立榜样的方法对幼儿进行社会教育需要注意以下几点。

第一，榜样必须是幼儿所熟悉的。观察学习的效果受到榜样自身特点及观察者和榜样者之间关系的影响，发生在幼儿身边的人和事更容易被幼儿观察、模仿。

第二，榜样行为的一致性。要求幼儿做到分享、合作、诚实、助人等行为的教师，首先自己要能够做到，并且保持行为的一致性。另外，通过同伴树立榜样时也应坚持奖惩的一致性。

第三，活动形式有趣多样。幼儿有追求新体验的需要，在幼儿园的一日活动中，灵活利用有趣的活动树立榜样，使榜样更好地发挥示范作用。

"来，云云，老师抱一下"①

中班角色游戏结束，小朋友们开始收拾玩具。娃娃家的"妈妈"云云熟练地将玩具摆放整齐，收拾得干干净净后离开。在她走回座位的时候，建构区的强强正匆忙地把积木拆开放回筐里，手忙脚乱间不慎把玩具撒了一地。强强抬头看了看老师，赶紧蹲下去捡玩具。云云看到后走过去帮忙，把玩具放回筐里，并和强强一起把剩下的积木拆开。拆完之后，两人一起把装积木的筐子放回玩具柜，强强冲云云笑了笑，两个小伙伴手拉着手回到了座位上。所有小朋友都入位后，张老师和小朋友一起分享游戏中发生的事情。"张老师今天很开心，你们知道为什么吗？因为老师刚才看到了一件让我很欣慰的事，云云收拾好自己的玩具后虽然没有马上入位，但是也没有闲逛，而是帮助强强一起收拾撒在地上的玩具。老师看到后很开心！来，云云，老师抱一下！"云云有点羞怯地走到张老师面前，张老师把云云抱在怀里，并轻轻地说："很棒！"

"我来帮你整理领子"②

小班小朋友们在吃午间加餐，张老师一边在各个小组之间检查小朋友吃饭的情况，一边和保育老师聊着什么。走到第三组时，张老师发现宝宝的衣领没有整理好。张老师一边弯下腰帮宝宝整理衣领，一边亲切地对同一组的小朋友们说："你们有没有看到宝宝的衣领不整齐？我希望每个小组的小朋友起床后，都能帮同伴看一下衣服是否整理整齐，因为有时候自己看不到呀。"同一组的华盈听到张老师的话，也伸出手帮宝宝整理了一下，张老师对华盈笑了笑。

---

①② 案例来自张平观察记录.

上述两个案例分别是教师通过明确幼儿和自己的行为来树立榜样行为，即助人和关心他人。教师通过描述云云的行为并且给予口头表扬和拥抱来说明云云的行为是好的行为，被同伴和教师接受。教师的表扬和拥抱既是对云云亲社会行为的肯定和强化，也为其他幼儿树立了良好的学习榜样。在第二个案例中，教师为宝宝整理衣领，并说明自己的行为，引导其他幼儿和教师一样关心同伴。就像孩子是家长的"镜子"一样，幼儿同样也是教师的"镜子"，教师要把幼儿培养成什么样的人，自己首先要做什么样的人。

二、环境熏陶法

环境熏陶法是指利用环境条件、生活氛围和教师本身的言行举止，对幼儿进行积极感化、熏陶，潜移默化地影响幼儿社会态度和行为的方法。优美的自然环境、良好的社会环境和教育者有意识创设的教育情境为幼儿社会性发展与教育提供了有利的条件。

幼儿社会学习具有很大的随机性和无意性，相较于专门的社会教育活动，通过环境熏陶，于潜移默化中培养幼儿的良好行为习惯，是幼儿容易接受的教育方式，其效果也要比言语传递好得多。因此，环境熏陶法在培养幼儿社会情感和适宜社会行为方面具有重要作用。

环境熏陶体现在幼儿园环境及一日生活的方方面面，是幼儿园和班级整体面貌的展现。苏霍姆林斯基认为，要让环境中的一切都是"会说话的"。干净整洁、温馨温暖、充满童趣的园所和班级环境可以培养幼儿对于幼儿园和班级的归属感。和蔼可亲、充满爱心的教师使幼儿觉得自己处在安全的和被接纳的氛围中。标识清晰、规则分明的区域设计使幼儿体验遵守规则给自己带来的自由。同时，为幼儿设置舒适又具有一定隐密度的私密空间也可以为幼儿提供一个暂时从集体生活的压力中释放自己的去处。最后，要求明确、张弛有度的一日活动安排不仅能够使幼儿对即将发生的事情做好充分的准备，也为活动顺利开展奠定了基础。环境熏陶法要求关注环境中的每一个细节，其功能的发挥离不开幼儿园全体保教人员的协同合作。

使用环境熏陶法对幼儿进行社会教育要注意以下几点。

第一，环境熏陶法利用的是整个幼儿园环境条件、生活氛围，提供一个接纳、温暖及开放的环境是首要的条件。因此，幼儿园需要全园合作，步调一致地为幼儿创设良好的环境，营造关心友爱、温馨和谐、积极向上、安定有序的生活氛围，形成良好的幼儿园文化。

第二，潜移默化是环境熏陶法区别于其他方法的独特之处，因此要尽可能让环境说话，避免过多的言语说教。如：区域划分明确，空间适宜；在每个区域的入口都张贴清晰明确的行为规范，用醒目的标示标记出哪些行为是可以接受的，尽量关注积极行为，避免"不要……""禁止……"这样的字眼和句子。

第三，让幼儿参与环境创设。温馨舒适、充满童趣的幼儿园环境需要幼儿的积极参与，让幼儿动手画一画、剪一剪，亲身参与与自己息息相关的环境的创设之中，留下自己的印记，不仅能够让其体验到胜任的感觉，还可以激发幼儿的归属感，让幼儿感受到自己是团体有用的一分子。

第四，教师应主动和幼儿聊天，认真倾听幼儿的想法并做出回应，也可以通过拥抱或手势、口头鼓励，使幼儿感受到保教人员对自己的关心与爱护。

三、共情体验法

共情是人本主义创始人卡尔·罗杰斯（C. R. Rogers）提出来的，是指在特定情况下一个人对另一个人情感体验的理解，换言之，就是设身处地地站在他人的立场上分享和理解他人的感情，这是一种积极的社会性情绪和情感。共情是人际交往的情感基础。有研究发现，到了3岁，幼儿越来越开始关注他人，已经能够理解他人的感受和观点与自己的不同，并且越来越注意他人的需要，出现最初的共情信号。使用共情体验的方法对幼儿进行社会教育是指通过一些形式，使幼儿能够理解和体验别人的情绪，并且在以后遇到他人有相似的情绪时能够主动理解和分享。

幼儿的共情能力并不是自然而然产生和发展的，需要通过一些共情教育才能逐渐获得。增强幼儿共情能力的方法有讲故事、续编故事、情景体验和角色扮演等。

无论采用哪种方法增强幼儿的共情能力，都应该注意以下几点。

第一，不管是故事情境还是生活情境，都必须是幼儿熟悉的，或者是他们能够理解的，即符合幼儿的认知特点和生活经验。

第二，幼儿的已有经验是产生共情的基点。充分调动幼儿的已有经验，使幼儿通过体验相似情境来学习换位思考，尝试理解他人的想法和需要，从而唤起幼儿对角色、情境等的情感共鸣。

第三，引起幼儿的情感共鸣不是最终目的，还要注重培养幼儿的共情表现，养成良好的行为习惯，使幼儿能够在情感共鸣的基础上做出适宜的行为。比如，看到别的小朋友因为跌倒而哭的时候不只是为他感到伤心，还能主动安慰对方，提供力所能及的帮助。

第四，教师不应该成为旁观者，而应该和幼儿一起投入情感。苏霍姆林斯基认为，对于小孩子来讲，认识世界是从认识人开始的。教师用什么样的语气说话，目光和举止表达什么感情，已经在幼儿面前揭示着教师的真实情感。当教师言行不一、情感不真诚时，幼儿内心会产生矛盾，这不利于共情的产生。

四、鼓励法

斯坦福大学行为心理学教授卡罗尔·德韦克（Carol Dweck）经过数十年的研究，发现人存在两种思维模式——僵固型思维模式和成长型思维模式。持僵固型思维模式观点的人认为，人的聪明智慧都是天生的、固定的，后天努力无法弥补先天的缺陷。持成长型思维模式观点的人认为，人是在不断成长的，持续的努力会带来意想不到的收获。具体到幼儿园教育情境中，当幼儿成功完成一幅画时，僵固型思维模式的教师会说："你画得真好！你太聪明了！"成长型思维模式的教师会对幼儿说："这幅画使用了许多绚丽的色彩，能跟我说说都有哪些吗？"

在行为主义心理学家斯金纳（B. F. Skinner）的强化理论的影响下，奖励和表扬成为幼儿园教师规范幼儿行为的一个"简单好用，欲罢不能"的工具。许多教师喜欢且频繁使用奖励和表扬，"很棒""聪明""动作真快"等话语几乎贯穿一日生活。持僵固思维模式的教师认为，幼儿表现好是因为他们很聪明、有能力，因此，表扬的重点就是幼儿的特质。但是，德韦克等人的研究发现，表扬孩子的智力或自身特质会打击他们的积极性，从而影响他们的表现。如果成功只是意味着他们很聪明，那么失败便表明他们很愚笨，这就是僵固型思维模式的弊病所在。这一发现也被幼儿园一线教师们证实，即奖励和表扬的效果日益"疲软"。

持成长型思维模式的教师选择鼓励而不是表扬来肯定幼儿的成功。鼓励是教师通过认可幼儿的努力和成绩来表达对幼儿的关注，不做任何针对幼儿本身特质的判断，也不会把教师的喜爱作为"诱饵"来引诱幼儿。其关注的焦点是幼儿做了什么、学到了什么，而不是幼儿是否会让教师满意。鼓励体现的是一种更平等的师幼关系，是教师对幼儿生命成长的关注，注重的是幼儿真实生命力的展现，可以避免滋生功利行为。

教师可以尝试以下策略鼓励幼儿。

第一，参与幼儿的游戏。教师参与游戏既可以让幼儿感到他们的活动和想法是重要的和有意义的，又可以给教师提供机会为幼儿引进新经验，扩展幼儿的知识和技能。以创造性角色游戏中的"面包房"为例，如果教师仅仅说"你们的面包很美味"，游戏就不可能往更多创造性的方向发展了。教师应该完全进入游戏中去，让自己变得好玩，启发幼儿去尝试做出挑战。

第二，鼓励幼儿描述他们的努力、想法和成果。不要对幼儿说"你的画很漂亮""你的城堡很雄伟""你的脑子很聪明"等话语，而应该给他们具体的建议，鼓励他们讨论做了什么、是怎样做的，这些对他们是重要的。教师的注意力要集中在幼儿的行动上，而不是结果上，鼓励幼儿思考和描述他所做的事情，这不但会促成一次关于该活动的自然的交流，也能帮助教师和幼儿建立一种真实的师幼关系。

第三，重复和复述幼儿的话。通过重复和重述幼儿的话，可以使幼儿明白教师是在认真听他们说话，并且认可他们的活动和努力。同时，还可以为幼儿提供学习新词汇的机会。[①]

五、行为训练法

行为训练法是指教师在社会教育过程中，组织幼儿按照正确的社会行为

---

① 安·S. 爱泼斯坦. 学前教育中的主动学习精要：认识高宽课程模式 [M].霍力岩，等译. 北京：教育科学出版社，2011：55-56.

规范要求自己，通过参加各种活动受到实际锻炼，形成良好的社会行为习惯。这种方法是形成和巩固幼儿社会行为的重要方法之一。

幼儿的未成熟状态决定了其发展的极大可能性，同时也突出了幼儿社会教育的复杂性，教师需要在熟练掌握幼儿心理发展特点和尊重幼儿需要的前提下，促进、引导幼儿社会行为的发展。幼儿社会教育需要教师发挥其权威性，对幼儿的社会行为提出明确的要求并加以训练。教育的本质一定是干预，幼儿社会性行为需要训练。正如农民之间流传的一句俗语："种草可以，种苗不可以。"种草可以望天而收，因为我们对草没有期望，也不要求它们为我们提供食粮。但是，种苗不可以。我们的社会需要优质的"苗"，而不是果实多寡、质量好坏都无所谓的草，因此，幼儿教育工作者在社会教育实践中必须不断"精耕细作"，绝不能以顺其自然的方式"望天而收"。

良好的行为习惯、生活习惯以及社交礼仪的培养不能仅靠几次活动和说教，应经过反复训练和指导，使幼儿在不必懂得很多道理的情况下，能自觉地按正确的方法去面对周围世界，在实践中不断适应社会。通过训练进行社会教育的方式是多种多样的，可通过创设情境（如情境故事法），也可通过多种实践活动（如各种劳动、社会实践、整理玩具、做值日等），还可通过一日生活中的各种情境，专门或者随机训练幼儿的社会行为（如来园和离园的礼貌行为训练、同伴交往中通过适宜的方式加入或发起游戏的训练、用餐前后的卫生行为习惯的训练等）。

教师在运用行为训练法时，应注意以下几点。

第一，行为训练需要教师做到心中有数。明确的行为训练目的和要求，严密的活动设计，合理的时空安排，每一步都要事先详细而周密地计划，这是行为训练法发挥最大效果的保障。

第二，行为训练要循序渐进，练习的内容应是幼儿所能接受的。训练内容应该来源于幼儿的日常生活经验，如见面和分别时应该说哪些礼貌用语，什么样的场景应该说"对不起""谢谢""不"等，避免提出空洞、抽象的要求。

第三，目标行为要反复训练，做到持之以恒。幼儿在园一日生活中的每个情境都是进行训练的机会，不要忽视每个环节，要坚持通过日常的学习、劳动和生活进行反复练习，使幼儿形成各种行为习惯。所选方法要能激发幼儿的练习兴趣，带给他们愉悦感和成就感，充分调动幼儿的练习积极性，从而提高练习的效率和质量。

第四，要充分尊重和发挥幼儿的主动性和积极性，训练方式应丰富多样，激发幼儿练习的兴趣，让幼儿在练习中真正体验到快乐，达到练习的目的和效果。

案例

"爷爷再见"

中班入园时间，齐老师带着先来的小朋友在教室隔壁的音体室玩耍。乐乐拉着爷爷的手走进音体室，明亮的笑脸看着齐老师，并说："齐老师，早上好！"齐老师也亲切地摸摸乐乐的头说："早上好！"乐乐看到小朋友们玩得开心，撒开爷爷的手就要加入进去，齐老师拉住马上就要跑开的乐乐，说："还没有跟爷爷说再见呢。"乐乐向爷爷挥了挥小手说："爷爷再见！"爷爷呵呵地笑了笑，看了一眼说完话就一头扎进小伙伴中间的乐乐，然后对齐老师说了声"再见"就离开了。

幼儿早晨入园时，我们经常会看到上述情境。教师日复一日地要求幼儿对要离开的爸爸妈妈或者爷爷奶奶说"再见"，这种持之以恒的反复训练使幼儿逐渐掌握尊重长辈、对分开的人说"再见"的社交礼仪。

第十章 ••••••••••••••••••••••••••••••••

幼儿社会教育活动案例与评析

　　本章所呈现的教育活动案例由活动来源、活动设计、教学策略评析和教学资料四部分组成。现根据幼儿社会领域关键经验的具体内容，将活动案例进行如下分类。

表 10-1　不同年龄班活动案例

年龄班	内容	活动案例
小班	自我	我是男孩子，我是女孩子
	他人	我会借玩具
	社会文化	小猴排队
中班	自我	微笑
	他人	认识你呀真高兴
	社会文化	鞋匠师傅本领大
大班	自我	让我再试一次
	他人	我们的新小组
	社会文化	钱币世界

第一节　小班活动案例与评析

一、我是男孩子，我是女孩子①

（一）活动来源

幼儿性别教育是对幼儿进行自我性别意识的一种教育，在教育领域中没有明确的表述，"区分男女生"是幼儿园社会性发展教育的常规活动。这个教学活动适合在幼儿园小班幼儿入园初级阶段时进行。幼儿在这个时候，很是好奇自己和同伴的不同，如厕时会观察、模仿异性同伴的动作，还在游戏中尝试异性同伴的服饰、发式、衣着，对自己扮演娃娃的爸爸还是妈妈常常不能确定。教师在组织一些有关按性别分组的游戏时，提到男孩子站到这边，女孩子站到那边，或男孩子与女孩子交换位置玩时，很多幼儿都弄不清楚自己应该站到哪儿，需要一个个地去帮他们找位置。在教学活动中，通过游戏和形象的动画，我们引导幼儿结合已有生活经验，了解男孩和女孩在外貌特征上的明显差异，学习观察区分男孩、女孩，并认识自己的性别，从而对幼儿性别角色行为发生影响，为发展幼儿的自我意识、形成良好健康的人格打下基础。

（二）活动设计

活动目标

1. 了解男孩和女孩在外貌特征上的明显差异，并学习观察区分男孩、女孩。
2. 认识自己的性别，初步认识自我，发展自我意识。

---

① 活动案例由楼瑞芳提供.

活动准备

1. PPT 1—5。
2. 图片 1—2。

活动过程

1. 观看 PPT，引导幼儿结合已有经验，通过观察学习区分男孩、女孩。

（1）观看 PPT 1。

教师：今天老师带来了好多小客人，他们躲着不肯出来，我们一起来喊他们，好吗？看，先来了两个小朋友，他们好害羞哦！把脸蒙起来了，只露出了自己的身体。他们俩中间有一个男孩一个女孩，你们仔细看看，谁是男孩，谁是女孩？你是怎么知道的？

幼儿讨论猜测后，出示画面全景（男孩和女孩全身画）。

小结：原来男孩子穿裤子，女孩子还可以穿裙子。

（2）观看 PPT 2。

教师：又来了两个小朋友，他们这次把身体藏起来了，只露出了头。他们也是一个男孩子，一个女孩子，你们猜猜，谁是男孩，谁是女孩？

幼儿讨论猜测后，出示画面全景（男孩和女孩全身画）。

小结：男孩子头发比较短，女孩子头发比较长。女孩子还可以扎小辫子，头上还可以戴上好看的发夹和头花。

（3）观看 PPT 3。

教师：还有两个小朋友，他们着急要小便就去厕所了，我们只能看到他们的影子。告诉你们，他们也是一个男孩子，一个女孩子，猜猜，谁是男孩，谁是女孩？

幼儿讨论猜测后，出示画面全景（男孩和女孩全身画）。

小结：男孩子是站着小便的，女孩子是蹲着小便的，男孩和女孩小便的姿势不一样。

2. 认识自己的性别，初步认识自我。

（1）讨论：你是男孩子，还是女孩子呢？你怎么知道的？

（2）从服饰学习区分性别。

教师（出示图片1）：看看这两身衣服，哪一身你穿会很好看，很合适呢？想好了就站在你选的图片下面。

教师（出示图片2）：看看这两个孩子的头发，你认为自己梳这样的头发还是那样的？想好了就站在你选的图片下面。

（3）延伸讨论：男孩子长大了能变成谁？（结合回答出示PPT4）

女孩子长大后能变成谁？（结合回答出示PPT5）

3. 通过游戏，进一步巩固对男孩和女孩明显差异的认识。

教师：这里有好多小娃娃，你们自己去选一个，看清楚他是男孩还是女孩，然后去看看老师为娃娃们准备的漂亮衣服。你们去挑几件给你的娃娃打扮起来，打扮的时候要想一想，哪个可以给男孩子，哪个可以给女孩子哦！

4. 结束活动：幼儿带着自己打扮好的玩具娃娃与同伴自由交流。

（三）教学策略评析

这个教学活动的重点是让幼儿从衣着、发型、如厕姿势三个特点区分男孩子和女孩子的不同，PPT 1、PPT 2、PPT 3的运用很好地突出了重点，让幼儿能排除其他干扰，突出要求观察衣着、发型、如厕姿势三个点。这个活动的教学难点是幼儿从对他人的观察评价，转移到对自己的认识，对自己性别的认可，对自己成长变化的认知。PPT 4、PPT 5有关男孩子和女孩子的成长，虽然简单，但是却帮助幼儿形象地进行了归纳，这是很有必要的。

过去我们进行这个活动时，虽然也运用图片甚至直接让一个男孩、一个女孩上来让幼儿辨别，但效果并不是很理想。孩子年龄小，直觉行动思维尚且存在，具体形象思维占主导，这决定了活动设计必须生动、形象，形式新颖。动画课件色彩简单鲜艳，能动起来，大大吸引了孩子们的眼球，而且没有无关画面、色彩干扰，重点突出。活动一步紧扣一步，看似简单自然，实际都紧紧围绕教学目标。

（四）教学资料

1. PPT 内容。

PPT 1内容：一个男孩，一个女孩，头部分别用扇子挡住，只露出身体及衣着。控件：可以去掉扇子，露出男孩和女孩全貌。

PPT 2内容：一个男孩，一个女孩，分别躲在小树丛后面，只露出头部，女孩有辫子。控件：男孩和女孩从小树丛中出来，露出全貌。

PPT 3 内容：一个男孩和一个女孩的剪影，男孩在站着小便，女孩在蹲着小便。控件：厕所门移开，露出男孩和女孩全貌。

PPT 4 内容：小男孩、大哥哥、爸爸、爷爷的照片，反映同一个人成长的历程。

PPT 5 内容：小女孩、大姐姐、妈妈、奶奶的照片，反映同一个人成长的历程。

2. 图片内容。

图片 1：漂亮的花裙子一条，汗衫加背带裤一套。

图片 2：有着长长头发的布娃娃和短发男孩头像。

二、我会借玩具①

（一）活动来源

借玩具是幼儿在日常生活中经常发生的事，当自己想玩别人好玩的玩具时，由于不懂得如何与别人协商，所以经常出现哭、闹、抢、夺的现象。怎样做才能使同伴乐意借出自己的玩具，让自己和同伴都感到快乐呢？如果一味鼓励幼儿讲团结、会谦让，好的东西要乐意与别人分享，会造成一部分幼儿视别人的东西为自己的东西，认为只要我提出借玩具的要求，别人就应该理所当然地把东西让出来。因此，本活动将围绕如何向同伴借玩具的主题，引导幼儿懂得别人的东西不是自己的东西，别人不给你玩一定是有原因的；要学会体谅他人的心情，尊重玩具主人的感受，能够坦然面对拒绝。同时，帮助幼儿学习与人交往的方法与策略，感受与同伴游戏的乐趣。

（二）活动设计

活动目标

1. 通过情境表演初步学习借玩具的方法。

2. 在探索游戏中实践运用同伴交往的策略。

---

① 活动案例由殷敏提供.

3. 体验与同伴交往的乐趣，提高社会交往能力。

活动准备

1. 拖拉玩具、皮球、遥控汽车各一个；幼儿自带的长毛绒玩具两个。
2. 球、圈若干。
3. 事先排练三段情境表演，请一位教师戴上兔头饰扮演小兔。

活动过程

1. 学习运用与人交往的礼貌语言。

（1）请出小兔，观看情境表演1。

教师：小兔的玩具好玩吗？你想玩吗？说什么样的话，怎么说，才能跟小兔借到玩具呢？

（2）幼儿向小兔借玩具，并进行语言交流（个别、集体练习礼貌语言：请你把玩具借给我玩玩好吗？谢谢……）。

（3）教师小结：想玩别人的玩具，可以跟他说有礼貌的话，这样别人会很乐意把玩具借给你玩。

2. 学习合作玩玩具的方法。

（1）观看情境表演2。

教师：你想玩小兔的皮球吗？如果想玩，你有什么好办法？

（2）幼儿礼貌地向小兔借玩具，小兔拒绝道："不行，这只新皮球我还没玩够呢！给你玩了，我就没得玩了。"

教师：小兔为什么不愿意把玩具借给你们玩？（引导幼儿关注被拒绝的原因）

教师：有什么办法能让小兔和你都能玩到皮球呢？（幼儿再次向小兔借玩具）

（3）如交往再次失败，教师引出合作玩的方法："小兔，我和你一起玩滚皮球，好吗？"

教师：老师想出了什么好办法，小兔就愿意把玩具借给我玩了呢？（幼儿练习合作玩的方法）

（4）教师小结：当别人不愿意把新玩具借给你玩的时候，可以想出和他一起玩的方法，让大家玩得都开心。

3. 学习交换玩玩具的方法。

（1）观看情境表演3。

教师：小兔的遥控汽车真好玩，怎么样才能借到小兔的玩具呢？（幼儿尝试用前面两种方法借玩具，小兔拒绝道："不行，遥控器只有一个，给你玩了，我就没得玩了。"）

（2）教师去向小兔借玩具同样失败。

（3）出示幼儿带来的长毛绒玩具，启发幼儿与小兔交换着玩玩具。

教师：小兔有一个玩具，你们手上也有一个玩具，你们想玩小兔的玩具，小兔也想玩你们的玩具，那我们可以怎么办呢？（归纳：交换）

（4）教师小结：想玩别人的新玩具，有很多方法，可以说有礼貌的话，也可以商量着一起玩，还可以交换着玩。

4. 实践活动。

（1）教师出示球、圈，请一部分幼儿玩。

（2）请其他的幼儿与他们交往，实践借玩具的方法。

（三）教学策略评析

1. 运用三段情境表演的方式展开交往学习，直观形象，易于小班幼儿理解。

在教学中，我们请一位教师扮演小兔，全班幼儿通过向小兔反复借玩具来学习交往的不同方法。孩子们向小兔借玩具的过程好像是在玩一场游戏，当游戏结束时，方法也自然习得了。因此，根据幼儿的年龄特点采取一些形象生动的教学形式，将道理的领悟、行为的习得融入游戏中，是一种有趣并有效的课堂教学方式。

2. 选择合适的材料，将不同的交往策略隐含其中。

教师选用了拖拉玩具、皮球、遥控汽车三样材料，引出了三种借玩具的策略，即通过语言获得玩具，通过共同游戏获得玩具，通过交换玩具获得玩具，体现了在运用幼儿已有交往经验的基础上，由易到难逐步引入新的交往策略。

3. 教师融入幼儿交往中，增强师幼互动的效益。

在第二个环节中，当孩子们向小兔借皮球并遭拒绝时，教师主动加入借皮球的过程中，借皮球的过程其实是对"一起玩"交往策略的示范。第三个教学环节是向小兔借遥控汽车，其交往策略是学会与同伴"换着玩"玩具。当孩子们在尝试用第一、第二种方法与小兔交往失败后，他们又把希望寄托在老师的身上，一致推举老师再次去向小兔借玩具，可是这次交往的结果是——老师也没成功，这让孩子们非常意外。原来，老师做事也会有不成功的时候，看来小朋友遭遇失败也不是什么了不起的事。这样的效果完全达到了当初的设计初衷，即让孩子们知道老师不是万能的，每个人做事都有可能遭受到失败。

（四）教学资料

情境表演内容

1. 小兔拉着拖拉玩具上场，边走边说："我是小兔，这是妈妈给我买的拖拉玩具，真好玩!"

2. 小兔边玩皮球边说："这是我爸爸送给我的新皮球，我可以拍一拍、抛一抛、滚一滚，真好玩!""不行，这是我爸爸送给我的新皮球，我还没玩够呢!"

3. 小兔边玩边说："这是叔叔送给我的遥控汽车，真好玩。""不行，遥控器只有一个，给你拿了，我就没得玩了。"

三、小猴排队①

（一）活动来源

小班幼儿入园后，开始接触各种各样的集体活动，如如厕、盥洗、游戏等。集体活动要求孩子们有一定的秩序性，以保证各项活动的顺利开展。守秩序是公民的基本素质，需要从小培养。如何帮助小班幼儿将按序做事内化为个人的自觉意识呢? 通常情况下，教师会在日常活动中通过示范、讲解和行为练习的方式帮助幼儿建立相应的规则意识。而本活动则是提取了幼儿日常生活中需要排队守秩序的典型片段，客观地呈现在幼儿面前，使幼儿直接

---

① 活动案例由殷敏提供.

感受到排队在生活中的必要性，同时借助帮助小猴子解决问题这一情境，使规则从抽象的语言表述和讲解变为具体、形象的展现，引导幼儿通过实践活动掌握排队的方法，感受排队给生活带来的便利。

（二）活动设计

活动目标

1. 知道排队时不拥挤、不插队，学习正确的排队方法。
2. 感受排队给日常生活带来的便利。
3. 能专心地倾听，积极参与。

活动准备

1. 根据故事《猴子过河》自制挂图。
2. 自备材料：①猴子手偶一个；②幼儿生活中排队的照片（教师自拍班级幼儿在玩滑滑梯、接水、下楼时排队的照片）；③神奇摸箱三个（每只纸箱上留一个洞，大小以能伸进幼儿一只手为宜），小礼物三种，数量与幼儿人数相同。

活动过程

1. 看挂图，听故事《猴子过河》，了解猴子过不了河的原因。
（1）教师借助图片讲故事，边讲边引导幼儿观察图片内容。
（2）引发幼儿思考猴子过不了河的原因。
教师：猴子为什么过不了河呢？它们怎样才能又快又稳地过去呢？
2. 学习正确的排队方法，了解排队给生活带来的好处。
（1）观看生活中小朋友排队的照片。
教师：小朋友在幼儿园生活时，是不是也需要排队呢？
教师：他们是怎么排队的？为什么要排队呢？不排队会怎样？
（2）教师请一组小朋友练习排队，同时运用猴子木偶演示正确排队的方法：后来的人要站到队伍的最后面，不能插队。
教师小结：在生活中，我们经常需要排队，排队时要一个跟一个，后来的小朋友要站在队伍的最后面，这样我们做事才会又快又方便。

3. 练习排队的正确方法。

（1）出示神奇摸箱。

教师：小朋友都很能干，学会了排队的本领，今天老师特意准备了礼物要送给小朋友。礼物就藏在这三个神奇摸箱里，想一想，这么多人都去摸礼物会怎样呢？怎么样才会不拥挤呢？

（2）幼儿分别排成三队取礼物，每人可以分别摸三种礼物。教师加强观察，帮助个别幼儿掌握正确的排队方法。

教师小结：今天，小朋友知道了在人多时要排队的道理，也学会了排队的正确方法。希望你们在生活中能坚持按正确的方法做个守规则的好孩子。

活动延伸

1. 在日常生活中，鼓励幼儿主动运用排队的方法，同时教师可以在茶水桶、洗手池等经常需要排队的场所贴上小脚印，表示这是第一个到的小朋友所站的位置，帮助幼儿养成自觉排队的习惯。

2. 父母带孩子去公共场合时，要引导孩子学会排队，自觉遵守社会秩序，做个讲文明的好孩子。

（三）教学策略评析

1. 选择适宜小班幼儿年龄特点的故事导入，引发幼儿对现象原因的关注、讨论。

故事和图片的引入，避免了枯燥的说教，将幼儿的关注点集中在了帮助小猴解决问题上，使话题讨论具有了趣味性和情境性，而问题的答案直接将幼儿指向了规则的讨论，有效地提升了课堂的效率，同时也使课堂气氛轻松、愉快。

2. 通过幼儿生活片段的展现，引发对自身行为的讨论。

小班幼儿的思维具有直觉行动性，对日常活动中无意识的行为不会深入地进行思考。而通过出示照片或录像，小班幼儿以一个旁观者的身份去观察自己和同伴的行为，客观审视自己。对现象进行讨论的过程，帮助幼儿清晰地提炼排队规则并为内化为自觉的意识打下了基础。

3. 鼓励幼儿主动运用习得的规则，在游戏情境下进行实践。

幼儿对排队规则的认识较为浅显，因此行为实践是鼓励幼儿主动运用获得经验的必要途径。教师设计了巧妙有趣的情境（只有一条小路可以到达宝箱），幼儿为了快速地得到三种礼物，必须要学会与同伴共同活动，并且主动运用排队的规则。这一活动环节的设计促进了教学目标的达成。幼儿在获得礼物的同时，也体验到了运用排队规则的好处，有效地强化了规则意识。

（四）教学资料

猴子过河

有一群小猴子来到河边，看见河对岸有一棵桃树，上面结满了又红又大的桃子。小猴子都想吃到桃子，于是它们争先恐后地挤上了独木桥。独木桥太窄了，小猴子们被挤得东摇西晃，一只小猴子快被挤到河里去了。一只老猴子急忙说："快回来！要一个跟着一个排队过桥。"小猴子听了老猴子的话，一个跟着一个排好队，又快又稳地过了桥，它们都吃到了又红又甜的桃子。

第二节　中班活动案例与评析

一、微笑①

（一）活动来源

孩子脸上出现最多的表情是什么？一定是笑容。那么，微笑是什么？微笑有什么作用？什么时候需要微笑呢？孩子们并不知道。其实微笑并不是一种简单的表情，它所表达的含义丰富多彩。微笑不仅能带给我们快乐，更能

---

① 活动案例由张蓉提供.

帮助我们与人交往。

为此，我们设计了本活动。首先，选择了童话故事《蜗牛的微笑》，引导幼儿感受小蜗牛用微笑给大家带来的快乐。其次，观看《各行各业的人们的微笑》，感受微笑带给我们的温暖感觉，并引导幼儿在角色扮演中真切地感受微笑的作用。最后，欣赏北京奥运会和上海世博会志愿者工作的宣传片，帮助幼儿进一步理解微笑的意义。

（二）活动设计

活动目标

1. 知道微笑是我们的好朋友，可以让我们的生活变得快乐。
2. 体验把快乐带给别人的同时，自己也能得到快乐。
3. 愿意用自己的方式表达对微笑的理解。

活动准备

1. 搜集、制作关于各行各业人们的微笑的 PPT 或视频，以及北京奥运会志愿者宣传片或上海世博会志愿者宣传片。
2. 根据故事《蜗牛的微笑》自制 PPT。
3. 画有笑脸的圆形小卡片或笑脸贴纸。
4. 将本班幼儿生活中的笑脸制作成 PPT。
5. 《歌声与微笑》音乐。

活动过程

1. 师幼间相互问候，初步感受微笑的作用。
（1）教师微笑着和幼儿互相问好：小朋友们好！
（2）教师：小朋友，你们最喜欢的表情是什么？请你和同伴微笑着打个招呼。看到别人对你微笑，你的心里有什么感觉？
（3）初步理解微笑的作用。
教师：看到同伴的笑容，你们的心里都很开心，都很快乐。当你对别人微笑了，别人也会对你微笑的。

2. 欣赏故事《蜗牛的微笑》，交流对微笑的理解。

（1）教师演示 PPT。

教师：老师这里有一个关于微笑的故事，看看故事里谁笑了？为什么笑？

（2）幼儿交流对微笑的理解。

教师：故事里谁笑了？为什么会笑呢？微笑会带给你什么样的感觉呢？

3. 用自己的方式感受微笑。

（1）迁移生活经验，幼儿自由讲述自己在生活中的微笑。

教师：请你和身边的小朋友说说，你在生活中喜欢笑吗？什么时候会对别人微笑？

（2）演示本班幼儿的笑脸 PPT，引导幼儿体验微笑的力量。

教师：看看这是谁？说一说你为什么微笑，微笑能帮助你做些什么。

4. 观看《各行各业人们的微笑》，进行角色扮演，感受身边处处有微笑。

（1）幼儿自由讲述自己见过的微笑。

教师：你们还在哪里见到过微笑？

（2）观看《各行各业人们的微笑》。

教师：你看见哪些人在微笑？他们为什么要微笑？

（3）通过角色扮演，进一步感受微笑的作用。

教师：你们在玩开商店游戏时会微笑吗？什么时候需要微笑？让我们来试一试吧！

5. 观看志愿者的宣传片，体验把快乐带给别人的同时，自己也能得到快乐。

（1）观看视频，播放音乐《歌声与微笑》。

教师：在我们的身边有一群人，他们是因为帮助了别人而微笑，他们就是志愿者。让我们来看一看志愿者的微笑。

（2）教师小结：在我们的身边，微笑无处不在，微笑能给自己和别人带来快乐，所以我们的脸上要常常挂着甜美的微笑。

（三）教学策略评析

微笑是什么？就是微微的笑，是从内心散发出来的。微笑不仅是一种表情，更是一种感情。有时，微笑是对一个人最好的肯定与鼓励，是一种与人交往的好方法。本活动开始运用最直观的语言和表情，生动地进行师幼问候，让幼儿充分感受到微笑的美丽。然后，结合幼儿的生活经验，让他们来说一说、演一演自己在生活中什么时候会用到微笑。接着，用喜欢的故事形式告诉他们，微笑其实是一种良好的交往策略，它能让我们找到许多好朋友。紧接着，我们又回归到幼儿的现实生活中，利用他们的亲身体验，进一步认识微笑的作用。活动的最后环节，通过生动的视频，让幼儿感受到微笑的魅力。教孩子学会微笑，是帮助他们走进社会、适应社会的第一步。

二、认识你呀真高兴①

（一）活动来源

个体发展离不开与不同年龄伙伴的交往。没有与年长者的交往，将减少学习知识和技能的机会。没有与年幼者的交往，会使幼儿社会责任心、自主感的发展难以实现。目前，大多数的幼儿因受家庭居住环境和家庭教养方式的影响，与同伴交往、游戏的机会受到限制，因此在交往中会出现以自我为中心的现象，在相处中也缺乏大胆交流、关爱弱小等意识。

幼儿园有不同年龄的班级，一般同年龄幼儿的横向交往活动较多，跨年龄交往活动少。因此，在条件允许的情况下，本活动尝试开展了中、小班的混龄活动，让幼儿与不同年龄班的幼儿交往，初步感受到与不同年龄伙伴学习、游戏的快乐。

（二）活动设计

活动目标

小班

1. 大胆和哥哥姐姐交往，愿意向哥哥姐姐学习本领。

2. 体验共同活动的快乐。

中班

---

① 活动案例由赵慧芬提供.

1. 帮助弟弟妹妹初步掌握叠衣服的方法。

2. 感受关爱、帮助弟弟妹妹的快乐。

活动准备

1. 小班幼儿玩过游戏"我的朋友在哪里""炒萝卜"。

2. 中班幼儿会叠衣服；玩过游戏"我的朋友在哪里""炒萝卜"。

3. 贴有每一个幼儿照片的花朵；衣服若干；朋友花园背景图；小蜜蜂贴画。

活动过程

1. 游戏活动。

（1）玩游戏"我的朋友在哪里"。

教师：今天，我们班来了中班的哥哥姐姐，我们欢迎他们好吗？

教师：你们想和中班的哥哥姐姐做朋友吗？我们和他们一起玩找朋友游戏好吗？

（2）小朋友去找一个哥哥姐姐做朋友。

2. 认识新朋友。

（1）了解如何介绍自己。

教师：请你们坐下来互相认识一下，介绍一下自己。怎么介绍呢？请两位小朋友来试试看（可以拿着自己的小花介绍、交换）。

（2）幼儿互相介绍，教师指导。

（3）请小朋友两两介绍自己认识的新朋友。

教师：请两位小朋友来介绍一下自己新认识的好朋友，说说：好朋友叫什么，几岁了，是哪个班的？（每一对幼儿介绍之后，教师出示朋友花园背景图，将幼儿的朋友花贴上去）

3. 一起叠衣服。

（1）中班小朋友教小班小朋友叠衣服。

教师：这里有些衣服中班的哥哥姐姐会叠吗？你们愿意教弟弟妹妹叠吗？（请幼儿说一说）

（2）小班小朋友向中班哥哥姐姐学习叠衣服。

教师：请弟弟妹妹去和你们的新朋友学一学吧！

教师交代要求：先叠一遍给弟弟妹妹看，再让弟弟妹妹练习几次。如果弟弟妹妹会了，就送给弟弟妹妹一个贴画。

（3）幼儿学习，教师指导。

（4）请好朋友一起展示自己叠的衣服，并请中班哥哥姐姐说说小班弟弟妹妹是否学会了。学会的一对好朋友在朋友花园上贴上一只小蜜蜂。

（5）请弟弟妹妹向哥哥姐姐表示感谢（拥抱、握手等）。

4. 合作玩游戏"炒萝卜"。

（1）请中班哥哥姐姐教弟弟妹妹玩"炒萝卜"游戏。

（2）换个朋友再玩一玩。

（三）教学策略评析

1. 精心设计合作游戏，让幼儿在实践中自然交往。

整个教学活动以多个合作游戏串联起来，让幼儿在合作游戏中充分地交往互动。第一环节的音乐游戏，在缓解幼儿陌生感的同时，让幼儿迅速找到一个其他班级的朋友。第二环节充分利用颜色小花的标记，让幼儿初步尝试介绍自己，了解好朋友的基本信息（名字、班级、年龄等），这也是人际交往的基本方面，并且通过朋友花园的环境布置让幼儿巩固对好朋友的认知。第三环节，中班幼儿教小班幼儿叠衣服。这是一个合作完成任务的环节，也是幼儿行为实践的环节。幼儿在共同完成任务的过程中，不知不觉地运用了语言、表情、动作等多种手段交流，学习叠衣服，也增进了新朋友之间的友情。第四环节的"炒萝卜"游戏让活动达到了高潮，在有趣的游戏氛围中，幼儿之间的交往更加自然。同时，老师也提出了更高的要求——学会游戏后再找不同的朋友玩，让幼儿扩大交往范围，勇敢大胆地交往，充分感受和朋友一起游戏的快乐。

2. 以生活经验为通道，促进幼儿大胆采用多种策略交往。

中班幼儿已经很好地掌握了叠衣服的技能，而这是小班幼儿现阶段需要学习的技能，因此，本活动在内容设计上非常符合幼儿的实际需要。在活动中，中班幼儿能充分体会到作为哥哥姐姐的自豪感，积极主动地教弟弟妹妹学本领，小班幼儿也能认真向哥哥姐姐学习。双方采用了商量、互助等多种策略，运用了语言、表情、动作等多种方式进行交流。

（四）教学资料

炒 萝 卜

炒萝卜，炒萝卜，切切切。

包饺子，包饺子，捏捏捏。

好孩子，好孩子，顶呱呱。

呱呱呱呱呱呱呱呱呱。

三、鞋匠师傅本领大①

（一）活动来源

鞋子与我们的生活密切相关，我们每天都要穿它，但在日常生活中我们也常常看到，许多孩子不爱惜自己的鞋子，穿着鞋子乱踢、踩水，拖着走。鞋匠师傅作为传统的手工业者，就在我们的身边，他们是为我们提供服务的人，我们应珍惜他们的劳动成果。为此，我们设计了这样一个活动，让孩子们通过观看照片、视频等，感受鞋子在鞋匠师傅手上产生的变化，进一步加深对鞋匠师傅的认识；用交流分享、看看说说、表演游戏的方式来了解各种各样的鞋子，知道我们每天都要穿鞋子，鞋子与我们的生活密切相关，我们要爱护鞋子，尊重鞋匠师傅的劳动。

（二）活动设计

活动目标

1. 了解鞋匠师傅的工作，知道他们的工作给我们生活带来了方便。

---

① 活动案例由赵婷婷提供.

2. 感知鞋匠师傅辛苦的劳动，萌发热爱、尊重劳动者的情感。

3. 萌发爱惜鞋子、保护小脚的意识。

活动准备

1. 鞋匠师傅修鞋的照片、视频。

2. 鞋匠师傅工具箱的照片，里面有锤子、钳子、钉子、锉刀、鞋掌和鞋刷等。

3. 实物：尖头、圆头皮鞋，旧而脏的皮鞋、整修一新的皮鞋。

4. 自制一组图片：幼儿正确穿鞋的样子以及不爱惜鞋子的情景（如脚不穿进鞋子里，拖着走，穿着鞋踢栅栏、踩水）。

5.《鞋匠舞》音乐。

活动过程

1. 通过看照片、视频来了解鞋匠师傅的工作。

（1）引导幼儿观察鞋匠师傅手里拿的工具和修鞋的动作。

教师：前两天，老师的鞋子坏掉了，我就请鞋匠师傅修了一下，现在，这双鞋子又可以穿啦。你们想看看鞋匠师傅是怎样把鞋子修理得又牢又漂亮的吗？我们一起来看看鞋匠师傅的工作吧。

教师：你看到了鞋匠师傅手里拿的是什么？他做了些什么？他做了之后，鞋子有了哪些变化？

（2）帮助幼儿小结：鞋匠师傅用锤子、钳子等工具，把鞋子修得很牢固。

2. 引导幼儿进行生活经验讲述，进一步了解鞋匠师傅的劳动。

（1）出示圆头、尖头鞋子，请幼儿观察。

教师：你在哪里见过鞋匠师傅，他还会做什么？引导幼儿说出还会修拉链，会改鞋子、擦鞋子。

（2）出示旧而脏的皮鞋以及整修一新的皮鞋，请幼儿观察。

教师：鞋匠师傅很能干，会把鞋子改变成我们想要的样子，会把鞋子修整得像新的一样。

3. 表演歌曲《鞋匠舞》，感受劳动的快乐。

教师：鞋匠师傅真能干，我们一起表演一首《鞋匠舞》。

幼儿表演鞋匠舞两遍，模仿鞋匠师傅"绕线、拉线、钉钉"动作，感受劳动的快乐。

4. 观看自制图片，判断行为的对错。

教师（出示图片）：我们的生活离不开鞋子，可是，有的小朋友不爱惜它，让我们来看看，他们这样做对不对。

教师小结：我们要爱惜鞋子，保护好我们的小脚。

教师带领幼儿一起朗诵儿歌：小小鞋子作用大，刮风下雨都不怕，保护小脚多运动，小朋友们爱护它。

活动延伸

1. 在表演区提供《鞋匠舞》音乐，让幼儿随音乐表演。

2. 设置"各行各业的劳动者"或是"叔叔阿姨辛苦了"主题墙，请幼儿收集所知道的劳动者，如清洁工、厨师、警察、医生等的图片，让幼儿了解他们的劳动与自己生活的关系，产生热爱劳动者、尊重劳动者的情感。

（三）教学策略评析

1. 利用丰富的资料让幼儿了解劳动者的工作。

虽然鞋匠师傅就出现在我们生活中，但是幼儿不一定观察、了解他们的劳动过程。为此，需要将鞋匠师傅修鞋的视频或照片给幼儿看，引导幼儿观察鞋匠师傅手里拿的工具和修鞋的动作，从而感受到经过鞋匠师傅劳动之后鞋子有了哪些变化，让幼儿了解鞋匠师傅除了修鞋，还会改鞋、擦鞋，他们的劳动方便了我们的生活。如果有条件的话，还可以请鞋匠师傅直接来园当面操作，给幼儿最直观的体验，了解到鞋匠师傅的劳动和我们生活的关系。

2. 呈现日常行为，丰富幼儿的生活经验。

在日常生活中，很多幼儿因为顽皮，常常会穿着鞋子到处乱踢、踩水等，很多时候他们并不意识到这是对鞋子的不爱惜。我们用图片呈现他们这样的行为，让大家进行对错判断，这是在了解了鞋匠师傅劳动后的场景再现，相信很多幼儿能够判断出什么样的行为会伤害到鞋子和我们自己的小脚，从而知道爱惜物品，尊重他人的劳动。

3. 设计多种形式的教学活动，避免了单一的讲述。

《指南》指出要尊重为大家提供服务的人，珍惜他们的劳动成果。为了避免单一的讲述，我们将图片和实物呈现、经验讲述、行为判断以及跳舞的形式进行了融合，让幼儿在看看、说说、念念、唱唱的过程中得到体验，同时也使得教学活动动静交替、张弛有度，有利于幼儿在轻松愉快的氛围中获得认知和情感上的提升。

第三节　大班活动案例与评析

一、让我再试一次①

（一）活动来源

本活动主要目标是培养幼儿的抗挫心理。现在的幼儿多备受家人的呵护，很少有机会经历失败与困难。但人的一生中，经常会遇到大大小小的挫折，如果心里无法适应，往往会用一些不正确的方式进行发泄。因此，让幼儿理解失败，了解一些抗挫方法是非常需要的。

在本次活动中，教师根据幼儿的身心特点，利用体育游戏情境，针对性地制造一些难题，启发和引导幼儿动脑、动手去解决问题，培养他们乐于尝试的信心、勇于克服困难的胆量，引导他们逐步摆脱依赖，增强对挫折的承受能力。在他们面临困难时，让他们直观了解事物发展的过程，在反复的体验中认识挫折的普遍性和客观性，从而真切地感受到，要做好任何事情都会遇到困难，成功的喜悦恰恰来自问题的解决，从而产生稳定的心态，这便是本活动设计的初衷。

---

① 活动案例由李薇玉提供.

（二）活动设计

活动目标

1. 理解每个人在生活中都会有成功、失败的经历。
2. 遇到挫折时不气馁，积极寻找解决问题的方法。
3. 主动参与讨论，表达自己的想法。

活动准备

1. 皮球若干，奖牌若干。
2. 每个幼儿制作一个姓名卡片，底板三块（用笑脸和哭脸分别表示全胜利，全失败，有时胜利、有时失败）。
3. 根据故事《让我再试一次》自制挂图。
4. 日常活动（如棋牌活动、体育游戏）中有意识地观察幼儿，了解其在活动中遇到失败时的不同表现，并记录下来。

活动过程

1. 进行小组传球接力赛，引导幼儿在比赛中感受胜利与失败。

（1）教师介绍传球的方法。幼儿分成人数相等的若干小组，从排头开始依次从头顶传球，快速传到最后一个人，由最后一名幼儿送给排头。排头先拿到并举起球的小组获胜。规则是不能掉球。

（2）幼儿分组自由练习。

（3）进行比赛，确定冠军小组。

教师：胜利的小朋友现在有什么感觉？失败的小朋友有什么感觉？

（4）幼儿表达自己成功、失败的感受。

教师：请获得冠军的小朋友说一说胜利的原因，想一想，你们的胜利是一个人努力的结果还是大家共同努力的结果？

（5）请胜利的小朋友对失败的小朋友说几句话。

（6）教师小结：今天胜利的小组是大家共同努力的结果，他们的方法其他小朋友也可以学习，我们下次再来进行比赛。

2. 每个幼儿讲述自己的经历，理解每个人在生活中都会遇到成功与失败。

（1）幼儿相互讲述自己的经历。

教师：我们每个人从小到大参加过很多活动，你们以前都是成功的吗？有过失败吗？

（2）幼儿在相应的底板上粘贴自己的姓名牌。

（3）请个别幼儿说一说自己的经历。

3. 教师讲述自己的故事，引导幼儿进一步感受失败不可怕。

（1）教师：请你猜一猜，老师会贴在哪个底板上？

（2）幼儿猜测。

（3）教师粘贴在中间的底板上，说一个自己的故事（如学习做菜，第一次味道很不好，多次练习后味道很美味）。

（4）教师：其实每个人在生活中都会遇到成功、失败，失败不可怕。

4. 出示挂图，讲述故事，引导幼儿理解遇到挫折时可以多试几次，寻找好方法。

（1）教师：小兔子玩套圈游戏失败时是怎么做的？它可以怎么做？小兔子后来是怎么做的？成功了吗？

（2）师幼讨论。

教师：当你遇到失败时，可以怎么做？

（3）教师小结：我们每个人都会遇到失败，失败没关系，可以向别人学习一些好方法，或继续努力。

（三）教学策略评析

本活动主要通过体验、表现和讨论三个环节来完成。

环节一针对大班幼儿特点，开展以小组为单位的竞赛形式，不仅让幼儿体验了集体合作的重要性，更主要的是感受成功、失败的心情。幼儿好胜心很强，都愿意赢而不愿意输，但输是不可避免的，这就是体验。

环节二是与同伴分享每个人输与赢的感受，通过贴姓名牌的方式直观地表现，让幼儿知道每个人都有输赢的经历。教师的故事也会让幼儿体会失败不可怕，关键是如何面对。

环节三的故事就是让幼儿初步了解失败后如何调整情绪，积极面对，并以一些积极方法让自己快乐地面对以后的活动。

二、我们的新小组①

(一) 活动来源

小组是幼儿园每个班级内由若干幼儿组成的一个个小的活动或学习群体。在小组中，幼儿形成了集体的意识，萌发了集体的荣誉感，跨出了自我的小天地，习得了与他人交往的方法和经验，发展了团结互助、合作支持的良好品质。小组在幼儿园的各项活动进行中和幼儿的成长发展中起着很重要的作用。

以往班级小组的建构者通常是教师，教师根据班级的情况、幼儿的能力水平、人数比例等因素，将幼儿分为不同的小组，而幼儿只是接受教师的分配和安排，被动地组成若干小组。在这样的过程中，教师是活动的主导者、发布指令的"统帅"，而幼儿则是被动者和接受指令的"战士"。这样的小组是教师的小组，而作为小组真正的主人——幼儿却没有发挥出自己的作用和价值。为了将小组主人的身份还给幼儿，发挥其在小组建构活动中的主动性、积极性，使小组真正成为幼儿自己的小组，我们尝试放手让幼儿来建构新小组，满足他们自主的需要，发挥选组活动对于幼儿成长的作用和价值。

(二) 活动设计

活动目标

1. 能根据自己的意愿自由结伴，组成新的小组，体验自选小组的乐趣。
2. 能积极与同伴协商解决选组活动中出现的问题，感受解决问题后的喜悦。

活动准备

1. 幼儿已有分组的经历和一定的选组经验。

---

① 活动案例由朱静晶提供.

2. 记录单、笔。

活动过程

1. 感受小组活动的意义，激发自选小组的兴趣。

（1）介绍自己的小组。

教师：你是哪个小组的小朋友？你们小组里有几位小朋友？

（2）说说曾经用过的小组组名。

教师：除了现在的小组，我们以前还有过哪些小组？

教师：为什么从小班到大班隔一段时间就要换小组呢？每次换组后，你有什么感受？

（3）介绍自选小组活动的内容。

教师：以前的小组是大家和老师共同选的，现在我们长大了，今天来尝试选新小组，好吗？

2. 自由结伴组成新小组。

（1）幼儿自由结伴组成新小组。

（2）组合好的小组可搬椅子坐到桌边。

3. 讨论选组过程中出现的问题及解决方式。

（1）教师：新小组的组员选好了吗？你们遇到了哪些困难和问题？（教师着重引导幼儿在小组人数和性别比例两方面明确选组标准，如每组六人，男女基本一半）

（2）教师：如果小组里人数和男女小朋友人数不太符合标准，怎么办？（引导幼儿通过猜拳、主动退让、点兵点将等方法公平地解决）

4. 根据讨论标准和解决问题的方法，请小朋友尝试对新的小组进行调整。

5. 商量新组名，体验与新组员组成新小组的快乐。

（1）商量新组名，提出商量的规则。

教师：已经组成小组的小朋友，接下来我们要做些什么呢？（起组名）每个人都有提出想法的权利，而且最终的小组名字要得到全组成员的同意。比一比，哪个小组的组名最有趣、最响亮。

（2）幼儿以小组为单位，商量组名。

（3）介绍自己小组的新组名和遇到的问题。

教师：谁来介绍一下自己小组的新组名？你们在商量组名时遇到了哪些问题？是用什么方法解决的？

（4）教师以简笔画的方式在纸上记录下各小组的新组名并展示在黑板上。

（5）感受有了新小组、新伙伴和新组名的快乐。

教师：今天小朋友们真棒！自己组成了新的小组，有了新的小组伙伴和响亮的新组名，还一起动脑筋想出了许多好办法，解决了选组中遇到的问题，真了不起！接下来，就让我们根据新的小组，开开心心地活动吧。

（三）教学策略分析

1. 利用幼儿已有经验引导幼儿讨论和尝试，让幼儿成为活动的主人。

选组与分组是每个学期班级常规管理内容之一，一直以来大多数教师都沿袭着以教师为主导的，以幼儿性别、性格、能力互补等为分组依据的传统做法，但对为什么要这样分组，意义是什么，幼儿获得了什么，分组能否为幼儿提供自主的空间和机会，让幼儿成为活动的主人，考虑得并不多。为此，本活动尝试把发展的主动权还给幼儿，并通过有效的活动方式和方法，帮助幼儿提取以往经验，并主动建构自己的知识体系，努力让其获得自主感和成功感。如：教师发现以往选组活动中的问题，对固定模式进行调整，放手让幼儿自主讨论、自由组合、反复尝试，鼓励幼儿寻找解决问题的方法和策略，并验证这些策略的有效性……幼儿主动参与、自主选择等主体意识逐步产生，久而久之，将形成受益终生的意识品质。

2. 运用同伴资源，引导幼儿感受和体验。

幼儿原有经验是教育活动中的宝贵资源，将这些经验集中在一起进行交流和分享，可以使每个幼儿从中都获得一些新的经验。本活动关注经历、感受、体验的教育价值，让幼儿在同伴间相互碰撞、相互协商的过程中丰富自己的选组经验，拓展自己解决问题的办法，以此促进幼儿合作、交往、自律和解决问题等能力的发展。如：当幼儿发现人数不等、性别比例不当时，能够结合自己日常活动中的感受和经验，谈出自己的看法和意见，从而集中分析问题的原因和适合的人数比例；当出现不够公平的调整方式时，幼儿群策群力，想出多种公平合理的方法。由于这些方法和策略均来自幼儿，所以幼儿在遵守和执行时就会没有异议，心服口服。此外，幼儿通过自选小组，得以体验自主活动的宽松，获得尊重、接纳、满足、自主和自信的主体精神感受。与此同时，幼儿不仅能够体验到规则的公正和互惠互利，还可以通过同伴间的互相交流、互相学习，建构自己的知识经验体系，体验与同伴共同活动的乐趣。

三、钱币世界①

（一）活动来源

也许有人会觉得和大班的幼儿谈钱币有些早，钱离他们的生活有些远，其实，幼儿很小就知道钱可以买好吃的、好玩的……这些都让他们对钱有了隐约的、粗浅的认识，但是他们并不知道钱是爸爸妈妈通过辛苦工作挣来的，更不了解家里的积蓄是有限的。

幼儿在生活中或多或少地接触过货币，也有一些利用货币购买物品的机会，对人民币上面的面值和图案也有着浓厚的兴趣。本活动就是帮助幼儿了解人民币在生活中的作用，知道其演变历史，探究人民币上图案的意义，从而达到自觉爱护货币的目的，初步萌发金钱要靠劳动获取的意识。

（二）活动设计

活动目标

1. 了解货币在生活中的用处，知道货币的演变历史。
2. 探究人民币上图案的意义，萌发金钱要靠劳动获取的意识，懂得合理消费。

活动准备

1. PPT（内容为货币发展史、世界各国货币图案）。

---

① 活动案例由刘青提供.

2. 不同面值的人民币若干。

活动过程

1. 出示人民币，调动幼儿已有经验，初步了解钱的作用。

教师：你在什么地方见过钱？钱有什么用？

2. 播放 PPT，引导幼儿初步了解货币文化。

（1）引导幼儿观察货币从实物逐渐演变为纸币的过程。

教师：你们知道最早的钱是什么样子的吗？和现在的钱有什么不一样？

（2）引导幼儿观察世界上其他国家的货币。

教师：每个国家都有货币，看看都是什么样的？

（3）观察人民币，了解人民币上图案的意义，增强幼儿对人民币的爱护意识。

教师：每一张人民币上都有国徽，国徽是中华民族的标志。人民币的反面有什么图案，你去过这些著名的风景区吗？

（4）我们应该怎样对待人民币呢？

3. 知道钱是通过劳动赚来的，要合理地花钱。

教师：钱是怎么来的？大人是怎么赚钱的？家里有哪些地方需要花钱？赚钱辛苦吗？花钱的地方多吗？那怎么办？

4. 模拟购物。

教师创设小超市区角，鼓励幼儿进行角色扮演，体验买卖东西的过程。

（三）教学策略评析

教师以"钱"开始，引发幼儿对"钱"的关注，把"说一说"（唤起幼儿使用人民币的生活经验）、"看一看"（幼儿了解"钱币"的发展历史、人民币的图案特点和意义）、"想一想"（钱从哪里来？）、"玩一玩"（幼儿模拟购物）等几个活动串联在一起。在这一教学活动中，既有幼儿的自主探索，又有教师恰当的引导和点拨，使整个教学活动形成师幼之间、幼幼之间立体交叉互动。

1. 关注幼儿的生活经验，凸显幼儿的主体地位。

大班幼儿对人民币有较丰富的感知经验，也有使用人民币购物的经历，因此，教师从幼儿的生活经验出发进行教学，如在导入环节提出"你在什么地方见过钱？钱有什么用？"等问题，唤起幼儿的生活经验，激发幼儿的思维，打开幼儿的话题，从而开展对"钱"的进一步认识和探究。

2. 把握社会领域学科特点，有效挖掘社会教育元素。

钱币文化从产生、发展到现在，已有数千年的历史，它是世界文化的重要内容之一，在生活中起到重要的作用。钱所蕴含的知识很丰富，但目前有关钱的教学还是以数学教学为主，对钱的社会领域的教学价值没有很好地挖掘。

本次活动，教师对人民币中蕴含的可供利用的教育元素进行了分析，如：钱是怎么发展的？最早的钱是什么样子的？人民币上的图案表示什么意义？特殊制作的水印、盲点和金属线有什么作用？为什么人民币上会有不同的文字？钱有什么用？家里的钱是怎么来的？家里用钱的地方多吗？家里如何计划开支？等等。在丰富的教学内容面前，教师选取幼儿易于理解和接受的内容拟定了三个社会知识点：钱币发展史；货币上的图案；钱从哪里来。

3. 在教学活动中植入游戏，让幼儿在玩中体验、感悟。

面对五六岁的幼儿，我们如何去解释正确的金钱观？很显然，光说不做是绝对不行的，怎么做？采取怎样的方式做？因此，创设了超市情境，让幼儿在买卖东西的过程中，体会合理消费的道理。

第十一章

特殊需要儿童的社会性发展与教育

随着时代的发展、社会的进步，特殊需要儿童已经越来越多地出现在我们的普通教育中。在幼儿园里，特殊需要儿童和普通儿童一起进行"融合教育"；在中小学里，特殊需要儿童在普通中小学"随班就读"。伴随着中国教育，特别是幼儿教育和特殊教育的发展，人们愈加深刻地意识到幼儿阶段特殊需要教育的重要性。而在对这些特殊儿童进行教育的过程中，社会性发展与教育是非常重要的内容。

第一节　概　述

在对特殊需要儿童的社会性发展与教育展开阐述之前，我们首先需要确认以下三个基本问题：什么是特殊需要儿童？幼儿教育机构主要有哪些特殊需要儿童？我们应该怎样看待和对待这些存在特殊需要的儿童？

一、特殊需要儿童的基本概念

在教育学中，特殊需要儿童的概念有两种解释。广义的特殊需要儿童包括所有在生理、心理、行为和言语等身心发展上与普通儿童相比有明显差异的儿童。也就是说，广义的特殊需要儿童既包括在身心发展上落后于普通儿童的障碍儿童，同时也包括在身心发展上超越普通儿童的超常儿童。而狭义的特殊需要儿童主要指在生理、心理发展等方面有明显障碍的儿童，也被称为"残疾儿童""残障儿童""障碍儿童"等，但不包括超常儿童和普通儿童中的问题行为儿童。本章所讨论的特殊需要儿童是指存在特殊需要的0—6岁儿童，不包括超常儿童和问题行为儿童。

二、特殊需要儿童的主要类别

为了教育的方便，我们需要将幼儿教育机构中的特殊需要儿童进行分类。从不同的角度出发，我们可以进行不同的分类。

（一）参考国家残疾分类和标准分

参考我国《第二次全国残疾人抽样调查残疾标准》及2011年国家标准化管理委员会发布并正式实施的《残疾人残疾分类和分级》，我们可以将特殊需要儿童主要划分为以下六类。

1. 听力障碍儿童

听力障碍，又称听力残疾、听力损失或听觉障碍，是指由于各种原因导致双耳不同程度的永久性听力障碍，听不到或听不清周围环境的声音，以致影响日常生活和社会参与。根据听力损失程度的不同，听力障碍可分为聋和重听。医学上将听力损失程度轻的称为"重听"，听力损失程度重的称为"聋"。

2. 视力障碍儿童

视力障碍，又称视力残疾，是指由于各种原因导致双眼视力低下并且不能矫正或视野缩小，通过各种药物、手术及其他疗法而不能恢复视功能者，以致影响日常生活和社会参与，不能进行一般人所能从事的工作、学习或其他活动。视力障碍包括盲和低视力。盲或低视力均指双眼而言，如果双眼视力不同，则以视力较好的一只眼睛为准。如果仅有一眼为盲或低视力，而另一眼的视力达到或者优于0.3，则不属于视力障碍范畴。我国第二次全国残疾人抽样调查对视力残疾做了如下分级。

表 11-1 视力残疾的分级

类别	级别	最佳矫正视力
盲	一级	无光感—<0.02；或视野半径<5 度
	二级	0.02—<0.05；或视野半径<10 度
低视力	三级	0.05—<0.1
	四级	0.1—<0.3

注：

1. 最佳矫正视力是指以适当镜片矫正所能达到的最好视力，或针孔视力。

2. 以注视点为中心，视野半径<10 度者，不论其视力如何，均属于盲。

3. 智力障碍儿童

智力障碍，也称智力残疾、智力落后，是指智力明显低于一般人水平，并伴有适应行为的障碍。智力障碍是由于神经系统结构、功能障碍，使个体活动和参与受到限制，需要其生活环境提供全面、广泛和持续的支持。判断一个儿童是否是智力障碍儿童，需要同时满足三个重要的条件：一是智力功能存在显著限制（即明显低于平均水平）；二是适应性行为方面明显有障碍（即适应社会环境的能力很差）；三是智力落后在 18 岁之前就已经出现。在参照世界卫生组织和其他国家有关智力障碍分级标准的基础上，我国制定的《残疾人残疾分类和分级》中将智力障碍分为一级智力残疾、二级智力残疾、三级智力残疾、四级智力残疾，即极重度、重度、中度、轻度智力残疾。这一分级标准按照 0—6 岁和 7 岁及以上两个年龄段发育商、智商和适应行为分级。0—6 岁儿童发育商小于 72 的直接按发育商分级，发育商在 72—75 的按适应行为分级。7 岁及以上按智商、适应行为分级；当两者的分值不在同一级时，按适应行为分级。《世界卫生组织残疾评定量表》（WHO-DAS Ⅱ）分值反映的是 18 岁及以上各级智力残疾的活动与参与情况。因此，0—6 岁智力障碍儿童的鉴定主要参考发育商、智商和适应行为。

表 11-2 智力残疾分级

级别	智力发育水平		社会适应能力	
	发育商（DQ）0—6 岁	智商（IQ）7 岁及以上	适应行为（AB）	WHO-DAS Ⅱ 分值 18 岁及以上
一级	≤25	<20	极重度	≥116 分
二级	26—39	20—34	重度	106—115 分
三级	40—54	35—49	中度	96—105 分
四级	55—75	50—69	轻度	52—95 分

4. 肢体障碍儿童

肢体障碍，又称肢体残疾，是指人体运动系统的结构、功能损伤造成的四肢残缺或四肢、躯干麻痹（瘫痪）、畸形等导致人体运动功能不同程度丧失以及活动受限或参与的局限。

5. 言语与语言障碍儿童

儿童的言语和语言若出现了问题就会造成言语和语言障碍，常被统称为"语言障碍""语言残疾""言语残疾"。如在 1987 年第一次全国残疾人抽样检查中使用的概念是"语言残疾"；2006 年第二次全国残疾人抽样调查中则用"言语残疾"一词。《残疾人残疾分类和分级》将其界定为：各种原因导致的不同程度的言语障碍，经治疗一年以上不愈或病程超过两年，而不能或难以进行正常的言语交流活动，以致影响其日常生活和社会参与。主要包括失语、运动性构音障碍、器官性构音障碍、发声障碍、儿童言语发育迟滞、听力障碍所致的语言障碍、口吃等。3 岁以下不定残。按各种言语残疾不同类型的口语表现和程度，脑和发音器官的结构、功能，活动和参与，环境和支持等因素，将言语残疾分为：言语残疾一级、言语残疾二级、言语残疾三级、言语残疾四级，即极严重障碍、严重障碍、中度障碍、轻度障碍。

6. 孤独症谱系障碍儿童

2013 年，美国精神病学会对原有孤独症及其相关障碍诊断标准做了较大修订，其正式发布的《精神疾病诊断分类手册》（*Diagnostic and Statistical Manual of Mental Disorders*）中提出孤独症谱系障碍（Autistic Spectrum Disorders，ASD）的概念。孤独症谱系障碍儿童包括孤独症、阿斯伯格综合征、

Rett 综合征、儿童瓦解性精神障碍和不确定的广泛性发育障碍。新的 ASD 概念的提出同时带来了临床上诊断标准的变化。ASD 儿童的核心症状主要有：社会交往和（或）沟通障碍以及狭隘兴趣和刻板行为。此外，这两个症状必须是在儿童早期出现，共同限制并损害了儿童的日常功能。此类儿童的社会性发展与正常儿童相比，存在显著的差异。

（二）根据从我国幼儿教育机构接纳特殊需要儿童的实际状况分类

我们可以立足于儿童发展的角度，将身心发展某一方面比较相近的特殊需要儿童加以合并，主要分为以下几类。

1. 生理发展障碍儿童

特殊需要儿童的生理发展障碍主要表现为儿童发展过程中出现的感觉器官、身体健康和动作等障碍问题。在幼儿教育机构，此类儿童主要可能有听力障碍儿童、视力障碍儿童和肢体障碍儿童。听力障碍儿童主要表现为听力受损影响了他们正常学习以及使用语言，进而阻碍他们与同伴及教师沟通交往的能力。视力障碍儿童主要表现为视力不同程度的损伤而影响了他们获得信息。人类所获得的信息大部分来自视觉，因此视觉在儿童的认识活动中发挥着极其重要的作用，即使最轻微的视觉障碍也会给儿童的身心健康成长带来巨大影响。肢体障碍主要表现为肢体障碍而导致儿童自由活动受到限制。尽管在学前教育机构中，肢体障碍儿童出现较少，但此类特殊需要儿童也需要我们提供有针对性的帮助和支持。

2. 认知发展障碍儿童

认知发展障碍主要表现为智力落后而导致的一系列认知障碍，但认知发展障碍儿童并不仅仅包括智力障碍儿童，还包括发展迟缓儿童以及多重障碍儿童。认知发展障碍儿童与同龄普通儿童相比，主要有如下特点：视觉、听觉、嗅觉、味觉等感觉能力明显低于正常儿童；知觉速度缓慢，容量小，缺少主动性、积极性；无论大动作还是精细动作都发展缓慢；识记缓慢，记忆能力明显不足；思维直观具体，概括水平低，缺乏目的性、灵活性、批判性和独立性。认知发展障碍导致他们人际交流能力和社会适应能力与同龄正常儿童明显不同步。在 0—6 岁阶段，轻度的认知发展障碍儿童较难被发现。家长和教师会比较容易忽视此类儿童发展中出现的认知障碍，往往以儿童发展不够成熟来解释，幻想通过儿童发展的逐渐成熟来解决儿童的认知障碍。然而，目前所有的研究都发现：认知发展障碍儿童不能通过儿童生理的发展成熟来解决其认知的障碍。对于这类儿童，有针对性的早期教育和支持比以后的任何阶段都重要。早期发现、早期教育认知发展障碍儿童，重视他们的社会性发展与教育，是早期教育工作者的重要责任。

3. 语言发展障碍儿童

0—6岁是儿童语言发展的关键期。在短短的六年时间里，儿童主动习得本民族的口头语言，并在成人的引导下，发展书面语言能力。语言发展障碍是儿童期发展障碍中的一种重要类型，是指儿童在语言获得与发展过程中出现的各种异常，主要包括构音异常、发声异常、流畅度异常等不同类型。语言发展障碍儿童说话时的发声、构音、音调和音律的异常会引起同伴的注意，影响他们与他人的沟通交往。此外，还有一些语言发展障碍儿童会出现因发音器官损伤而引起的语言发展异常，他们能听但不会说或者说的话难以理解，这同样也会影响他们的社会性发展。语言发展障碍儿童是0—6岁阶段出现率较高的特殊需要儿童。在幼儿教育机构，我们需要为语言发展障碍儿童提供有针对性的语言教育环境，支持他们的语言发展，进而影响他们与他人的沟通和交往，支持并促进他们的社会性发展。

4. 情绪和行为发展障碍儿童

0—6岁阶段情绪和行为发展障碍儿童主要是指因个体或者环境因素引起的情绪和行为异常，造成明显的社会适应问题，影响了儿童在群体中的正常生活，给儿童的正常生活带来严重干扰。在幼儿教育机构比较常见的情绪和行为发展障碍儿童主要有孤独症、阿斯伯格综合征等孤独症谱系障碍儿童以及多动症儿童。这类特殊需要儿童不会与人沟通，存在明显的社会交往和沟通障碍，不能控制自己的情绪，会无缘无故地哭或者不可遏制地笑，还有的儿童会出现撞墙等自残或者打人等伤人行为。这类儿童普遍表现出情绪不稳定、不会自我约束的特点。他们的情绪和行为问题在同年龄的普通儿童看来是"不乖""不听话""坏孩子"的表现，会严重影响这类特殊需要儿童在社会性群体中的同伴交往。针对情绪和行为发展障碍儿童的情绪和行为问题，需要结合此类特殊需要儿童其他方面的心理及行为表现，根据他们的具体原因，结合多种教育方法进行教育和康复。

三、特殊需要儿童教育的观念与实践发展

在历史发展的漫漫长河中，与人类对自身认识的发展相伴随，人类对特殊需要儿童的认识经历了一个长期的发展演变过程。受当时社会的思想、文化、经济发展水平和对人类自身认识水平的制约，人们在相当长的时间里并不认为儿童是需要特别被关注和爱护的人，而只是把他们看作附属于"国"、属于"家"、属于"成人"的小大人，是国家的奴仆，是父母、家庭可以随意处置的私有财产。有缺陷的、不同于普通儿童的、需要成人给予特别关注的特殊需要儿童则多被当作国家和家庭的包袱，他们出生后即被遗弃或者杀死。随着人类社会生产力发展水平的不断提高，人们对人类生命发展有了更新的理解，开始重新认识特殊需要儿童，重新认识他们的"特殊"，审视他们的存在对整个人类社会的价值。

特殊需要儿童的所谓"特殊"和"不同"，并不是他们身上独有的个性特点，只不过某些心理特征表现的程度或所表现出来的人数比率与普通儿童有所不同。这些儿童所具有的个性心理特征，如所谓的单纯、自私、敏感、多疑等，其实在普通儿童身上同样存在，只不过如果在普通儿童身上表现出来，我们认为这是很正常的，但在特殊儿童身上表现出来，我们就会简单地归结为是他们的"特殊"所带来的。因此，我们需要以更为平常的心态来对待这些特殊需要儿童。他们拥有和普通儿童一样的接受教育的权利。在特殊需要儿童的教育中，社会性发展和教育是极为重要的内容。

在16世纪的欧洲，西班牙修道士庞塞1555年前后就已经开始在实践中探索对听力障碍儿童进行教育。他教会了听力障碍儿童阅读和书写。听力障碍儿童还学会了将书写和发音联系起来，学习学科知识。通过语言与他人进行交流。

法国医生伊塔德根据"一切心理活动的基础是感觉"的思想，从1799年起对在巴黎郊外阿维龙森林发现的在狼群中长大的11岁儿童——维克多进行训练。训练主要采用感官和语言教育的方法。虽然维克多最终没有转变成为预期设想的完全正常的社会人，但他逐渐出现人类的行为，比如会表达他

的生活需要。这一事件在理论和实践两个方面对智力障碍儿童的社会性发展和教育有着极为重要的意义。它表明采用适当的教育方法，智力障碍儿童能够获得与人交流的能力。

1837 年，伊塔德的学生塞根在法国巴黎创办了世界上第一所智力落后儿童学校。塞根设计了各种感觉器官的训练器具，用以对智力落后儿童进行早期的感官训练。此后，塞根又在法国、美国创办多所智力落后儿童学校，重视训练智力障碍儿童的感觉器官和运动神经，在感知觉的发展基础上，促进智力障碍儿童与他人交流。

1907 年，意大利著名幼儿教育家蒙台梭利在罗马创办了第一个"儿童之家"，招收 3—7 岁的贫苦儿童进行早期教育。后来她又招收智力障碍儿童。蒙台梭利在与障碍儿童接触的实践中认识到：残疾儿童的身心缺陷并不仅仅是医学的问题，更重要的是教育问题。她学习伊塔德、塞根的感觉运动训练方法，并制作发明了各种教具帮助智力障碍儿童练习操作，即蒙台梭利教学法和蒙台梭利教具，通过具体的"作业"引发智力障碍儿童对自我的探索，"喜欢他所看到的东西，使自己适应一切"[①]。通过发展智力障碍儿童的自我，引发他们与周围人及环境的互动，促进他们的发展。

我国有文献记载的有关特殊需要儿童教育活动开展较晚。1874 年，苏格兰传教士穆·威廉在北京创办瞽叟通文馆，即现在的北京盲人学校。后来，一些外国传教士和国内的民间人士相继创办各种特殊教育学校，招收听力障碍儿童、视力障碍儿童和智力落后儿童。中华人民共和国成立后，我国各地成立各类特殊需要儿童的特殊学校，通过正规的学校对特殊需要儿童进行包括社会性发展在内的全面发展的教育。虽然由于各种各样的原因，我国特殊需要儿童的早期教育工作开展较晚，但在推进幼儿教育、特殊教育、继续教育改革发展的新历史时期，我们更需要大力开展特殊需要儿童的教育，特别需要重视他们的社会性发展与教育，推进教育公平，促进和谐社会的建设。

因此，0—6 岁特殊需要儿童的社会性发展与教育是指在家庭、幼儿教育机构、社区以及社会组成的生态环境中，教师和家长有目的地引导特殊需要儿童在日常生活中认识自己，认识他人，认识环境，形成积极健康的情绪情

---

① 玛丽亚·蒙台梭利. 童年的秘密 ［M］. 马荣根，译. 北京：人民教育出版社，2005：141.

感，学习与同伴、成人以及周围环境良性互动，从而发展自己，适应社会生活。

四、特殊需要儿童社会性发展与教育的意义

儿童的社会性发展是在参与社会生活，与自己、他人和环境互动的过程中逐渐完善、日益成熟的过程。特殊需要儿童由于自身的生理或者心理障碍，与他人的沟通交往能力不足，参与社会活动机会较少。了解并适应社会，学习与他人进行良性互动，是他们一生的重要学习内容。因此，社会性发展与教育对0—6岁特殊需要儿童有着极其重要的意义。

（一）帮助特殊需要儿童及早纠正偏差行为，尽早融入主流社会

所有教育的最终目的是引发儿童的成长，使其成为一个社会人。特殊需要儿童的教育更需要着眼于培养他们将来的社会适应能力，尽最大能力融入社会。在特殊需要儿童的成长过程中，其社会交往能力的发展是非常缓慢的。因此，更需要尽早进行社会性教育。如果能够对特殊需要儿童进行有关社会性发展的早期教育，为他们的社会性发展提供有效的帮助，纠正他们的偏差行为，支持他们的正向行为，可以使他们尽早融入主流社会。特殊需要儿童的年龄越小，纠正偏差行为、形成正向行为的效果就会越好，社会适应能力就会越强。

（二）帮助特殊需要儿童最大限度地发展自己

儿童成长的过程就是一个逐渐认识自己、发展自己的过程。认识自己永远是儿童成长中最重要的课题。认识自己并最大限度地发展自己是特殊需要儿童社会性发展与教育的基础，社会性发展与教育同时又促进了特殊儿童对自己的认知，有助于他们形成良好的个性。只有在认识自己的基础上，儿童才会自我认识、自我体验、自我评价乃至自我监督、自我教育和自我调节，从而形成积极、正向的自我认识。特殊需要儿童受障碍类型和障碍程度、先天遗传因素，以及成长环境中的家人、同伴、教师、团体等社会化因素的影

响，会形成不同的个性特点。积极向上的自我认知能够帮助特殊需要儿童形成积极健康的个性，从而最大限度地发展自己。

（三） 帮助特殊需要儿童学习合适的社会交往技能

社会交往技能不是儿童生而就有的，而是在成长的过程中逐渐学到的。特殊需要儿童受障碍类型和障碍程度的影响，缺乏大量与他人沟通交往的机会，社会交往技能与同龄正常儿童相比有很大的差异，有针对性的社会性发展与教育，可以帮助他们学习并练习在特定的情境中采取适当的社会交往技能，提高他们的社会交往能力。例如一对一地与特殊需要儿童交流，可以帮助他们集中注意力，同时给他们提供旁观、模仿的榜样和练习的机会，提高与他人交流的质量。

（四） 帮助特殊需要儿童了解社会、适应社会

儿童早期的社会性发展可以影响他们未来的生活方式和生活质量。0—6岁特殊需要儿童教育的最终目的是促进他们自身的发展，以便能够适应社会，甚至可以正常参与社会劳动和生产活动，为社会的发展贡献自己的力量。其中，社会性发展和教育则可以有针对性地帮助他们了解社会，学习、掌握社会规范，帮助他们形成良好的社会行为技能，适应主流社会。

总而言之，特殊需要儿童的社会性发展与教育，能够帮助他们形成良好的个性，发展社会交往技能，为他们未来融入社会奠定基础。

第二节 特殊需要儿童的 社会性发展

刚出生的儿童依靠先天的无条件反射行为探索周围世界，只是一个小小的"生物体"。随着儿童生理和心理的发展成熟，他们逐渐了解了社会行为，学习与他人进行互动，在社会生活中分享权利，承担责任。特殊需要儿童的

社会性发展同正常儿童一样，也是在认识自己，与他人及环境互动的过程中逐渐形成的。

一、特殊需要儿童社会性发展的影响因素

影响特殊需要儿童社会性发展的主要因素有两个方面：一是儿童自身的生物学因素，主要包括特殊需要儿童的障碍类型和障碍程度、认知能力和先天的气质类型；二是社会化因素，主要有特殊需要儿童的家庭、同伴和幼儿教育机构、康复中心以及社区等。

（一）生物学因素

首先，特殊需要儿童的障碍类型和障碍程度深深影响了他们的社会性发展。由于听觉障碍，听障儿童会对语言"听而不闻"，无法通过口头语言与他人进行沟通。孤独症谱系障碍儿童则会表现出明显的社会沟通障碍。有研究者认为，自闭症儿童的沟通技能缺乏、人际关系受阻来源于其社会认知障碍，如已提出的认知语言障碍论、情感认知障碍论、心理理论障碍论等假说就对此进行了解释。[1] 视觉障碍儿童、单一的肢体障碍儿童和轻度智力障碍儿童都可以与人进行交流，但重度、极重度的智力障碍儿童在社会性发展方面则存在比较严重的问题。

其次，特殊需要儿童的认知能力与他们的社会性发展息息相关。儿童的认知能力直接影响了他们对社会知识、社会现象和社会规则的理解以及掌握。特殊需要儿童，特别是智力障碍儿童，认知能力远远低于正常儿童，认知水平很长时间停留在感知运动期，凭借感知动作认识外部世界，这影响了他们的社会性发展，使他们整体的社会认知水平远远低于正常儿童。但听觉障碍儿童和视觉障碍儿童的认知能力正常，他们的社会认知水平接近正常儿童。

最后，儿童最初的气质类型是儿童个性塑造的起点，是儿童社会性发展的基础。特殊需要儿童多是难以适应环境和慢慢适应环境的气质类型，他们对环境较难适应，容易退缩。特殊需要儿童先天的气质类型会影响他们对自

---

① 王姣艳. 孤独症幼儿社会认知能力发展的早期干预［J］. 教育导刊，2012（11）：30.

己、他人以及环境的探究，影响养育者抚养和教育他们的方式，从而影响他们的社会性发展。

此外，特殊需要儿童的社会性发展除了受自身的障碍类型和障碍程度、认知发展以及气质类型的影响之外，还受他们人际交往、社会互动经验的影响。

（二）社会化因素

特殊需要儿童的社会性发展也离不开他们所生活的生态环境。由家庭、教育机构、社区共同组成的环境不仅影响了特殊需要儿童社会性发展的整个过程，也最终形成了他们的社会性发展特点。

1. 家庭

家庭是儿童成长的起点，也是儿童社会性发展最重要的社会化影响因素。家长的养育观念、教养方式、家庭结构、家庭的物理变量和社会变量都影响着特殊需要儿童的社会性发展。

家长的养育观念和教养方式是家庭对特殊需要儿童社会性发展的主要影响因素。家长的养育观念以及对特殊需要儿童的理念会通过他们的教养方式体现出来。受儿童的障碍类型和程度的影响，特殊需要儿童的父母在教养的过程中容易走向极端：或者娇宠，对儿童过度迁就和溺爱；或者冷漠，对儿童过度忽视，放任自流。也有少数家长会对特殊需要儿童提出过高的要求，希望通过努力，可以达到正常水平，因此在养育过程中专制、独断。以上的三种方式，都容易造成儿童的心理伤害，阻碍他们与他人的交流互动，不利于社会性发展。

家长的养育观念和教养方式会影响家长和特殊需要儿童之间的亲子依恋。亲子依恋是特殊需要儿童建立与他人依恋关系的开始。亲子依恋关系将深刻影响着特殊需要儿童的同伴关系以及人格发展。

随着社会的变迁，家庭结构对儿童社会性发展的影响在加深，特别是对特殊需要儿童社会性发展的影响远远超过我们的想象。特殊需要儿童家庭父母离婚率高，单亲家庭较多。也有的儿童父母没有离婚，但寄养在爷爷奶奶的家庭，也就是由爷爷奶奶负责养育。无论是单亲家庭，还是寄养家庭，特殊需要儿童在成长的过程中都容易缺乏支持他们社会性发展的充分的父母之爱，缺失可以模仿的性别榜样，容易孤僻、冷漠、任性，不会与人正常沟通。

家庭的物理变量即家庭的物质条件及组织安排，比如房子的大小、结构、房间的布置以及生活是否有条理。家庭的社会变量是指家庭中家庭成员之间的关系。父母是家庭物理变量的提供者、组织者，同时也是社会变量的主导者。特殊需要儿童的父母既需要重视家庭的社会变量，也要注重家庭的物理变量。

需要特别说明的是，正常儿童在成长过程中，如果突然遇到他们无法承受的重大家庭变故，例如父母离异，父母有一方患重病，他们也可能会表现出社会适应困难的问题，需要教师和家庭成员关注他们的社会性发展，通过具体的方法为他们的社会性发展提供特别的帮助。

2. 小区

随着社会的进步，越来越多的特殊需要儿童开始走出家庭，进入幼儿园、亲子园、特殊教育学校学前班、康复训练中心等专业机构学习和进行康复训练。这些机构的教师、同伴、场地和环境布置等都成为特殊需要儿童成长过程中非常重要的社会刺激。这些因素会影响特殊需要儿童对自己的认知，从而影响他们与同伴及教师的互动，影响他们的社会性发展。教师（治疗师）温暖的接纳、积极的引导，同伴间良好的示范、模仿和交流，都有利于特殊需要儿童形成良好的社会认知和社会行为，帮助他们融入群体，适应社会。0—6岁儿童的自我评价具有依从性和被动性的特点，特殊需要儿童的自我评价需要成人特别是教师的积极引领，正向鼓励。例如，融合教育班级的听障儿童在生活中观察发现：同伴交流只要动动嘴巴，他们就能彼此了解和理解；而自己的听力受损，需要佩戴助听器、进行听力语言训练，才能够和他人进行有效的交流沟通。这时他们比较容易自卑，可能导致对自己进行过低的自我评价。教师的正确引导可以使听障儿童认识到佩戴助听器就像其他小朋友配戴眼镜一样，是一种正常现象，只要自己好好练习自己的语言，就可以像其他小朋友一样。正向的自我评价会引导特殊需要儿童积极自我调节，主动与同伴互动，学习与同伴交往。因此，幼儿教育机构和康复中心的师资、教育理念和教育方式或训练方式也是特殊需要儿童社会性发展的重要影响因素。

3. 社区

按照布朗芬布伦纳（Urie Bronfenbrenner）的人类发展生态学理论，"个体发展的环境是一个由小到大层层扩散的生态系统，每一个系统都会通过一定的方式对个体的发展施以影响。这些环境以学校、家庭、社区、整个社会文化以及个体与其环境之间、环境与环境之间的相互作用过程与联系等不同的形式具体地存在于个体发展的生活中，在个体发展的不同时期从不同方面给予不同的影响"[①]。居住在不同社区环境中的特殊需要儿童，其社会性发展不尽相同。城市与乡村、楼房与平房，邻里之间的人际关系，整个社区对特殊需要儿童的接纳程度，社区的教育资源与社区配套设施，都会影响着特殊需要儿童与他人沟通交往的频率和互动的关系，从而影响他们的社会性发展。

综上所述，在生物学因素和社会化因素的共同作用、相互影响下，特殊需要儿童的社会性发展表现出与正常儿童不同的特点。

二、特殊需要儿童社会性发展的特点

《指南》指出，幼儿社会领域的学习与发展过程是其社会性不断完善并奠定健全人格基础的过程。人际交往和社会适应是幼儿社会学习的主要内容，也是其社会性发展的基本途径。下面我们主要从亲子互动、同伴交往、自我意识、道德认知与道德行为四个具体的方面来分析特殊需要儿童社会性发展特点。

（一）以非对称性亲子互动为主，较难建立亲密的依恋关系

美国社会心理学者琼斯（F. Jones）与西鲍特（J. W. Thibout）在对成人世界两人之间互动行为进行研究时，曾经根据互动行为主体在互动过程中各自所持有的行为动机，以及他们对彼此行为的期待，将人际互动的形态区分为四种：假相倚型的互动、非对称相倚型的互动、反应性相倚型的互动和彼此相倚型的互动。[②] 其中，非对称相倚型互动是指互动过程中一方主导着互动行为的发展方向及速度，而另一方处于被支配、被引导的地位。特殊需要儿童的亲子互动

---

① 刘晶波. 社会学视野下的师幼互动行为研究：我在幼儿园里看到了什么 [M]. 南京：南京师范大学出版社，2006：8.

② 刘晶波. 社会学视野下的师幼互动行为研究：我在幼儿园里看到了什么 [M]. 南京：南京师范大学出版社，2006：220.

基本由父母发起，儿童在亲子互动中处于被动状态。由于特殊需要儿童自身的某些特点，这些由父母主动发起的亲子互动也并不必然能够引起儿童的反馈。比如自闭症儿童和重度、极重度的智力障碍儿童都有可能对父母的爱抚行为没有任何反应或者反应冷淡。因此，我们将其概括为"非对称性亲子互动"。例如孤独症谱系障碍儿童具备正常的听力，但他们在与他人交流时，会表现出"听而不闻""视而不见"的特点，不能正常理解他人语言，或者鹦鹉学舌，或者听而不答，或者答非所问，目光游离。智力障碍儿童由于认知障碍，在亲子互动中也会出现与孤独症谱系障碍儿童类似的反应。由于听力受损，用口头语言与听障儿童进行互动交流也较难引起他们的反馈。

非对称性亲子互动容易引发父母对于亲子关系的焦虑，反过来，父母又可能在亲子互动中，把这种焦虑情绪传递给儿童。亲子互动中互动双方严重焦虑的情绪以及非对称性亲子互动中特殊需要儿童缺乏反馈，都不利于父母与子女之间建立安全的亲子依恋关系。

此外，特殊需要儿童自身的障碍类型和障碍程度，也会影响他们亲子依恋关系的形成和发展，如：听觉障碍儿童缺少"牙牙学语"；视觉障碍儿童难以拥有"清澈动人的眼睛"；肢体障碍儿童不能"活泼好动、蹦蹦跳跳"；智力障碍儿童由于智力障碍而导致面无表情、动作呆板；自闭症儿童存在情绪和行为障碍等。这些障碍都使他们不能像正常儿童那样获得父母的关注和爱，也是他们不太容易与父母建立亲密依恋关系的重要影响因素。

孤独症儿童家长的生活可能是单调的，让人感到枯竭、失眠的，需要不断地努力以防止孩子伤害自己，还要猜测孩子有什么需要，并寻求方法防止他们与社会隔离。

孤独症儿童家长也会经历一些来自朋友的排斥，其他人觉得很难与这些孩子相处。他们也会受到一些来自陌生人的排斥，这些陌生人或许并不知道这些孩子破坏性行为的背景，或许也不知道他们的父母为控制这些行为所做的努力。[①]

---

① 艾里克·J.马施，大卫·A.沃尔夫.儿童异常心理学 [M].2版.孟宪璋，等译.广州：暨南大学出版社，2004：406.

（二）同伴交往机会少，缺乏多样有效的同伴交往技能

特殊需要儿童出生后前几年的生活环境非常单纯，基本都是在家庭中与自己较少的亲属度过的。他们整天待在狭小的房屋中，由人照料，没有机会与更多的人接触，几乎没有同龄伙伴。这种类似"真空箱"的生活一方面给父母等抚养者带来持续的压力，同时又阻断了特殊需要儿童与他人沟通和交往的渠道。同伴交往机会少，不能通过同伴了解他人，缺乏了解和理解他人观点的机会和能力，更没有机会学习同伴交往技能，导致他们在社会认知、情感表达以及社会交往方面出现严重的问题。

随着年龄的增长，部分听障、视障儿童和轻度智力障碍儿童可以进入普通幼儿园进行融合教育。但由于特殊需要儿童自身的障碍以及缺乏与人交往技能，在普通幼儿园中，普通儿童与普通儿童的交往明显多于与特殊需要儿童的交往。例如，听障儿童不但向普通儿童主动发起交往的次数低，发起交往的有效性也低，他们提出交往的要求经常与情境不符，时常使用攻击行为引起他人注意；他们维持交往的形式单一，持续时间较短，而且常因无法相互理解而中断与同伴的交流；他们解决交往冲突的方式也不成熟，倾向以抱怨或诉求的方式解决冲突。[①]因此，我们必须重视并通过切实的行动支持特殊需要儿童与同伴之间的互动，创造条件帮助他们了解他人，学习与同伴交往。

（三）自我意识产生较晚，发展较慢，差别较大

与正常儿童自我意识的发展相比，由于生理或者心理的障碍，特殊需要儿童自我意识产生较晚，自我意识发展较慢。同时由于障碍类型和障碍程度不同，特殊需要儿童自我意识发展水平各异。不仅不同障碍类型特殊需要儿童的自我意识发展水平千差万别，同一障碍类型不同障碍程度的特殊需要儿童自我意识发展也存在很大差别。

按照皮亚杰的认知发展理论，正常儿童约1岁就能够建立客体永久性，把主客体分化开来，即从以自我为中心变为把自己看成无数客体中的一个，建立起对自我的认识。由于生理和心理的障碍，特殊需要儿童很长时间停留

---

①　夏滢，周兢. 融合环境下听力损伤幼儿同伴交往特点研究 [J]. 学前教育研究，2008 (3)：41-45.

在只知道自己名字的阶段，部分发展较好的特殊需要儿童能够区分自我和他人，例如视障儿童、肢体障碍儿童以及进行听力语言训练或者手语学习的听障儿童。孤独症谱系障碍儿童、智力障碍儿童以及部分没有经过语言训练的听觉障碍儿童甚至到六七岁都分不清你我。例如，教师问他们："你叫什么名字？"他们不是回答："我叫×××。"而是重复一遍："你叫什么名字？"或者回答："你叫×××。"这表明他们还没有建立清晰的自我认识，还没有把自己从客体变为主体。

特殊需要儿童自我意识发展慢主要表现为他们自我评价水平较低，自我控制能力弱。他们常常以父母或者教师的评价来评价自己，这一方面体现了这个年龄段儿童自我评价的依从性和被动性的特点，同时也可能是由于自身生理或者心理障碍导致他们容易自卑而不敢给予自己较高的自我评价。自我控制能力弱的特殊需要儿童容易暴躁、愤怒，情绪不稳定，突然不明缘由地哭或者笑，导致情绪和行为障碍问题。

（四）认知不守恒，较难形成稳定的社会性行为

儿童社会化的重要内容是使儿童成长为一个认同并遵守社会是非、善恶道德规范和行为准则的有道德的人。皮亚杰和柯尔伯格都认为儿童的道德发展有其固定不变的顺序，儿童的道德判断是以儿童的认知发展为基础的，都强调儿童与他人的社会相互作用在儿童的道德发展中发挥着重要作用。正常儿童能逐渐建立起简单的是非观念，能够知道什么是对的，什么是错的，并能够在日常生活中将自己的道德认知与自己和他人的道德行为进行比照。如：一岁左右能够"移情"；两三岁有了"好孩子""坏孩子"的想法，产生简单的道德感；五六岁不仅能够以自己认为正确的道德规范来约束自己的道德行为，而且能够产生相应的"自豪""羞愧"等道德体验，进而进行良心与道德内化，成为儿童行为的动机。

特殊需要儿童由于其身心发展障碍，很长一段时间都比较难以理解社会规则，较晚才有可能建立起对是非、善恶的认知。而且，由于认知不守恒，同样的行为规则，出自教师的就愿意遵守，出自父母的就不遵守。某些特殊需要儿童甚至无法理解社会规则，如分享、按规则玩游戏等。他们的行为大部分由他们的基本生理需要控制。如当他们想要一块饼干，而教师说"饼干

要和大家分享"，理解规则的儿童，比如听障儿童、视障儿童就能够遵守，但很难理解规则的智力障碍儿童和孤独症谱系障碍儿童则可能会发脾气，甚至根本不听要求直接用手去拿饼干。特殊需要儿童的道德发展很长时间停留在前道德阶段，很难分清公正、义务和服从，难以形成稳定的社会性行为，常常表现出"会说不会做"。智力障碍儿童和孤独症谱系障碍儿童有可能"既不会说更不会做"，甚至社会行为比较怪异，比如无缘无故大发脾气，而且连续几个小时，直至自己筋疲力尽，旁人无法阻止。他们不能在自己的行为和结果之间建立有效的因果联系，也不理解他们行为的后果有可能会对自己或者他人造成伤害，比如自己撞墙、用手打自己的头或者突然用手去抠别人的眼睛等伤人的行为。

　　艾米莉（Emilie），4岁……似乎有什么东西驱使她去爬，爬上炉子、电冰箱和最高的梳妆台。有两次她把电视机砸在自己身上。……如果不给她扣上安全带放在婴儿车里，她就会飞奔到马路上。如果前门开着的话，她就会跑出去。艾米莉是旋风，需要不断留意。她一周内有几次半夜起床，非常清醒，大声哼哼，投掷玩具，使劲拉睡在上面的哥哥。（Semenak，1996）[1]

三、特殊需要儿童社会行为的基本表现

有些特殊需要儿童可以从外表进行判断，比如肢体障碍儿童、重度和极重度智力障碍儿童、唐氏综合征儿童、脑瘫儿童、视力障碍儿童等都有非常明显的外貌特征。我们可以看得出来，听力障碍儿童也可以通过口头语言的交流进行辨别。但有些特殊需要儿童不能通过外表分辨出来，如孤独症谱系障碍儿童、轻度智力障碍儿童、发展迟缓儿童、情绪和行为障碍儿童、问题

---

　　[1]　艾里克·J. 马施，大卫·A. 沃尔夫. 儿童异常心理学 [M]. 2版. 孟宪璋，等译. 广州：暨南大学出版社，2004：406.

行为儿童，还有一些遇到重大变故需要提供社会性发展支持的正常儿童。他们社会行为的基本表现主要有以下几种。

- 不会或者不喜欢目光的接触，说话时不看对方的眼睛。
- 语言发展缓慢，不会回答问题或者答非所问。
- 咀嚼能力较差，喜欢吃流质食物，不喜欢吃固体食物。
- 很长时间难以适应幼儿园的生活，入园适应困难。
- 一个人在角落里玩耍，不会交朋友。
- 经常莫名其妙地大笑或者大哭，难以停止，除非他自己想停下来。
- 对周围漠不关心，完全按照自己的意愿活动，没有任何规则意识。
- 对真正的危险没有恐惧。
- 具有特殊的刻板的兴趣爱好，比如喜欢看旋转的物体。
- 感知觉异常，比如打针不哭。
- 叫他的名字没有反应，好像没有听到。
- 对玩具不感兴趣，或者拿着玩具只会单一的刻板行为，转动、咬、闻气味、不停地排列玩具等。
- 对游戏没有兴趣。
- 对动画片不感兴趣。

如果儿童的社会行为与以上列出的多个特点相吻合，家长或者教师就应该注意观察，并尽早带儿童去医院就诊，以便有针对性地进行社会性发展的早期教育。早期发现并早期介入社会性发展的教育，效果最好。

第三节　特殊需要儿童的社会性发展与教育

儿童的社会性发展与他们认知、语言、个性等方面的发展紧密联系。特殊需要儿童的社会性发展和教育，需要我们深入了解不同障碍类型的特殊需要儿童，关注每个特殊需要儿童的兴趣和需要，从他们的兴趣和需要出发，尊重他们的发展规律，遵循教育的原则，采取合适的方法，帮助他们学习有效的社会交往技能，帮助他们树立信心。

一、特殊需要儿童社会性发展与教育的原则

（一）充分了解的原则

每个儿童都是不一样的。特殊需要儿童障碍类型不同，相同的障碍类型障碍程度不同，他们的社会性发展就会存在很大的差别。有的孤独症谱系障碍儿童能够与他人进行简单的交流，有的根本不理睬人。因此，社会性发展和教育必须首先了解每个特殊需要儿童的障碍类型、成因、障碍程度，面对面与他们沟通交流，清楚了解他们社会性发展水平。根据最近发展区的原则，在他们现有的社会性发展水平上设计教育方案，为他们的社会性发展提供有效的支持。

（二）完全接纳的原则

任何教育都必须建立在教育双方完全接纳的基础上才能有效。特殊需要儿童年龄较小，由于各种生理或者心理的障碍，他们可能不敢、不愿或者不会与他人接触。成人在与他们交流互动的过程中，需要从内心完全接纳他们。接纳他们不完美的外貌，接纳他们不讨人喜欢的"笨拙"，用微笑和他们交流，愿意观察他们，跟在他们的身后，等待他们的成长，在完全的接纳中让

他们感受到安全和温暖，与他们建立起相互信赖的情感关系。只有"亲其师"，才能"信其道"，只有成人完全接纳特殊儿童，他们才会"亲"，而后"信"。特殊需要儿童感受亲密的关系，这种关系本身对他们就是一种有益的学习和教育。

（三） 赞扬和鼓励的原则

儿童的成长离不开成人的赞扬和鼓励。用赞扬、鼓励和关注的方式来奖励儿童，很可能使儿童重复他们先前的行为。[①] 特殊儿童由于年龄小以及各种障碍的原因，学习社会规则较慢，不太容易建立起稳定的行为。成人在与他们交往互动的过程中，可以以自身的积极情感激发、带动和影响他们，鼓励他们不断尝试，允许犯错。"温柔的坚持"能帮助他们克服惰性，学习自我控制，感受并体验自己遵守规则的喜悦情绪。教师或家长通过游戏等各种方法与儿童进行宽松、愉悦的交往，在这种和谐的心理环境下，儿童感到放松，容易形成相互信赖的亲密关系。

（四） 循序渐进的原则

儿童的社会性发展并不是独立的，而是与儿童的动作以及大脑等神经系统的发展密切相关。儿童的语言发展、动作发展、情绪的感受和辨别能力都会影响他们与他人的社会性交往能力。特殊需要儿童的社会性发展是一个循序渐进、水滴石穿的缓慢变化过程。成人必须尊重他们的社会性发展规律，在教育的过程中必须遵循这一原则。而特殊需要儿童由于各种障碍，社会性发展明显落后于正常儿童。在教育的过程中，教师更需要执着付出，耐心等待，一步一个脚印地教给他们适当的社会交往规则，并在实践中不断重复练习，直至把规则内化为一种社会性交往的习惯。例如，教自闭症儿童学习和别人打招呼，我们需要分解成三步：首先是教自闭症儿童抬头，然后看着对方的眼睛，再说："你好!"这在普通儿童来说是最简单的事情，但对于自闭症儿童来说，却是一个艰巨的任务，我们必须把这个过程简化并一步一步按照

---

① 希拉·里德尔-利奇. 儿童行为管理 [M]. 刘晶波，译. 南京：南京师范大学出版社，2009：103.

步骤进行。可能仅仅是"看着对方的眼睛"这一步，就需要学习和练习一个月甚至更长的时间。

二、特殊需要儿童社会性发展与教育的基本方法

（一）感觉统合训练的方法

感觉和知觉是儿童认识世界的通道，是儿童各方面发展的基础。一个感觉和知觉存在障碍的儿童，必然会伴随出现社会性发展的异常。因此，在特殊需要儿童社会性发展与教育中，早期进行感觉统合训练是一种重要的方法。感觉统合训练不仅能够提高特殊需要儿童的感知觉的统合能力，也能够提高他们对社会性行为的认知能力。在进行感觉统合训练的过程中，教师、家长等训练人员与儿童之间的交往互动又给儿童提供了可以模仿、学习的社会交往的榜样。在学校或机构进行感觉统合训练时，教师主要采用各种球类（如大笼球、小笼球、花生球、海洋球）、滑板、滑梯、平衡台（木）、横抱筒、竖抱筒、滚筒、蹦蹦床、时光隧道和平衡步道等感统器材，为儿童设计各种游戏，以加强儿童触觉、前庭平衡觉、本体感觉及手眼协调等感知觉能力。

在感统训练过程中，教师经常给儿童以赞扬和鼓励，发现一点进步，就及时给予肯定，并鼓励他们去尝试以前没有或不敢去做的动作，儿童的感知和运动能力就会一点点提高。在不断的尝试中他们积累了经验，动作越来越熟练，自信心也会越来越强。自信心除了来自外界的评价，更重要的是来自自身能力的提高。儿童有了自信，他们就会喜欢与人交流和沟通。

案例

感觉统合训练方案

男孩，5 岁。日常表现特别黏人，怕生，不喜欢洗脸、理发，注意力不集中。脾气暴躁，对任何新的学习都持排斥的态度。比较神经质，容易紧张，爱哭，经常被同学们称为胆小鬼。情绪不稳定，喜欢与人争吵。爱咬指甲、咬手、咬嘴唇，极度挑食、偏食、厌食。

生长发育史：剖宫产；父母工作忙，祖父母带大；孩子从出生后较少外出，经常待在家里；家庭环境很优越，家长过度照顾。

建议

1. 在机构里的感觉统合训练：玩沙滩球、羊角球、花生球；走平衡木；穿笼爬行；在跳床上跳跃。

2. 在家庭里的感觉统合训练：抱抱亲亲的游戏；玩沙、玩土、玩泥巴、玩石子、玩水；练习爬行、打滚、翻跟头；用粗糙一点的毛巾给孩子擦身体；用轻柔的羽毛刷刷身体；让孩子慢慢接触冰袋、热水袋；用毛巾把孩子裹起来，让他感受压力。

（二）正向行为支持的方法

特殊需要儿童社会性发展与教育最终目的是使儿童获得社会所允许的行为，避免反社会行为。而要达到这一目标，通过示范、练习、强化，支持特殊儿童正向行为，是一种行之有效的方法。在具体的活动中示范，使特殊需要儿童了解社会行为的方法或者要领，反复操练，及时强化，为他们的社会行为提供可供模仿学习的范本。

教师或家长在示范的时候要注意引导特殊需要儿童仔细观察，并把社会行为分解，分成能够被特殊需要儿童理解的若干部分，同时配合细致的讲解，加强练习，才可能会取得较好的学习效果，达到使特殊需要儿童掌握新的社会交往技能的目的，例如认识新朋友，学习和新朋友见面握手。教师需要把整个行为分成六步进行示范讲解：慢慢走到新朋友面前，站立停稳，伸出右手，握住对方的右手，轻轻摇两下，收回自己的手。

（三）社交故事的方法

由格莱（Gray）和格朗德（Garand）于 20 世纪 90 年代共同开发并由格莱继续研究而发展起来的社会性故事读本（Social Story），目前已经成为一种结构组织较为严谨的促进包括自闭症在内的特殊需要儿童社会性发展的有效教学方法。这种方法依靠社会性故事进行教学。故事可以是以各种形式呈现，PPT、动画、纸都可以。社交故事法的关键在于编写的故事是自闭症儿童在日常生活中遇到的社会交往行为，或者是预知自闭症儿童进入真实的社会情境时，可能会遇到的社会交往问题。在写故事的过程中，可以邀请有能力的自闭症儿童一起参与编写，然后一起阅读故事。故事的最终目的是让自闭症儿童了解社会事件的起源，交流故事中人物的想法和意图，最终教会自闭症儿童解决社会问题的有效方法。

例如，社交故事《怎样打招呼》主要由七张幻灯片组成。每一句话就是单独的一张幻灯片，就如同故事书中单独的一页。每句话配一张图片，便于儿童理解。

> 见到认识的人，我们通常会跟他打招呼。
> 打招呼表示我们有礼貌。
> 打招呼的方法有很多，一可以说一声"你好！"。
> 二可以叫他的名字。
> 三可以向他挥挥手、点点头、笑一笑。
> 四可以跟他握握手。
> 我跟别人打招呼，别人会觉得舒服又开心。他们会喜欢我这样做，又会赞我有礼貌。

（四）人际关系发展干预

针对自闭症儿童最显著的缺陷——社会性功能障碍，美国临床心理学盖斯特恩（Gutstein）博士与他的妻子希莉（Sheely）根据多年来对自闭症儿童研究心得和治疗经验，提出了"人际关系发展干预法"（Relationship Development Intervention，RDI）。虽然此方法为自闭症儿童"量身打造"，但目前其使用范围已经扩展至任何有社会性发展和教育需要的儿童。该方法着眼于自闭症儿童人际交往和适应能力的发展，强调父母的"引导式参与"，在儿童当前发展水平的基础上，采用系统的方法循序渐进地引导自闭症儿童产生运用社会性技能的动机，进而让儿童练习在不同情境中迁移习得的技能，最终让儿童发展出与他人分享经验、享受交往乐趣和建立友谊的社会交往能力。在 RDI 中，儿童不需要外在的奖励来诱使他们练习新的社交技能，而让他们自然地从互动中感受到纯粹的喜悦。

> 华现在考虑的不再是单一的强化训练了，她说自己现在最在乎的是和儿子之间的关系。……从那时候开始，华开始注重和儿子一起玩耍……
>
> 华从儿子身上得出结论："孤独症的主要问题是人际问题，如果他肯学，教他是容易的。他的理解能力大过他的表达能力很多很多，自闭的程度掩盖了他的很多真实能力。比如教他认钟表，卡片上早认识了，但在实际生活中却表达不出来。可能过了几年后才能表达出来，有信心才能说出来。如果有自信，他可以表达的东西会更多。现在我带着孩子去散步的时候，他可以很快从大楼的钟表上认出时间，还能准确告诉我。"①

（五）"地板时间"法

由美国精神病学家史丹利·格林斯潘（Stanley Green Span）和沙丽娜·韦德（Serena Wieder）于 20 世纪 80 年代所创设的"地板时间"（Floor Time）也是专门为提高自闭症儿童人际交往和情绪交流能力所研究的方法，目前，其使用范围也扩展至其他障碍类型的特殊需要儿童。此方法经过后来的扩充，

---

① 张雁. 蜗牛不放弃：中国孤独症群落生活故事 [M]. 北京：华夏出版社，2007：88.

现已发展成为一套系统的、整合性的提升儿童社会交往水平的方法，即基于发展、个别差异和人际关系的模式（Developmental，Individual Differences，Relationship-based Model，DIR）。"地板时间"是 DIR 中主要的教学方法。

"地板时间"是一种游戏教学的方法，通过游戏，增加特殊需要儿童与他人之间的交流和学习。"地板时间"主要分为五个步骤：一是观察儿童的行为；二是打开交流的渠道；三是跟随儿童；四是延伸与拓展游戏；五是结束游戏。这种教育方法对施教者的要求较高，需要经过严格的培训，才可能独立从事教学活动。

（六）游戏治疗的方法

游戏治疗是以游戏活动为媒介，让儿童有机会很自然地表达自己的感情，暴露问题，并从中自我解除精神困扰的一种教育方法。[①] 从形式上看，游戏治疗分为指导性游戏治疗和非指导性游戏治疗。前者是由治疗者承担指导和解释的任务；而后者是儿童把游戏作为自我表达的媒介，儿童自己承担游戏中指导自己的任务。在游戏治疗中，儿童能够把自己既不被人理解，也不被人同情的想法自由自在地表达出来，缓解儿童由于焦虑、紧张、情绪失调而造成的心理矛盾，继而解决他们社会行为不良的问题。

在治疗过程中，治疗者需要完全接纳儿童的表现，和儿童之间尽早建立友好融洽的关系，给儿童充分的机会自由表达他的全部感情。游戏治疗对治疗者的要求较高，它需要治疗者在游戏治疗过程中，能够承认并反馈儿童表达的感情，相信儿童自己具备解决问题的能力，不能以任何方式指导儿童的言行，不能着急，要循序渐进。

游戏治疗对于具有攻击性的、任性行为和抑郁、退缩、沉默、性格孤僻的儿童，以及某些口吃、婴儿语的语言障碍而影响其社会交往的儿童以及某些特殊需要儿童都有一定的效果。

总之，特殊需要儿童的社会性发展与教育的内容很多，方法也很多。在与特殊需要儿童交往互动过程中，我们需要具体问题具体分析。首先是了解儿童，其次是根据他们的障碍类型、障碍程度以及兴趣和爱好等特点进行引

---

① 方观容. 方观容文集：幼儿学数与游戏治疗［M］. 南京：江苏凤凰教育出版社，2006.

导，使用有效方法，促进其社会性的发展。特殊需要儿童的社会性发展与教育是一个循序渐进的漫长过程，不可能一蹴而就。它需要成人付出心力，采取有效的方法，经历时间的打磨。

第四节　在日常生活中的社会教育实践

每个儿童都是活在真实的生活里。对特殊需要儿童而言，能够在日常生活中进行社会教育实践无疑是最好的教育方式。特殊需要儿童日常生活中的社会教育实践通常主要出现在家庭、学校或康复机构以及社区三种情境之中。在家庭中，特殊需要儿童通过和家长的互动学习社会交往的最基本的行为，如通过微笑、说话打招呼；与人交流时需要轮流、等待的社会交往规则；学习适当表达自己的情绪并学习理解他人的情绪；学会自己吃饭、穿衣等自理能力。在学校或康复机构中，特殊需要儿童有机会通过同伴去自我中心，了解他人；通过同伴的行为，认识自己的行为；通过同伴互动，学习并践行分享、合作等重要的交往规则。在社区中，他们有机会扩大自己的人际交往范围，具体实施自己在家庭和机构中学习到的交往技能。无论在哪种情境中进行的社会教育实践，特殊需要儿童都需要观察、模仿，在情境中学习，以及大量重复的练习。

一、观察与模仿

社会学习理论认为，儿童是在观察与模仿中学习社会行为的。观察与模仿是儿童学习社会行为的重要方式。行为的获得不是由强化决定，而是由观察（认知）决定的。[①] 儿童倾向于模仿父母，模仿教师，模仿同伴，模仿他们所喜欢的、崇拜的对象，特殊需要儿童也是如此。因此，家长和教师必须做好榜样，

---

① 刘金花. 儿童发展心理学［M］. 上海：华东师范大学出版社，2013：283.

发挥示范作用，同时，在他们身边安排能力比较强但又不至于太强的同伴。通过家长、教师、同伴的示范，引导特殊需要儿童学习适当的社会行为。

二、在情境中学习

特殊需要儿童的社会教育实践需要依靠情境。在情境中学习，会使他们更容易理解社会规则，并能够在生活中迁移学习获得的经验。在家庭中，家长可以带特殊需要儿童到一些真实的场景中学习与人接触，比如到菜市场去买菜，去银行取钱，乘坐公交车或者地铁。条件较好的康复机构、特殊学校可开辟场地，设置模拟社区，让特殊需要儿童在其中练习过马路，去超市买小型物品，在游戏场地与他人一起玩游戏等。即使在教学中，教师也可以创设一个虚拟的情境，引导特殊需要儿童参与精心组织的活动，在情境中理解、遵守规则，体验社会交往的快乐。社区更是一个真实的情境，所有的一切都是真实的学习机会。

> **📚 案例**
>
> ### 森林王国拍球比赛①
>
> **活动目标**
>
> 1. 创设故事情境，激发幼儿游戏的兴趣。
> 2. 刺激幼儿的脚底神经及全身触觉感应。
> 3. 提高幼儿的协调性，学习同伴合作。

---

① 案例由单静（江苏省南京市盲人学校学前班）提供，本次活动中的儿童皆为视力障碍儿童.

活动准备

1. 两对触点小脚，两个平衡步道。
2. 触觉球若干、头饰若干。
3. 快节奏音乐。

活动过程

1. 导入。

"森林王国即将举行拍球大会，邀请每一位小动物参加。老虎和狮子是本次拍球大赛的裁判，现在由裁判进行分队。"（两位教师分别扮演老虎和狮子，将幼儿分成黄红两队）

2. 教师讲解示范游戏。

（1）"这次比赛的场地有些特殊，要走过一段小桥，到对岸拍球，所以我们先一起熟悉一下这座小桥。"教师带领幼儿到小桥的桥头，黄红两队分别站在黄红两个步道前，教师进行示范。然后两队学生进行桥上行走练习（走两遍）。

（2）刚才我们认识了我们要经过的小桥，现在我们要进行热身训练了，老虎和狮子裁判会给红队和黄队的每一个小朋友发一个比赛用球。以前小动物们学习过怎样的玩球本领啊？能不能表演一下？（请三个儿童进行表演，然后提出今天比赛要求的拍球方法——双手抱住球的两侧，上下拍球）

（3）两队幼儿面对面站立，分别进行两组六次拍球。

（4）宣布练习结束，马上进行正式比赛，请两队幼儿按顺序站好。

（5）宣布规则：我们进行接力赛，请各位参加比赛的小动物听好规则。每组第一个比赛的小动物站在小脚印上，哨声一响就从小桥上出发，走过小桥后（如果有小动物掉到河下，由裁判营救上岸后继续比赛），蹲在岸边的石头上，进行拍球，拍五下后，就沿着小桥原路返回，把球交给第二个小动物。第二个小动物像第一个小动物一样拍球，然后传给第三个小动物。最先结束的组就是冠军，第二个结束的就是亚军。我们会为冠军和亚军颁发奖品。

（6）"下面由两位裁判示范，各位小动物仔细观察，认真听。"两位教师进行示范。

（7）进行正式比赛，各组站好位置。

（8）哨声响，比赛开始，裁判解说场上赛况，激发幼儿兴趣。

3. 总结。

评出冠亚军，并颁发奖品。"本次森林王国拍球大会的冠军队是××，我们为他们颁发奖品。""本次森林王国拍球大会的亚军队是××，我们为他们颁发奖品。""最后让我们一起为我们今天的精彩表现鼓鼓掌。"

三、大量练习

儿童所有的行为都需要大量的练习。蒙台梭利认为"重复练习"是儿童的偏爱和自发地展示自己的方法。[①] 重复练习某个行为是所有儿童在学习过程中必然的选择，而特殊需要儿童更是需要进行大量重复练习才可能学会某个行为。例如，怎样打招呼；别人跟我说话时，我可以怎么做；排队时要怎样做；吃饭时需要怎样做；朋友说话时，我也想说话，可以怎样做……特殊需要儿童在大量重复的练习中发现自己的潜能，进一步完善对自我的认知，同时经过大量重复练习，习得某个社会行为。

---

① 玛丽亚·蒙台梭利. 童年的秘密［M］. 马荣根，译. 北京：人民教育出版社，2005：141.

主要参考文献

著作类

阿德勒. 自卑与超越 ［M］. 李青霞，译. 沈阳：沈阳出版社，2012.

艾·弗洛姆. 爱的艺术 ［M］. 李健鸣，译. 上海：上海译文出版社，2008.

艾里克·J. 马施，大卫·A. 沃尔夫. 儿童异常心理学 ［M］. 2 版. 孟宪璋，等译. 广州：暨南大学出版社，2004.

安·S. 爱泼斯坦. 学前教育中的主动学习精要：认识高宽课程模式 ［M］. 霍力岩，等译. 北京：教育科学出版社，2011.

班杜拉. 社会学习心理学 ［M］. 郭占基，等译. 长春：吉林教育出版社，1988.

保罗·哈里斯. 儿童与情绪：心理认知的发展 ［M］. 郭茜，等，译. 北京：教育科学出版社，2012.

陈帼眉. 学前心理学 ［M］. 2 版. 北京：人民教育出版社，2003.

陈鹤琴. 陈鹤琴全集（第二卷）［M］. 南京：江苏教育出版社，1989.

陈文华. 中外学前教育史 ［M］. 2 版. 北京：科学出版社，2011.

戴维·谢弗. 社会性与人格发展（第 5 版）［M］. 陈会昌，等译. 北京：人民邮电出版社，2012.

但菲. 幼儿社会性发展与教育活动设计 ［M］. 北京：高等教育出版社，2008.

方富熹，方格. 儿童发展心理学 ［M］. 北京：人民教育出版社，2005.

方观容. 方观容文集：幼儿学数与游戏治疗 ［M］. 南京：江苏凤凰教育出版社，2006.

丰子恺. 缘缘堂随笔 ［M］. 天津：天津人民出版社，2015.

甘剑梅. 学前儿童社会教育 ［M］. 北京：中央电视广播大学出版社，2007.

顾定倩. 特殊教育导论 [M]. 大连：辽宁师范大学出版社，2001.

黄伟合. 儿童自闭症及其他发展性障碍的行为干预 [M]. 上海：华东师范大学出版社，2003.

教育部教育管理信息中心. 全国优秀幼儿社会教育活动课例评析 [M]. 重庆：西南师范大学出版社，2011.

卡罗尔·格斯特维奇. 发展适宜性实践：早期教育课程与发展 [M]. 霍力岩，等译. 北京：教育科学出版社，2011.

卡洛琳·爱德华兹，莱拉·甘第尼，乔治·福尔曼. 儿童的一百种语言：转型时期的瑞吉欧·艾米利亚经验（第3版）[M]. 尹坚勤，王坚红，沈尹倩，译. 南京：南京师范大学出版社，2014.

克鲁泡特金. 互助论 [M]. 李平沤，译. 北京：商务印书馆，1963.

劳拉·E. 贝克. 儿童发展 [M]. 吴颖，等译. 南京：江苏教育出版社，2002.

雷娜特·齐默尔. 儿童感知教育手册 [M]. 杨沫，谢芳，译. 南京：南京师范大学出版社，2010.

李季湄，冯晓霞. 《3—6岁儿童学习与发展指南》解读 [M]. 北京：人民教育出版社，2013.

李幼穗. 儿童社会性发展及其培养 [M]. 上海：华东师范大学出版社，2004.

李泽慧. 特殊儿童沟通与交往 [M]. 南京：南京师范大学出版社，2015.

林传鼎，陈舒永，张厚粲. 心理学词典 [M]. 南昌：江西科学技术出版社，1986.

刘金花. 儿童发展心理学 [M]. 上海：华东师范大学出版社，2013.

刘晶波. 社会学视野下的师幼互动行为研究：我在幼儿园里看到了什么 [M]. 南京：南京师范大学出版社，2006.

刘晶波. 特殊儿童早期发展支持 [M]. 南京：南京师范大学出版社，2015.

刘晓东，卢乐珍，等. 学前教育学 [M]. 3版. 南京：江苏凤凰教育出版社，2009.

刘彦华. 幼儿园教育活动的设计与指南：从"活动设计"到"活动点评" [M]. 北京：科学出版社，2014.

刘焱. 幼儿园游戏教学论 [M]. 北京：中国社会出版社，2000.

齐克·罗宾. 童年友谊 [M]. 李月琴，译. 沈阳：辽海出版社，2000.

罗斯·D. 帕克，阿莉森·克拉克-斯图尔特. 社会性发展 [M]. 俞国良，郑璞，译. 北京：中国人民大学出版社，2014.

马戈·迪希特米勒，朱迪·雅布隆，阿维娃·多尔夫曼，等. 作品取样系统：教室里的真实性表现评价 [M]. 廖凤瑞，陈姿兰，译. 南京：南京师范大学出版社，2009.

马克斯·韦伯. 经济与社会：上卷 [M]. 林荣远，译. 北京：商务印书馆，1997.

马乔里·J. 克斯特尔尼克等. 儿童社会性发展指南：理论到实践 [M]. 邹晓燕，等译. 4版. 北京：人民教育出版社，2008.

马斯洛. 人性能达的境界 [M]. 林方，译. 昆明：云南人民出版社，1987.

玛格丽特·米德. 代沟 [M]. 曾胡，译. 北京：光明日报出版社，1988.

玛丽·道格拉斯. 洁净与危险 [M]. 黄剑波，等，译. 北京：民族出版社，2008.

玛丽亚·蒙台梭利. 童年的秘密 [M]. 马荣根，译. 北京：人民教育出版社，2005.

墨森，等. 儿童发展和个性 [M]. 缪小春，等，译. 上海：上海教育出版社，1990.

默里·托马斯. 儿童发展理论：比较的视角 [M]. 郭本禹，王云强，译. 上海：上海教育出版社，2009.

南茜·艾森伯格. 爱心儿童：儿童的亲社会行为研究 [M]. 巩毅梅，译. 成都：四川出版集团，四川教育出版社，2006.

内尔·诺丁斯. 始于家庭：关怀与社会政策 [M]. 侯晶晶，译. 北京：教育科学出版社，2006.

琳·欧德菲尔德. 自由地学习 [M]. 李泽武，译. 北京：人民文学出版社，2006：71.

彭尼·塔索尼. 支持特殊需要 [M]. 张凤，译. 南京：南京师范大学出版社，2009.

迈·凯梅·普林格尔. 儿童的需要 [M]. 禹春云，段虹，张思前，译. 北京：春秋出版社，1989.

钱德勒·巴伯，尼塔·H. 巴伯，帕特丽夏·史高利. 家庭、学校与社会：建立儿童教育的合作关系（第4版）[M]. 丁安睿，王磊，译. 南京：江苏教育出版社，2013.

桑标. 当代儿童发展心理学 [M]. 上海：上海教育出版社，2003.

山姆·麦索尔斯，马戈·迪希特米勒，朱迪·雅布隆，等. 作品取样系统：3—6岁儿童发展指引 [M]. 廖凤瑞，陈姿兰，译. 南京：南京师范大学出版社，2009.

施晶晖，等. 学前儿童社会性教育——兼论儿童职业意识培养 [M]. 合肥：中国科学技术大学出版社，2010.

唐元毅，钟永强，朱玲莉. 幼儿园的社会与科学教育活动 [M]. 成都：四川大学出版社，2011.

王振宇. 儿童心理发展理论 [M]. 上海：华东师范大学出版社，2000.

王振宇. 儿童心理学 [M]. 4版. 南京：江苏教育出版社，2006.

威廉·A. 科萨罗. 童年社会学 [M]. 程福财，等译. 上海：上海社会科学院出版社，2014.

维果茨基. 维果茨基教育论著选 [M]. 余震球，译. 北京：人民教育出版社，2004.

希拉·里德尔-利奇. 儿童行为管理 [M]. 刘晶波，译. 南京：南京师范大学出版社，2009.

弗里德里希・席勒. 审美教育书简 ［M］. 冯至，范大灿，译. 北京：北京大学出版社，1985.

熊梅. 当代综合课程的新范式：综合性学习的理论实践 ［M］. 北京：教育科学出版社，2001.

杨丽珠，吴文菊. 幼儿社会性发展与教育 ［M］. 大连：辽宁师范大学出版社，2000.

原晋霞. 幼儿园规则教育与幼儿发展 ［M］. 合肥：安徽少年儿童出版社，2011.

约翰逊. 社会学理论 ［M］. 南开大学社会学系，译. 北京：国际文化出版社，1988.

张春兴. 张氏心理学辞典 ［M］. 台北：东华书局，1989.

张大均. 教育心理学 ［M］. 北京：人民教育出版社，1999.

张明红. 学前儿童社会教育 ［M］. 上海：华东师范大学出版社，2008.

张文新. 儿童社会性发展 ［M］. 北京：北京师范大学出版社，1999.

张雁. 蜗牛不放弃：中国孤独症群落生活故事 ［M］. 北京：华夏出版社，2007.

赵忠心. 家庭教育学：教育子女的科学与艺术 ［M］. 北京：人民教育出版社，2001.

周兢. 学前特殊儿童教育 ［M］. 大连：辽宁师范大学出版社，2002.

周世华，耿志涛. 学前儿童社会教育 ［M］. 北京：高等教育出版社，2011.

朱智贤. 心理学大词典 ［M］. 北京：北京师范大学出版社，1989.

期刊类

安秋玲，陈国鹏. 不同年龄儿童对权威认知水平的研究 ［J］. 心理发展与教育，2003（3）：19-24.

陈会昌. 儿童社会性发展的特点、影响因素及其测量 ［J］. 心理发展与教育，1994（4）：1-17.

陈会昌. 羞愧，内疚，良心：儿童情感教育漫话之五 ［J］. 父母必读，1985（10）：40-41.

丛玉燕. 儿童权威认知研究综述 ［J］. 太原师范学院学报（社会科学版），2008（4）：150-152.

顾凡及. 塑造文明的镜像神经元 ［J］. 科学，2014（6）：21-24.

华红艳. 学前儿童安全感缺失的表现 ［J］. 长治学院学报，2013（4）：108-111.

嵇珺，刘晶波. 幼儿分享教育的价值与实践改进 ［J］. 学前教育研究，2011（12）：52-57.

李彩娜，党健宁，何姗姗，等. 羞怯与孤独感：自我效能的多重中介效应 ［J］. 心理学报，2013（11）：1251-1260.

李德显. 幼儿分享意识、分享行为发展研究 ［J］. 学前教育研究，2003（12）：16-18.

李卉，周宗奎，伍香平. 3—6岁儿童使用媒体现状的调查研究［J］. 上海教育科研，2014（5）：57-59.

李健芳. 羞愧发展研究述评［J］. 中国特殊教育，2007（12）：91-96.

李璐，孙学丽. 论教师教育行为对学前儿童自我概念形成的影响［J］. 现代企业教育，2012（2）：199-200.

李艺敏，孔克勤. 国内自卑研究综述［J］. 心理研究，2010（6）：21-28.

林菁. 皮亚杰的儿童"自我中心"理论述评［J］. 学前教育研究，2001（1）：23-25.

刘晶波，王任梅. 5岁~7岁幼儿谦让行为的界定及其总体特征分析［J］. 早期教育（教育教学），2007（10）：7-9.

刘晶波，杨翠美. 5~7岁幼儿告状行为动机分析［J］. 幼儿教育（教育科学），2007（9）：34-38.

刘晶波. 不知不觉的偏离：关于当前幼儿园社会教育活动困境的解析［J］. 幼儿教育（教育科学），2013（10）：16-17.

刘晶波. 滥用奖励：论我国幼儿道德教育实践中的一个偏差［J］. 学前教育研究，2004（11）：27-30.

刘磊. 论教育中的奖励［J］. 教育研究，2011（2）：41-46.

刘丽. 找回自信，送走自卑：谈幼儿人格培养［J］. 辽宁师专学报（社会科学版），2001（3）：70-71.

刘敏红. 儿童的权威认知研究综述［J］. 长春教育学院学报，2012（2）：83-84.

刘守旗. 对学前儿童羞愧感的实验研究［J］. 南京师大学报（社会科学版），1988（2）：31-35，45.

莫源秋. 幼儿的成就需要与心理卫生［J］. 幼儿教育导读（教师版），2010（10）：37-39.

莫源秋. 幼儿的归属需要与心理卫生［J］. 教育导刊，2007（2）：38-40.

钱文. 3~6岁儿童社会认知及其发展［J］. 幼儿教育，2015（7、8）：4-6.

孙彩霞. 培养幼儿物品管理的能力［J］. 福建教育，2013（1）：72-74.

孙瑞权. 中英幼儿教育中"规则意识"培养之比较：兼对幼儿"规则"教育的几点思考［J］. 赤峰学院学报（汉文哲学社会科学版），2008（4）：134-137.

王美芳，庞维国. 艾森伯格的亲社会行为理论模式［J］. 心理科学进展，1997（4）：37-42.

王晓芬，蔡春燕. 流动学前儿童自信心培养初探［J］. 教育导刊，2012（4）：24-28.

吴康宁. 试析作用于幼儿发展的外部影响（下）［J］. 幼儿教育，1994（2）：4-5.

吴利国. 道德判断研究的内容、方法及其实践价值［J］. 江苏教育学院学报（社会科学版），2005（1）：51-52.

吴云. 对幼儿游戏规则的探讨：兼谈幼儿规则游戏 [J]. 学前教育研究, 2003 (1)：20-22.

夏滢, 周兢. 融合环境下听力损伤幼儿同伴交往特点研究 [J]. 学前教育研究, 2008 (3)：41-45.

肖前国. 道德判断研究述评 [J]. 民办高等教育研究, 2011 (3)：38-40.

徐琳. 从幼儿的独占心理看分享教育 [J]. 教育导刊, 2006 (11)：29-31.

易凌云, 庞丽娟. 幼儿教师权威的失落与重塑 [J]. 中国教育学刊, 2003 (11)：47-50.

易晓明, 朱小蔓. 初论秩序感的教育价值及其教育建构 [J]. 教育研究, 1998 (7)：10-14.

于冬青, 韩蕊. 儿童期归属感发展的特点及适宜性教育 [J]. 东北师大学报 (哲学社会科学版), 2014 (2)：162-165.

袁爱玲. 幼儿的 "自我中心性" 是怎么回事 [J]. 父母必读, 1987 (5)：29.

张国平. 幼儿家长如何让权威有效运作 [J]. 当代学前教育, 2012 (4)：40-43.

张亮, 张莉. 5—6岁幼儿公平分配行为及其认知研究 [J]. 教育研究与实验, 2014 (6)：92-96.

张卫, 王穗军, 张霞. 我国儿童对权威特征的认知研究 [J]. 心理发展与教育, 1995 (3)：24-27.

张文新, 纪林芹, 宫秀丽, 等. 3—4岁儿童攻击行为发展的追踪研究 [J]. 心理科学, 2003 (1)：49-52.

张霄, 方诗玮, 任东, 等. 昆虫拟态的历史发展 [J]. 环境昆虫学报, 2009 (4)：365-373.

赵学菊. 幼儿园班级规范教育中的心理学分析 [J]. 教育导刊, 2004 (4)：4-7.

郑三元. 规则的意义与儿童规则教育新思维 [J]. 湖南师范大学教育科学学报, 2006 (5)：45-47.

钟启泉. 自信：概念界定与教育策略：与日本木下百合子教授的对话 [J]. 全球教育展望, 2004 (5)：3-5, 18.

朱彩燕. 幼儿 "自我中心" 现象的研究 [J]. 新课程学习, 2012 (10)：169.

朱慧. 遭遇成长是一种痛：论影片《看上去很美》中的儿童成长主题 [J]. 昆明师范高等专科学校学报, 2008 (2)：15-18.

祝新华. 幼儿孤独心理的表现及防治 [J]. 幼儿教育, 1990 (9)：8.

邹泓. 同伴关系的发展功能及影响因素 [J], 心理发展与教育, 1998 (2)：39-44.

邹晓燕, 曲可佳. 儿童权威认知研究述评 [J]. 辽宁师范大学学报 (社会科学版), 2006 (3)：49-52.

学位论文类

段雯. 学前儿童情绪理解与调节的发展及相关因素 [D]. 北京：首都师范大学，2012.

高丽. 4—6 岁幼儿同伴嬉戏行为研究 [D]. 南京：南京师范大学，2005.

黄静. 人类发展生态学视野下的幼儿园游戏研究 [D]. 重庆：西南大学，2010.

嵇珺. 我国幼儿园社会领域教育研究 [D]. 南京：南京师范大学，2012.

李江斌. 3—6 岁幼儿发笑行为研究 [D]. 南京：南京师范大学，2014.

李亮. 3~5 岁幼儿幽默感发展特点及其与相关因素关系的研究 [D]. 大连：辽宁师范大学，2010.

梁欣洁. 幼儿合作行为的发展与培养研究 [D]. 武汉：华中师范大学，2013.

刘萍. 试论在教育生态视野下幼儿自我管理能力提升策略 [D]. 苏州：苏州大学，2011.

刘淑颖. 华德福儿童社会性发展与教育理论的研究 [D]. 南京：南京师范大学，2013.

刘为影. 农村家庭亲子互动过程中的幼儿规则教育个案研究 [D]. 南京：南京师范大学，2010.

刘玉红. 幼儿园纪律教育研究 [D]. 南京：南京师范大学，2007.

孙永霞. 幼儿"我也"行为研究 [D]. 南京：南京师范大学，2008.

田景正. 给予生活哲学的幼儿园社会领域课程研究 [D]. 长沙：湖南师范大学，2013.

王任梅. 5—7 岁幼儿谦让行为研究 [D]. 南京：南京师范大学，2007.

王文江. 3—5 岁儿童分享行为发展现状及家庭培养 [D]. 西安：陕西师范大学，2009.

王晓娟. 幼儿同伴合作类型研究 [D]. 长春：东北师范大学，2006.

魏洪鑫. 幼儿园一日活动中幼儿违反规则的体验与反思：教育现象学的视角 [D]. 济南：山东师范大学，2011.

魏蕾. 幼儿求助行为研究 [D]. 南京：南京师范大学，2005.

徐琳. 蒙台梭利儿童社会性发展与教育理论的研究 [D]. 南京：南京师范大学，2006.

杨翠美. 4—7 岁幼儿告状行为研究 [D]. 南京：南京师范大学，2007.

杨继敏. 幼儿告状事件之探究 [D]. 台北：台北教育大学，2007.

喻小琴. 幼儿同伴合作行为研究 [D]. 西安：陕西师范大学，2007.

张彩霞. 电视媒体对学前儿童社会化的影响：以山西 Y 市 F 幼儿园为例 [D]. 临汾：山西师范大学，2013.

出版人 李 东
策划编辑 白爱宝
责任编辑 王春华
版式设计 杨玲玲
责任校对 张 珍 金 霞
责任印制 叶小峰

图书在版编目（CIP）数据

幼儿园社会领域教育精要：关键经验与活动指导 /
刘晶波等著 . —北京：教育科学出版社，2021. 1（2025. 3 重印）
　（幼儿园领域课程指导丛书）
　ISBN 978-7-5191-2387-1

　Ⅰ．①幼…　Ⅱ．①刘…　Ⅲ．①社会科学课—教学研究
—学前教育　Ⅳ．①G613. 3

　中国版本图书馆 CIP 数据核字（2020）第 226316 号

幼儿园领域课程指导丛书
幼儿园社会领域教育精要——关键经验与活动指导
YOU'ERYUAN SHEHUI LINGYU JIAOYU JINGYAO——GUANJIAN JINGYAN YU HUODONG ZHIDAO

出 版 发 行	教育科学出版社			
社　　　址	北京·朝阳区安慧北里安园甲 9 号	邮　　编	100101	
总编室电话	010-64981290	编辑部电话	010-64989395	
出版部电话	010-64989487	市场部电话	010-64989572	
传　　　真	010-64989419	网　　址	http://www.esph.com.cn	
经　　　销	各地新华书店			
制　　　作	北京金奥都图文制作中心			
印　　　刷	保定市中画美凯印刷有限公司			
开　　　本	720 毫米×1020 毫米　1/16	版　　次	2021 年 1 月第 1 版	
印　　　张	114.75	印　　次	2025 年 3 月第 5 次印刷	
字　　　数	1688 千	定　　价	377.00元（共7册，含光盘）	

图书出现印装质量问题,本社负责调换。